見てわかる 読んで納得!!!

イラスト図解

城

監修◎小和田 哲男

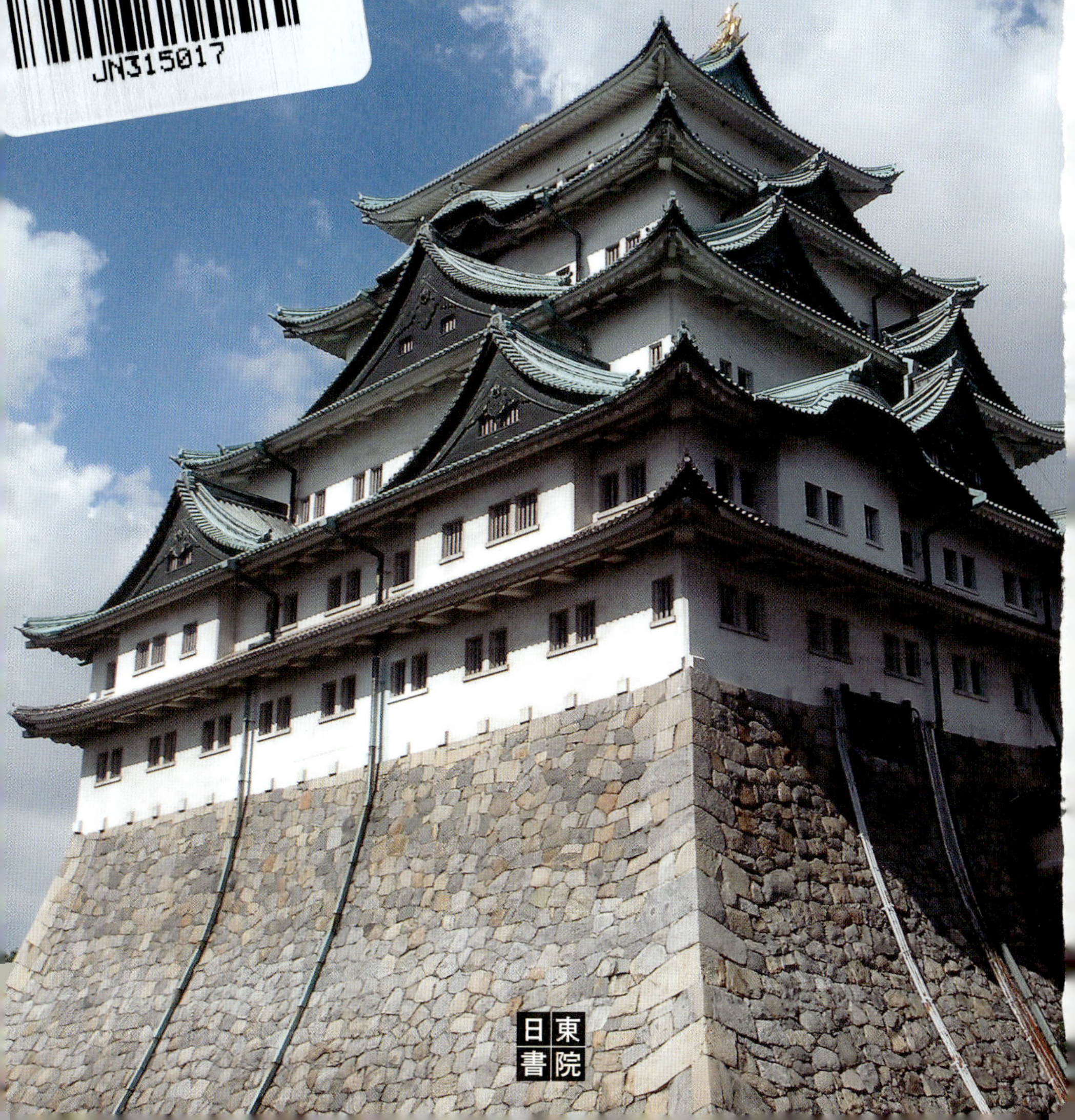

日東書院

写真とデータで見る

日本の名城・城跡

室町時代、戦国時代や江戸時代初期に活躍した武将たちが、競って築いた世界に類をみない建築美の城。住むことよりも、戦のために考えつくされた設計や仕掛けには、驚かされるばかり。日本全国にある城の中から名城と名高い30の城、城跡を築城年、藩主、築城者、形式、構造、高さ、広さなどのデータとともに北から紹介する。

※ 重文 は、重要文化財を表す
※藩主は江戸時代以降の制度。紹介している中には当てはまらないものもあるが、表記を「藩主」で統一している

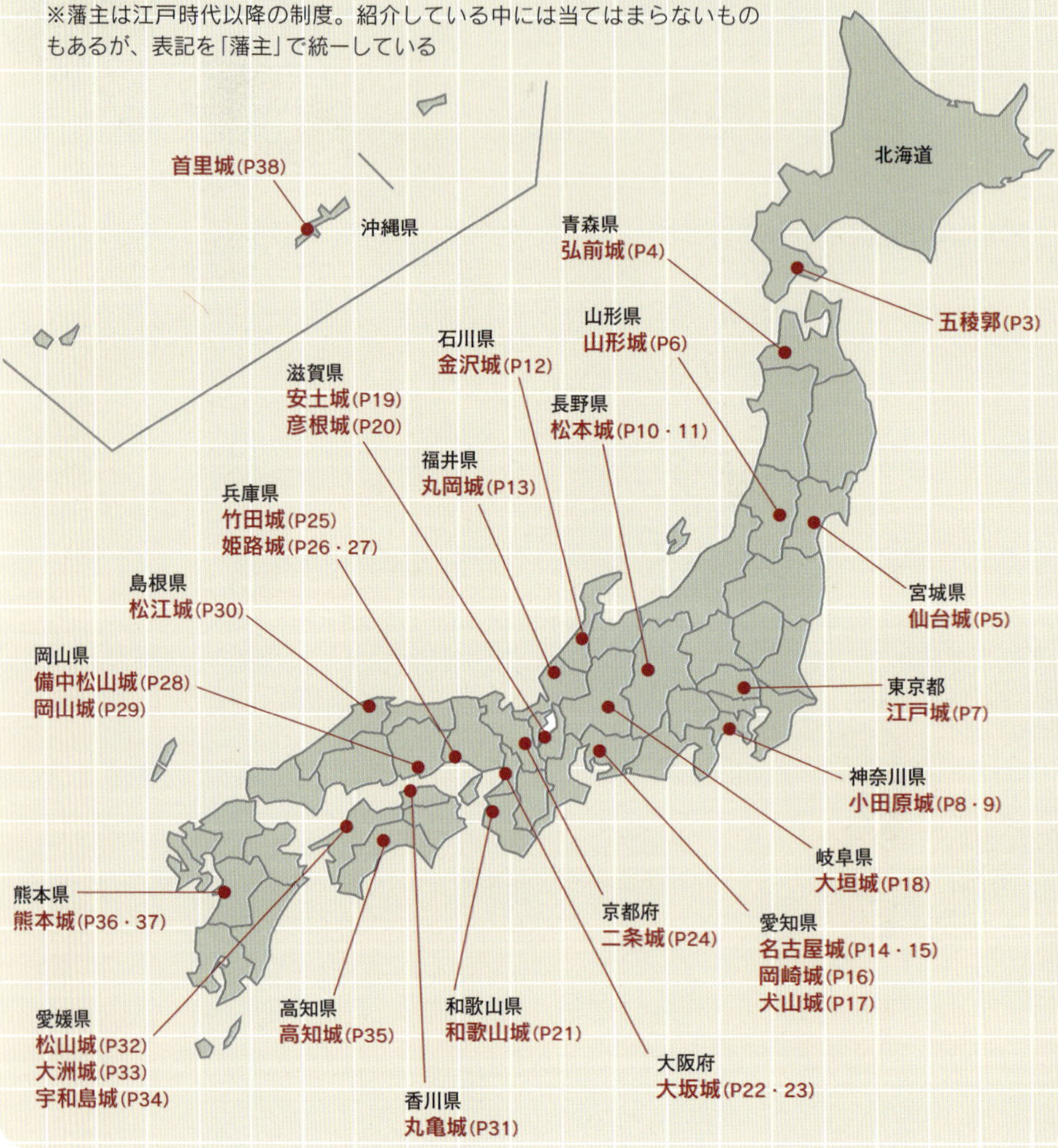

特別史跡

五稜郭《ごりょうかく》

北海道

徳川幕府が港湾防備のために築いた日本初の西洋式城郭《じょうかく》。1868（明治元）年から翌年にかけて、榎本武揚《えのもとたけあき》率いる旧幕府軍と新政府軍の箱館戦争の戦いの場になった。日本では珍しい星形城郭である。現在は、星形城郭や、2010年に復元された奉行所などが函館の観光スポットになっている。

五稜郭奉行所のかつての写真

2010年に復元された奉行所

五稜郭を上空から見ると、城郭がきれいな星形をしている

五稜郭の設計絵図。上の航空撮影写真と比較すると、絵図面通りにつくられたことがわかる

- **築城年**／1857（安政4）年～1864（元治元）年、2010年奉行所復元
- **藩主**／小出大和守秀実《こいでやまとのかみひでざね》
- **築城者**／箱館奉行（江戸幕府）、武田《たけだ》斐三郎成章《あやさぶろうなりあき》（蘭学者）
- **形式**／平城
- **構造形式**／稜堡式
- **奉行所の構造**／入母屋破風、御殿様式、平屋建
- **高さ**／約23m（土塁5～7m、奉行所16.65m）
- **広さ（敷地）**／250.835㎡（史跡指定地面積）
- **有名な戦い**／箱館戦争（1868～1869年）
- **所在地**／北海道函館市

写真提供：函館市教育委員会（五稜郭航空写真、奉行所復元）、函館市中央図書館（奉行所古写真、設計絵図面）

現存天守

重文

弘前城《ひろさきじょう》

青森県

江戸末期に幕府から天守再築を許された外国艦船を監視する要《かなめ》の弘前城。かつては本丸南東に五層の天守があったが焼失。その後、1810（文化7）年に御三階と言われる櫓《やぐら》が本丸に建てられ、天守のかわりとされた。現在は、東北屈指の桜の名所として知られ、全国から観光客が訪れる。

明治初期に撮影された弘前城天守閣。背後に本丸が建っていたのがわかる

下乗橋からみた弘前城御三階と言われる天守。赤い欄干の下乗橋とのコントラストが美しい。東北屈指の桜の名所として、開花シーズンになると全国から観光客が訪れ、桜と弘前城を楽しんでいる

- **築城年**／1611（慶長16）年、1810（文化7）年再建
- **藩主**／初代 津軽為信《つがるためのぶ》～12代 津軽承昭《つぐあきら》
- **築城者**／津軽信枚《のぶひら》
- **形式**／平山城
- **構造形式**／梯郭式
- **天守閣の構造**／層塔型三重三階
- **高さ**／29.2m（石垣11.2m、天守台2.4m、天守15.6m）
- **広さ（敷地）**／492,000㎡
- **有名な戦い**／──
- **所在地**／青森県弘前市

国史跡

仙台城《せんだいじょう》 宮城県

独眼竜こと仙台藩・藩祖の伊達政宗《だてまさむね》が、青葉山に築いた城で、別名、青葉城とも言われる。かつてはこの地の豪族・国分氏の千代《せんだい》城があった。城の前面は約80ｍの断崖、背後は峡谷というまさに要害に適していた。現在は、日本全国から観光客が訪れる観光名所になっている。

- **築城年**／1601（慶長6）年、1965（昭和40）年大手門脇櫓復元
- **藩主**／伊達政宗
- **築城者**／伊達政宗
- **形式**／平山城
- **構造形式**／梯郭式
- **天守閣の構造**／天守閣は建立しなかった
- **高さ**／──
- **広さ（敷地）**／679,000㎡（国指定史跡）
- **有名な戦い**／──
- **所在地**／宮城県仙台市

仙台城を築城した伊達政宗の像が、城跡公園内にある

写真提供：仙台市観光交流課（伊達政宗像以外）

国史跡

山形城《やまがたじょう》

山形県

南北朝時代から最上《もがみ》氏の居城として築かれた城を、最上義光《もがみよしあき》が1592（文禄元）年に近世城郭《じょうかく》に大改修したもの。その後、最上氏が除封され、鳥居忠政《とりいただまさ》が城主となり、大改修を行った。明治時代に建物が撤去されたが、近年、二の丸東大手門、本丸大手門石垣が復元された。

復元された二の丸東大手門

- 築城年／1356（正平11・延文元）年
- 藩主／最上義光、鳥居忠政など
- 築城者／斯波兼頼《しばかねより》
- 形式／平城
- 構造形式／輪郭式
- 天守閣の構造／──
- 高さ／──
- 広さ（敷地）／2350,000㎡（三の丸）
- 有名な戦い／──
- 所在地／山形県山形市

二の丸東大手門。門をくぐると枡形になっている

二の丸南追手門

二の丸西不明門

特別史跡

重文

江戸城《えどじょう》 東京都

1457（長禄元）年、扇谷上杉《おうぎがやつうえすぎ》氏の家臣・太田道灌《おおたどうかん》が築いた江戸城。家康が入城した頃の江戸城は、日比谷入江に面した貧弱なものであった。その後、天下分け目の関ケ原の戦いに勝利し、将軍宣下《せんげ》とともに天下普請《てんかふしん》によって江戸城は大修理され、江戸幕府歴代将軍の居城になった。

天守台跡

富士見多聞（上）と富士見櫓（下）。これらの建物が、かつては江戸城があったことを偲ばせている

- 築城年／1457（長禄元）年
- 藩主／初代 徳川家康、徳川氏（将軍）
- 築城者／太田道灌
- 形式／平城
- 構造形式／―
- 天守閣の構造／―
- 高さ／―
- 広さ（敷地）／―
- 有名な戦い／―
- 所在地／東京都千代田区

写真提供：宮内庁

国史跡

小《お》田《だ》原《わら》城《じょう》 神奈川県

今や桜の名所として市民に親しまれている小田原城。かつて天下を獲ろうとする上杉謙信《うえすぎけんしん》、武田信玄《たけだしんげん》によって繰り広げられた小田原攻めの舞台になったが、ことごとく失敗に終わり難攻不落と言われた。しかし、豊臣秀吉《とよとみひでよし》によって1590（天正18）年に攻め落とされ、秀吉の天下統一が果たされることになる。

- **築城年**／15世紀中頃、1960（昭和35）年天守閣復興、常磐木門、銅門、馬出門も復元
- **藩主**／大森氏、後北条氏、大久保氏（初代）
- **築城者**／大森氏
- **形式**／平山城
- **構造形式**／梯郭式
- **天守閣の構造**／三重四階
- **高さ**／50.2m（石垣11.5m、天守38.7m）
- **広さ（敷地）**／1,822㎡（延床面積）
- **有名な戦い**／上杉謙信の小田原攻め（1561年）、武田信玄の小田原攻め（1569年）、豊臣秀吉の小田原攻め（1590年）
- **所在地**／神奈川県小田原市

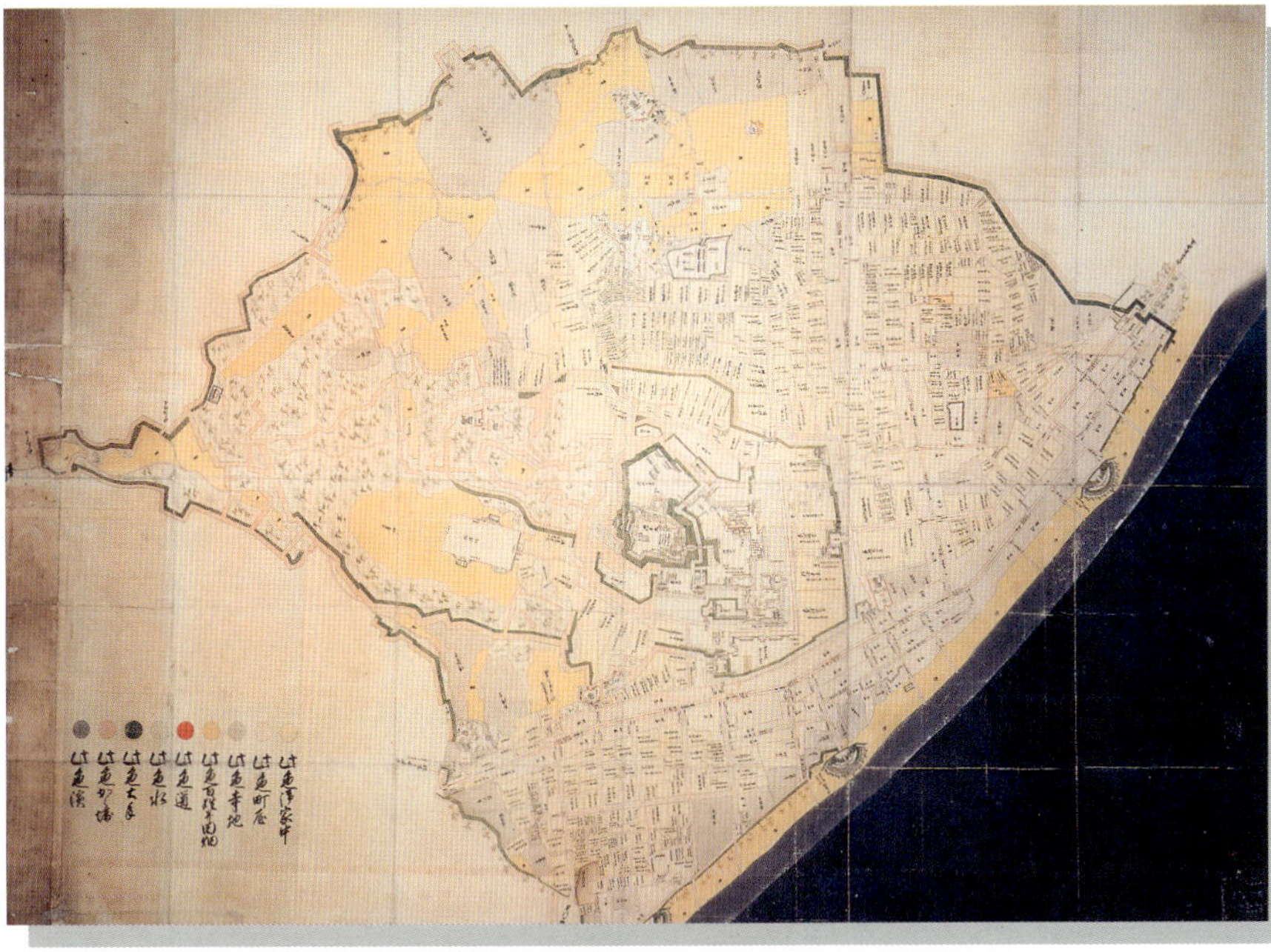

1861（文久元）～1863（文久3）年の頃の小田原城と城下町の地図「文久図」

手前が馬出門、奥が銅門。城が戦場になることを考慮した門のつくりと門前であることがわかる

天守閣の展示室の中に北条早雲から五代に渡って小田原を治めた後北条氏を紹介するコーナーがある

現存天守

国宝

松本城《まつもとじょう》 長野県

黒漆《うるし》が塗られた大天守、小天守、辰《たつ》巳櫓《みやぐら》、月見櫓の連結複合式天守が見事なまでの松本城。信府《しんぷ》城、深志《ふかし》城とも呼ばれる。１５０４（永正元）年に林城主小笠原貞朝《おがさわらさだとも》の家臣島立貞永《しまだてさだなが》が築城したと言われているが、豊臣秀吉の家臣・石川数正《かずまさ》とその子康長《やすなが》によって大改築されている。

1728（享保13）年に書き起こされた松本城の地図

野面積みの石垣の上に、漆黒の連結複合式五層六階がそびえる

- **築城年**／1593（文禄2）～1594（文禄3）年
- **藩主**／石川数正
- **築城者**／石川数正、石川康長
- **形式**／平城
- **構造形式**／梯郭式
- **天守閣の構造**／連結複合式五層六階
- **高さ**／約35m（本丸庭園側石垣3.2～5.3m、内堀側石垣3.3～7.6m、天守29.4m）
- **広さ（敷地）**／約83,700㎡（史跡指定範囲）
- **有名な戦い**／──
- **所在地**／長野県松本市

明治13年頃の松本城の姿

鉄砲蔵には鎧と鉄砲が展示されている

天守閣内にある御座所

昭和16年に撮影された松本城

現在の松本城の天守閣の姿。五層六階の見事なまでの連結複合式の昔と変わらぬ姿であることが、過去（明治13年頃）の写真と比べるとわかる。長野県を代表する観光名所として、連日多くの観光客で賑わっている

国史跡

金沢城《かなざわじょう》

石川県

加賀百万石、前田《まえだ》利家《としいえ》築城の金沢城。当時は華麗な五重天守があったが、1602（慶長7）年に焼失。その後、将軍・徳川家康《とくがわいえやす》への遠慮で天守を再建せず。現在、三の丸石川門、二重の多聞櫓の本丸三十間長屋があり、二の丸の菱櫓、五十間長屋、橋爪門、続櫓が木造で復元され、観光名所になっている。

菱櫓

木造で復元された橋爪門続櫓。橋爪門は三の丸から二の丸へ移動する人を監視する重要な櫓だった。内部には吹き抜けが造ってあり、下から運ばれてきた物資を二階へ引き上げる作業もしていた

- **築城年**／1580（天正8）年
- **藩主**／佐久間盛政
- **築城者**／佐久間氏、前田氏
- **形式**／平山城
- **構造形式**／梯郭式
- **天守閣の構造**／現在天守閣なし
- **高さ**／──
- **広さ（敷地）**／1,894.23㎡（建造物延床面積）
- **有名な戦い**／──
- **所在地**／石川県金沢市

三の丸石川門

写真提供：石川県（三の丸石川門以外）

現存天守

重文

丸岡城《まるおかじょう》

福井県

柴田《しばた》勝豊《かつとよ》（勝家《かついえ》の甥《おい》）が、1576（天正4）年に築城。その後、本多《ほんだ》成重《なりしげ》が入城し、城郭《じょうかく》の整備を行う。現存する天守建築14城のひとつに数えられる天守は、二層三階の独立式望楼型。当時の瓦では寒さで割れてしまうため、屋根のすべては防寒対策のため石瓦で葺《ふ》かれている。

明治34年におこなわれた修繕の様子

- **築城年**／1576（天正4）年、1955（昭和30）年修復再建
- **藩主**／柴田勝豊
- **築城者**／柴田勝豊
- **形式**／平山城
- **構造形式**／輪郭・梯郭式
- **天守閣の構造**／独立式望楼型 二層三階
- **高さ**／約20m（石垣6m、天守12.6m、鯱1.66m）
- **広さ（敷地）**／約330,000㎡（諸説有り。正確には不明）
- **有名な戦い**／──
- **所在地**／福井県坂井市

特別史跡　重文

名古屋城《なごやじょう》

愛知県

「尾張《おわり》名古屋は城でもつ」の言葉通り、今なお復元された大天守が鎮座する名古屋城は、駿河今川氏が那古野《なごや》城として築城。その後、織田信秀《おだのぶひで》が奪い、信《のぶ》長《なが》の居城とするが、関ヶ原の戦い後、徳川家康《とくがわいえやす》が1610（慶長15）年に、諸大名を動員する天下普請《てんかふしん》として、五層五階地下一階の天守をもつ名古屋城を築城し、尾張藩徳川家の居城とした。

1945（昭和20）年の戦災で焼失する前の名古屋城の姿。手前に見えるのが本丸
（古写真：名古屋城総合事務所所蔵）

- **築城年**／1610（慶長15）年
- **藩主**／尾張徳川氏
- **築城者**／徳川家康
- **形式**／平城
- **構造形式**／梯郭式
- **天守閣の構造**／連結式層塔型 五層五階地下一階（現在は外観のみ復元）
- **高さ**／──
- **広さ（敷地）**／──
- **有名な戦い**／──
- **所在地**／愛知県名古屋市

徳川家康の天下普請によって始まった名古屋城築城。当時を偲ばせる連結式層塔型五層五階地下一階が見事に復元（外観）されている

駿河今川氏の那古野城があったことを示す石碑。石碑後方は、現在、名勝二之丸庭園になっている

侵入者を防ぐための剣塀。「忍び返し」と言われる防御の工夫のひとつ

手前が西南隅櫓（重要文化財）、奥に見えるのが大天守。石垣の下の内堀は空堀となっており、緊急時に城主を脱出させるための極秘の脱出路として設けられていた

左の写真は、大名の家紋が刻まれた石垣。普請を担当した大名が、自らの功績を知らしめるために刻んだ。右は天守閣にそびえる金の鯱鉾（レプリカ）

岡崎城《おかざきじょう》 愛知県

1452（享徳元）年、西郷頼嗣《よりつぐ》（稠頼《つぐより》）の築城だったが、松平清康《まつだいらきよやす》（家康の祖父）が1524（大永4）年に入城したことにより、徳川家康《とくがわいえやす》が誕生した城として知られる。後に家康は城を拡張。桶狭間《おけはざま》の戦い以降、岡崎城を拠点に三《み》河《かわ》を統一する。現在の天守は、1959（昭和34）年に復元された。

往年の岡崎城。明治政府の政策によって、明治6〜7年に解体されてしまった
（岡崎市美術館所蔵）

徳川家康が誕生した城として知られる岡崎城。1617（元和3）年頃に天守を再建したが、明治に破却。その後、1959（昭和34）年に復元された

- **築城年**／1452（享徳元）〜1455（康正元）年、1959（昭和34）年復元
- **藩主**／本多氏、水野氏、松平氏
- **築城者**／西郷頼嗣（稠頼）
- **形式**／平山城
- **構造形式**／梯郭式
- **天守閣の構造**／三層三重（現在は、鉄筋コンクリート三層五階）
- **高さ**／24.9m（石垣3.9m、天守21m）
- **広さ（敷地）**／292.78㎡（建築面積）、101,400㎡（岡崎城公園全体面積）
- **有名な戦い**／──
- **所在地**／愛知県岡崎市

現存天守

国宝

犬山城《いぬやまじょう》

愛知県

現存する天守閣14城のひとつで、国宝にも指定されている。1537(天文6)年に織田信康《おだのぶやす》が創築したと言われる。その後、小笠原吉次《おがさわらよしつぐ》らによって整備され、尾張徳川家の付家《つけが》老《ろう》・成瀬正成《なるせまさなり》が城主となる。木曽川に面する丘陵上に建つ姿は、白帝《はくてい》城と呼ばれた。

1791（寛政3）年の頃の犬山城と城下町の地図

- 築城年／1537（天文6）年
- 城主／成瀬氏（藩ではない）
- 築城者／織田信康
- 形式／平山城
- 構造形式／梯郭式
- 天守閣の構造／複合式望楼型三重四階
- 高さ／約24m（石垣約5m、天守約19m）
- 広さ（敷地）／約20,000㎡（城郭全体）
- 有名な戦い／小牧・長久手の戦い
- 所在地／愛知県犬山市

犬山城天守閣の正面図

木曽川のそばの丘陵にそびえる犬山城

大垣城《おおがきじょう》

岐阜県

1600（慶長5）年、関ヶ原の戦い直前に西軍の石田三成《いしだみつなり》が入城し、本拠地にしたことで知られる大垣城。その後、徳川家康《とくがわいえやす》の命により、家臣の石川氏が入城し拡張するも、1945（昭和20）年の戦災にて焼失。現在の天守は1959（昭和34）年に復元されたものである。

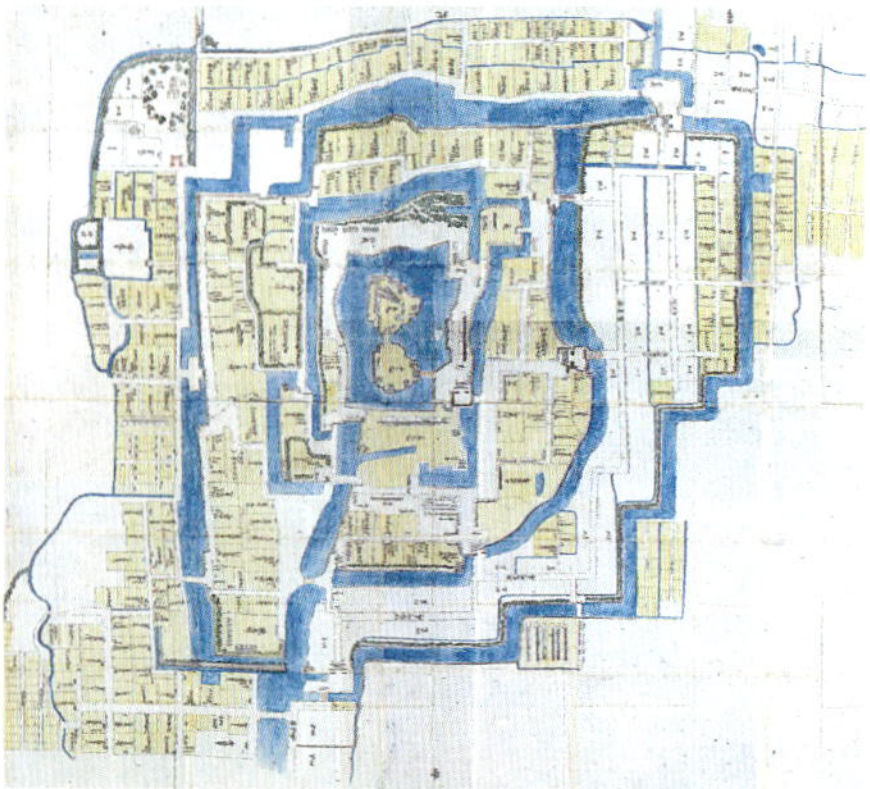

- **築城年**／1535年（1500年とも言われる）、1959（昭和34）年天守閣復元（1945年戦災にて焼失）
- **藩主**／宮川安定（竹腰尚綱とも言われる）
- **築城者**／宮川安定（1535年）、竹腰尚綱（1500年）
- **形式**／平城
- **構造形式**／連郭・輪郭式
- **天守閣の構造**／層塔型四重四階建総塗りごめ様式
- **高さ**／──
- **広さ（敷地）**／495.83㎡（建築面積）
- **有名な戦い**／関ヶ原の戦い（西軍・石田三成の本拠地となる）
- **所在地**／岐阜県大垣市

明治時代に撮影された大垣城の写真。城壁に囲まれた城郭が残っていたことがわかる

写真提供：大垣市教育委員会、大垣市立図書館（明治時代の城の写真、古地図）

特別史跡

安土城《あづちじょう》 滋賀県

天下統一を志す織田信長《おだのぶなが》が、1576（天正4）年、自ら考案した安土城。戦国時代の城としては考えられない高石垣が用いられ、五層七階の天主など、まさに覇王と言われた信長ならではの、当時としては奇想天外な城であった。しかし、明智光秀《あけちみつひで》による「本能寺《ほんのうじ》の変」後、焼失してしまった。

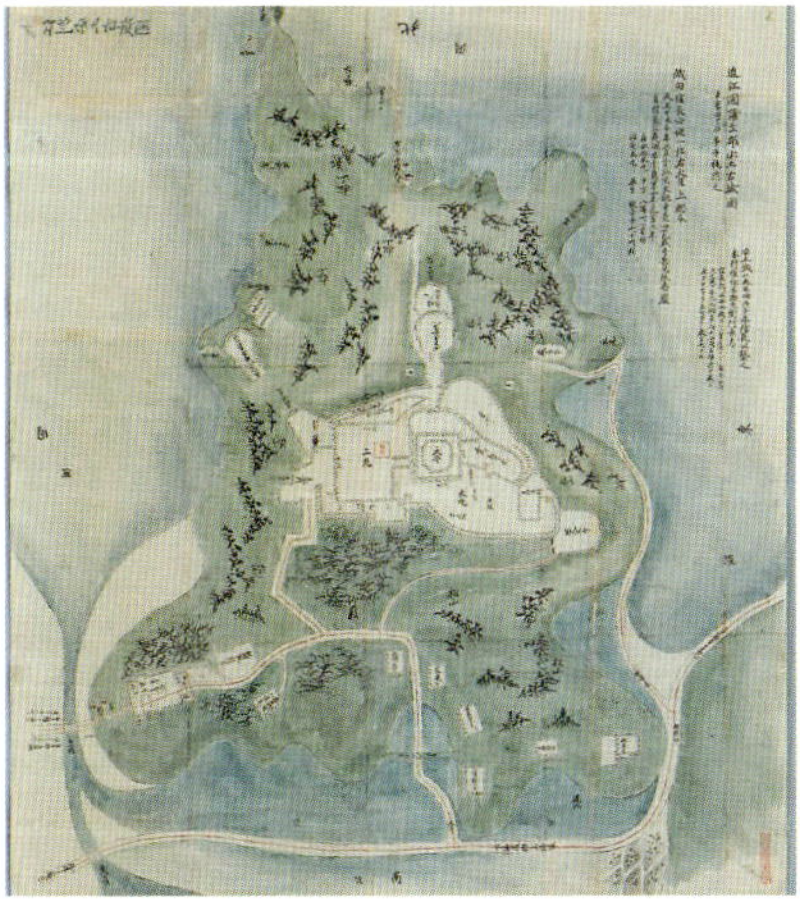

安土城の全貌が記されている古地図
（国立国会図書館ホームページより転載）

- **築城年**／1576（天正4）年築城開始
- **藩主**／織田信長（城主）
- **築城者**／織田信長
- **形式**／山城
- **構造形式**／──
- **天守閣の構造**／五層七階
- **高さ**／不明
- **広さ（敷地）**／960,000㎡（史跡指定面積）
- **有名な戦い**／──
- **所在地**／滋賀県近江八幡市

織田信長が天下統一を見すえて、琵琶湖に突き出ていた安土山に築かれた安土城。不等辺多角形の天守台など、当時としては奇想天外な城だった。写真は、安土桃山文化村に復元された安土城
（写真提供：伊勢・安土桃山文化村）

現存天守　国宝　重文

彦《ひこ》根《ね》城《じょう》 滋賀県

現存する天守14城のひとつで、国宝と重要文化財に指定されている彦根城。関ヶ原の戦いの戦功によって井伊直政《いいなおまさ》が佐和《さわ》山《やま》城に入城。その直政没後、嫡子の直継《なおつぐ》によって築城された。天守の資材は、落城しなかった大津城の天守を徳川家康《とくがわいえやす》が与えたものと言われている。

天保7年の資料を元に書き起こされた当時の彦根城と町の地図

- **築城年**／1604（慶長9）年（天守の完成は1606～1607年頃）
- **藩主**／井伊家
- **築城者**／井伊直継（初代井伊直政の嫡子）
- **形式**／平山城
- **構造形式**／連郭・梯郭式
- **天守閣の構造**／望楼型 三重三階
- **高さ**／21.5m（石垣4.5m、天守＜鯱含む＞約17m）
- **広さ（敷地）**／488,627㎡（特別史跡彦根城跡）
- **有名な戦い**／──
- **所在地**／滋賀県彦根市

春には、桜越しに威風堂々とした天守を鑑賞できる。四季を問わず全国から数多くの観光客が訪れる城のひとつである

彦根城主井伊家とゆかりのある貫名氏が撮影した、明治頃の彦根城・廊下橋と天秤櫓の写真

写真提供：彦根市教育委員会

重文

和歌山城《わかやまじょう》

和歌山県

徳川御三家のひとつ、紀州《きしゅう》徳川家の居城として知られる和歌山城だが、豊臣秀長《とよとみひでなが》によって築かれた城である。その後、関ヶ原の戦いの戦功によって浅野幸長《あさのよしなが》が入城、大改修がされた。さらに徳川頼宣《とくがわよりのぶ》によって拡張された。現存の天守は1958（昭和33）年に復元されたもの。

- **築城年**／1585（天正13）年、1958（昭和33）年外観復元
- **藩主**／豊臣氏、浅野氏、徳川氏
- **築城者**／豊臣秀長
- **形式**／平山城
- **構造形式**／連郭・梯郭式
- **天守閣の構造**／連立式層塔型 三重三階
- **高さ**／—
- **広さ（敷地）**／—
- **有名な戦い**／—
- **所在地**／和歌山県和歌山市

岡口門と天守

1619（元和5）年、入封した徳川頼宣によって拡張され、紀州徳川家になった和歌山城。壮大な石垣が当時を偲ばせる

特別史跡

重文

大坂城《おおさかじょう》

大阪府

天下統一を果たした豊臣秀吉《とよとみひでよし》の居城。五層九階（内部は八階）の天守閣をはじめとする絢爛豪華《けんらんごうか》な造りの大坂城。しかし、大坂夏の陣で焼失。その後、徳川幕府によって再建されるが、１６６５（寛文５）年に雷火で炎上。現在のものは、１９３１（昭和６）年に大阪市民の寄付で再建されたものである。

豊臣秀吉

1931（昭和6）年に復興された大坂城天守閣。大坂のシンボルとして、多くの観光客が訪れる。天下統一をはたした豊臣秀吉の権威を象徴する絢爛豪華な造りになっている

- **築城年**／1583（天正11）年、1931（昭和6）年現在の天守閣復興
- **藩主**／豊臣氏、徳川氏、奥平氏
- **築城者**／豊臣秀吉（豊臣時代）、徳川秀忠（徳川時代）
- **形式**／平城
- **構造形式**／──
- **天守閣の構造**／望楼型五層八階
- **高さ**／54.8m（石垣13.3m、天守41.5m）
- **広さ（敷地）**／742,500㎡（特別史跡指定地域）
- **有名な戦い**／大坂冬の陣、大坂夏の陣
- **所在地**／大阪府大阪市

大坂城の周辺に巡らされた内堀。かつてはこの外側にも堀があったが、徳川軍によって埋め立てられた。この事件によって豊臣家が滅亡する「大坂夏の陣」が勃発する

大坂城にも、城の守護として鯱瓦がある

大手門の土塀に切られた銃眼（大手門の内側より撮影）

城へと続く最後の門、桜門

国宝　重文

二条城《にじょうじょう》

京都府

国宝、重要文化財に指定されている二条城。徳川家康《とくがわいえやす》が京都での居住のために築いた城で、15代将軍徳川慶《よし》喜《のぶ》が大政奉還《たいせいほうかん》の会議を行った地として知られている。当初は単郭《たんかく》だったが、寛永元年の改修によって輪郭《りんかく》になり、伏見城から移築された五重の天守があった。現在は、二の丸御殿、二の丸東南隅櫓《やぐら》などが残り、京都屈指の観光名所になっている。

東南隅櫓

- **築城年**／1603（慶長8）年
- **藩主**／徳川氏
- **築城者**／徳川家康
- **形式**／平城
- **構造形式**／輪郭式
- **天守閣の構造**／天守閣は現存しない
- **高さ**／石垣は水面より14m
- **広さ（敷地）**／274,548㎡（史跡範囲）
- **有名な戦い**／──
- **所在地**／京都府京都市

二の丸御殿遠侍と車寄

将軍・徳川家康が上洛した際の住居のために築かれた城。1601（慶長6）年から6年もの歳月をかけて築城され、3代将軍・家光が天下普請で拡張・改修を行った

写真提供：元離宮二条城事務所

国史跡

竹田城《たけだじょう》

兵庫県

山城を代表する竹田城。雲海を眼下に見るその景観は、まさに〝天空の城〟。室町時代の創築だと言われている。太田垣《おおたがき》氏、羽柴《はしば》氏、桑山《くわやま》氏が入城し、赤松広秀《あかまつひろひで》が1600（慶長5）年に石垣づくりに大改修している。その後、関ヶ原の戦いで、赤松氏は改易《かいえき》、廃城となった。

雲海を眼下に見る景観が見事な〝天空の城〟と言われる竹田城

- **築城年**／1441（嘉吉元）～1443（嘉吉3）年
- **藩主**／太田垣氏、羽柴秀長、桑山重晴、赤松広秀
- **築城者**／山名宗全《やまなそうぜん》、赤松広秀
- **形式**／山城
- **構造形式**／梯郭式
- **天守閣の構造**／不明
- **高さ**／254.6m（標高353.7m、麓のJR竹田駅が標高99.1m）
- **広さ（敷地）**／約18,473㎡（南北400m、東西100m）
- **有名な戦い**／竹田城の戦い
- **所在地**／兵庫県朝来市

現存天守　世界遺産　国宝　重文

姫《ひめ》路《じ》城《じょう》

兵庫県

大小の天守閣が、まるで白鷺《しらさぎ》が翼を広げた姿に似ていることから、別名、〝白鷺城〟とも呼ばれている。築城は古く、室町時代の1346（正平元）年に赤松貞範《あかまつさだのり》が姫山に城塞《じょうさい》（姫山城）を築いたのが始まり。その後、豊臣秀吉《とよとみひでよし》が大改修、江戸時代に池田輝政《いけだてるまさ》によって大城郭《じょうかく》になった。国宝、重文、世界文化遺産にも指定されている。

大小の連立天守が、白鷺が翼を広げた姿に似ていることから〝白鷺城〟とも呼ばれ、国宝、重要文化財、世界遺産に登録されており、国内はもちろんのこと、世界各国から観光客が訪れる

写真提供：姫路市

上空から見た天守閣群

菱の門

- **築城年**／1346（正平元）年、姫山に城が築かれる（赤松貞範による）、1601～1609（慶長6～14）年、現在の姫路城が築かれる（池田輝政による）
- **藩主**／赤松氏、池田氏
- **築城者**／赤松貞範、池田輝政
- **形式**／平山城
- **構造形式**／──
- **天守閣の構造**／連立式望楼型木造五層六階 地下一階、白漆喰塗籠造
- **高さ**／46.3m（石垣14.8m、大天守31.5m）
- **広さ（敷地）**／約230,000㎡（内曲輪＜内濠＞以内）
- **有名な戦い**／──
- **所在地**／兵庫県姫路市

「はの門前」にある将軍坂。緩やかな傾斜で門に向かって少しずつ道幅が狭くなっていく

現存天守　重文

備中松山城《びっちゅうまつやまじょう》

岡山県

現存する天守14城の中でも唯一の近世山城として知られる備中松山城。南北朝時代に高橋《たかはし》宗康《むねやす》が入城。その後、秋庭《あきば》氏、三村《みむら》氏が入城。関ヶ原の戦い以降、備中代官として小堀政一《こぼりまさかず》（遠州）らが赴任、城を大改修。水谷勝宗《みずのやかつむね》が城主として入るとさらに大改修を行い、1683（天和3）年に完成した。天守はその頃のものと言われている。

日本三大山城のひとつに数えられる「備中松山城」。現存天守のなかでも標高が高いと言われている。まさに雲海が物語っている

備中松山城の天守閣。現存天守の中で、最も標高の高いところに建っている

本丸二重櫓は、現存遺構のひとつ

- **築城年**／1240（仁治元）年砦作成、1605（慶長10）年頃、小堀政次、政一改修、1683（天和3）年、水谷勝宗が大改修
- **藩主**／池田氏、水谷氏、安藤氏、石川氏、板倉氏
- **築城者**／秋庭重信、小堀政一（遠州）、水谷勝宗
- **形式**／山城
- **構造形式**／梯郭式
- **天守閣の構造**／複合式望楼型 二層二階
- **高さ**／13.5m（石垣から天守閣まで）
- **広さ（敷地）**／9,309㎡（本丸周辺）
- **有名な戦い**／三村氏と毛利・宇喜多連合軍の備中兵乱
- **所在地**／岡山県高梁市

重文

岡山城《おかやまじょう》

岡山県

岡山城は、宇喜多直家《うきたなおいえ》が金光《かねみつ》氏の居城を取りあげ改修したのが始まり。その後、子の秀家《ひでいえ》によって大改修された。しかし、関ヶ原の戦いで西軍についたため改易《かいえき》され、小早川《こばやかわ》氏、池田《いけだ》氏が入城し改築を行った。だが、1945(昭和20)年の空襲によって天守などが焼失。現在のものは1966(昭和41)年に外観復元されたもの。

- **築城年**／1597(慶長2)年、1966(昭和41)年復元
- **藩主**／宇喜多氏、小早川氏、池田氏
- **築城者**／宇喜多秀家
- **形式**／平山城
- **構造形式**／梯郭式
- **天守閣の構造**／複合式望楼型(塩蔵付)。現在は鉄筋コンクリート三層六階 地下一階
- **高さ**／33.45m(石垣平均約13m、天守20.45m)
- **広さ(敷地)**／約40,000㎡(内堀に囲まれた範囲内の本丸)
- **有名な戦い**／──
- **所在地**／岡山県岡山市

1966(昭和41)年に復元された岡山城天守閣。どっしりと重厚な雰囲気を漂わせている

宇喜多氏時代に築かれた石垣

現存天守

重文

松《まつ》江《え》城《じょう》

島根県

関ヶ原の戦いの戦功により、出雲《いづも》領主になった堀尾吉晴《ほりおよしはる》が、1607〜1611（慶長12〜16）年の5年もの歳月をかけて築城したもの。松江城の天守は四重五階で、二階には石落が配されている。堀尾氏が三代で絶家。その後、京極《きょうごく》氏が城主となるが絶家。そのため、松平《まつだいら》氏の居城となる。

明治元年の松江城の姿
（写真提供：松江市教育委員会所蔵、松江郷土館提供）

- **築城年**／1607〜1611（慶長12〜16）年
- **藩主**／堀尾氏、京極氏、松平氏
- **築城者**／堀尾吉晴
- **形式**／平山城
- **構造形式**／梯郭式
- **天守閣の構造**／望楼型 四重五階、地下一階
- **高さ**／29.5m（天守22.4m、石垣7.1m）
- **広さ（敷地）**／566.28㎡（天守閣のみ）
- **有名な戦い**／──
- **所在地**／島根県松江市

黒板塀が美しい松江城。現存天守14城のひとつに数えられている

松江城の周囲には幅の広い水堀があり、場所によっては湖の中に城塞があるように見える

現存天守

重文

丸亀城《まるがめじょう》 香川県

亀山とも呼ばれる小丘陵に築かれたため、別名亀山城とも言われる丸亀城。生駒親正《いこまちかまさ》が嫡子のために1597（慶長2）年から築城を開始。その後、一国一城令によって廃城となるが、山崎《やまざき》氏、京極氏によって再建。1660（万治3）年に天守閣が完成。この天守閣は現存する天守14城のひとつに数えられる。

城郭北側からは、階段状に連なる曲輪の石垣の上に建つ天守閣が鑑賞できる

- **築城年**／1597（慶長2）年最初の築城着手。1660（万治3）年天守完成
- **藩主**／生駒氏、山崎氏、京極氏
- **築城者**／生駒親正
- **形式**／平山城
- **構造形式**／梯郭式
- **天守閣の構造**／三層三階
- **高さ**／約15m（天守のみ）
- **広さ（敷地）**／204,756㎡（内堀内）
- **有名な戦い**／──
- **所在地**／香川県丸亀市

丸亀城の正門である、大手一の門。別名「太鼓門」と言われ、この門内の部屋で、藩士が時間を知らせる太鼓を打っていた

現存天守

重文

松山城《まつやまじょう》

愛媛県

勝山と呼ばれる丘陵の山頂部に天守を、山腹に居館を築き、別名勝山城とも呼ばれる。関ケ原の戦いの戦功によって、加藤嘉明《かとうよしあき》が伊予半国を賜《たまわ》ったことにより、1602(慶長7)年に築城を開始。加藤氏の移封後、蒲生《がもう》氏、松平《まつだいら》氏が城主を務め、その後城は改築されていった。天守は現存する天守14城のひとつ。

- **築城年**／1602(慶長7)年(着工)
- **藩主**／加藤嘉明、蒲生忠知、松平氏
- **築城者**／加藤嘉明
- **形式**／平山城
- **構造形式**／梯郭式
- **天守閣の構造**／連立式層塔型 三重三階、地下一階
- **高さ**／約25m(石垣約4m、天守約21m)
- **広さ(敷地)**／約620,000㎡(史跡指定範囲)
- **有名な戦い**／──
- **所在地**／愛媛県松山市

幕末の黒船来航の翌年に完成したと言われる松山城の大天守。現存天守の中で、唯一瓦に「葵の御紋」が付けられている

左が小天守、中央が大天守、右が一の門南櫓。天守は、現存天守14城のひとつに数えられている。他には、石垣、櫓、門、堀が現存遺構である

現存天守（小天守）

重文

大洲城《おおずじょう》

愛媛県

小天守が現存する天守14城のひとつに数えられる大洲城。築城年は定かではないが、中世ではないかと言われている。宇都宮豊房《うつのみやとよふさ》によって築城され、藤堂高虎《とうどうたかとら》、脇坂安治《わきさかやすはる》によって改築された。現在は、台所櫓《やぐら》、高欄櫓、三の丸隅櫓、苧綿《おわた》櫓、石垣が遺構として残り、四重天守が2004（平成16）年に木造で復元された。

明治時代の大洲城

左の写真は1692（元禄5）年に作成された城の様子が描かれた絵地図。右は、現在の城郭の様子

- **築城年**／中世山城1331（元弘元・元徳3）年、近世城郭1610（慶長15）年前後
- **藩主**／宇都宮豊房（中世）、戸田氏、藤堂高虎、脇坂安治（近世）
- **築城者**／近世の藤堂・脇坂時代
- **形式**／平山城
- **構造形式**／梯郭式
- **天守閣の構造**／複合式寄棟型 四層四階、層塔型（台所櫓と高欄櫓を従える複連結式天守）
- **高さ**／19.15m（石垣より）
- **広さ（敷地）**／378.53㎡（天守の床面積）
- **有名な戦い**／──
- **所在地**／愛媛県大洲市

現存天守

重文

宇《う》和《わ》島《じま》城《じょう》

愛媛県

941（天慶4）年に築かれた城跡に、藤堂高虎《とうどうたかとら》が1601（慶長6）年に築城。当時は平山城だが、海に面している海城でもあった。その後、伊達秀宗《だてひでむね》によって大改修され、独立式層塔型《どくりつしきそうとうがた》の三重三階天守などが立て替えられた。現在でも天守、上り立ち門、石垣、倉庫などが残っている、天守は、現存する天守14城のひとつに数えられる。

宇和島城の天守閣は、現存天守のひとつ。城郭は上空から見ると不等辺五角形になっている

- **築城年**／941（天慶4）年、1601（慶長6）年天守完成、1661～1672（寛文年間）年に改築
- **藩主**／伊達秀宗
- **築城者**／藤堂高虎
- **形式**／平山城・海城
- **構造形式**／梯郭式
- **天守閣の構造**／築城当初は複合式望楼型 三重三階、現存は独立式層塔型 三重三階
- **高さ**／15.8m（土台から棟まで）
- **広さ（敷地）**／102,400㎡（天守周辺）
- **有名な戦い**／―
- **所在地**／愛媛県宇和島市

現存天守

重文

高《こう》知《ち》城《じょう》

高知県

かつては大高坂松王丸《おおたかさかまつおうまる》が、南北朝時代に大高坂山《おおたかさかやま》に城を築いたのが始まり。当時は大高坂城と呼ばれていた。その後、関ヶ原の戦いの戦功によって、山内一豊《やまうちかずとよ》が入城。近世城郭を築き、名を高知城とした。現在でも当時の天守（現存天守14城のひとつ）、黒鉄門、多聞櫓《たもんやぐら》、納戸蔵、石垣などが遺構として残っている。

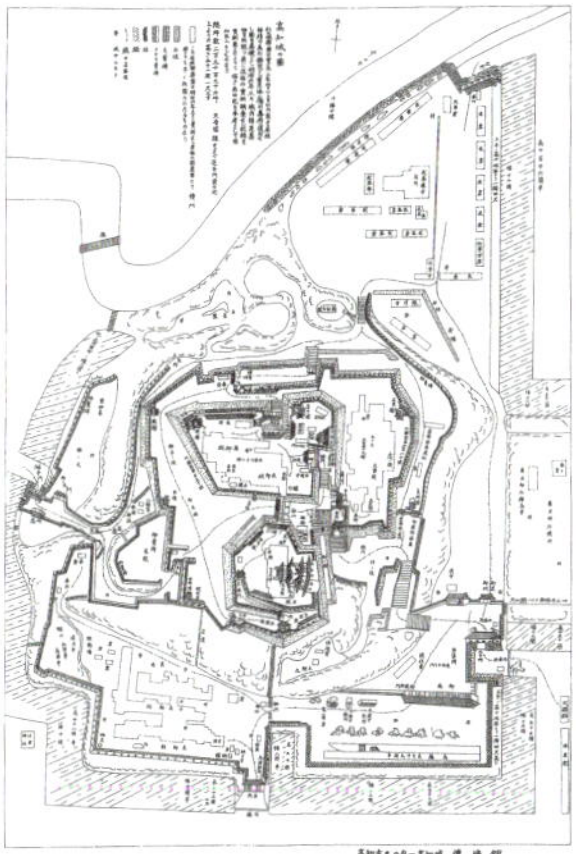

1873（明治6）年に行われた測量調査を元に書き起こされた高知城の地図

山内一豊が完成させた天守は火災によって焼失。現存する高知城天守は1749（寛延2）年に再建されたものであるが、創建当時の姿をそのまま復元した天守であることが調査によって判明している

- **築城年**／1611（慶長16）年、1749（寛延2）年復元
- **藩主**／山内一豊
- **築城者**／山内一豊
- **形式**／平山城
- **構造形式**／連郭・梯郭式
- **天守閣の構造**／四重五階（外観）、三層六階（内部）
- **高さ**／18.5m（礎石からの高さ）
- **広さ（敷地）**／132,304.96㎡（史跡）
- **有名な戦い**／──
- **所在地**／高知県高知市

城の東にある追手門。門をくぐって城に向かう途中に、初代城主山内一豊の妻の像がある

現存天守（宇土櫓）

重文

熊本城《くまもとじょう》 熊本県

城造りの名人と言われた加藤清正《かとうきよまさ》が築城。1601～1607（慶長6～12）年もの歳月をかけて茶臼山《ちゃうすやま》（標高50m）の天然要害につくられた。難攻不落の城として名高い。〝武者返し〟と言われる敵を寄せつけない独特な反《そ》りをもつ石垣、大空堀を三重に設け、さらに外観は三重だが、内部は地上五階、地下一階の宇土櫓《うとやぐら》を設けている。

城造りの名人と言われる加藤清正が、1601～1607年の7年間もの歳月をかけて築城された熊本城。写真は「竹ノ丸から見た天守」になる。敵を寄せつけない独特な反りを持つ〝武者返し〟の石垣が見事である

西南戦争によって焼失してしまった熊本城。1960（昭和35）年に天守閣を復元、2008（平成20）年には本丸御殿が復元された。現在（2010年）も往時の熊本城の復元整備が続けられおり、2017（平成29）年にすべての復元が完成する予定

- **築城年**／1601～1607（慶長6～12）年
- **藩主**／加藤氏、細川氏
- **築城者**／加藤清正
- **形式**／平山城
- **構造形式**／梯郭式
- **天守閣の構造**／連結式望楼型 三層六階地下一階（大天守）、三層四階地下一階（小天守）
- **高さ**／約30m（石垣から大天守）、約19m（小天守）
- **広さ（敷地）**／約980,000㎡
- **有名な戦い**／西南戦争
- **所在地**／熊本県熊本市

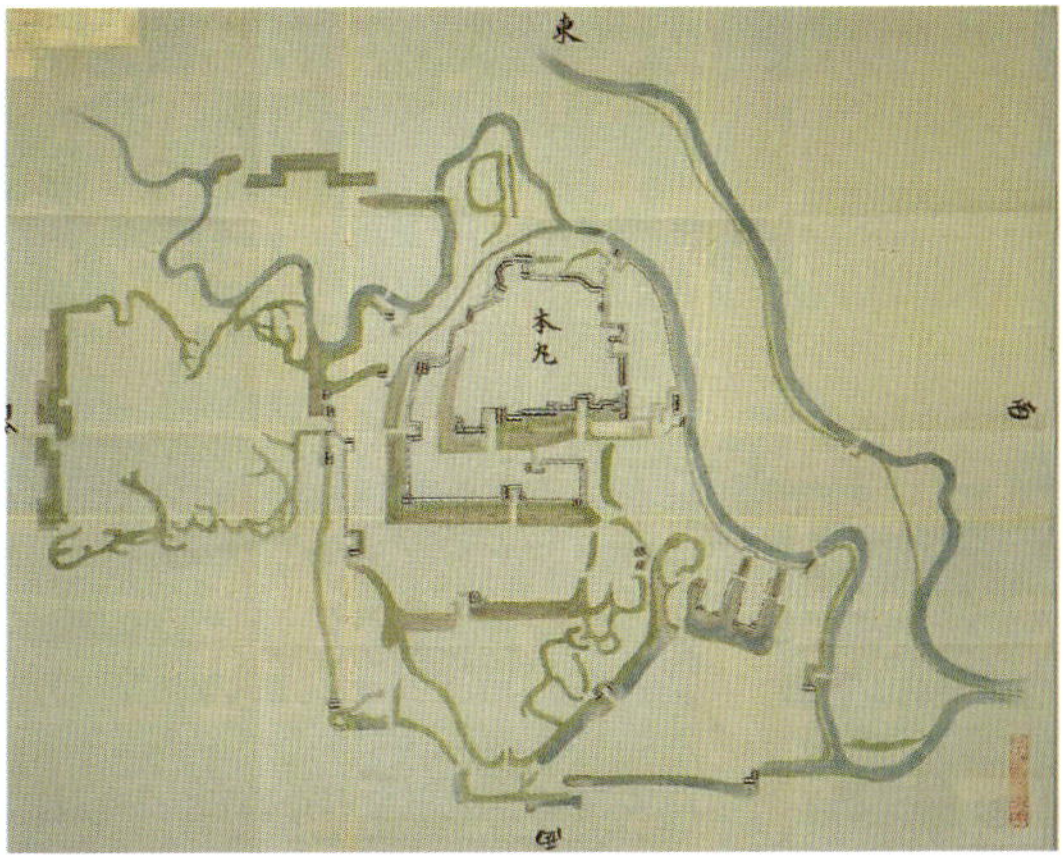

熊本城とその周辺を描いた古地図。本丸背面には川が流れ、「背水の陣」のような城だったことがうかがえる　（国立国会図書館ホームページより転載）

世界遺産

首里城《しゅりじょう》 沖縄県

かつて沖縄本島（琉球）は、北山《ほくざん》、中山《ちゅうざん》、南山《なんざん》の３つの勢力が対立していた。それらを尚《しょう》巴《は》志《し》が滅ぼし、統一。代々居城として使用したのが首里城である。中国文化が取り入れられた正殿では、様々な儀式が執り行われた。しかし、第二次世界大戦によって、ほとんどの建物を焼失。１９９２（平成４）年に正殿などが復元された。

1992（平成4）年に復元された「正殿」

- **築城年**／13世紀末～14世紀、1992（平成4）年復元
- **藩主**／尚氏王統
- **築城者**／不明
- **形式**／平山城
- **構造形式**／梯郭式
- **天守閣の構造**／──
- **高さ**／約18m（基壇1.9m、正殿約16m）
- **広さ（敷地）**／約1,200㎡（正殿延床面積）
- **有名な戦い**／志魯《しろ》・布里《ふり》の乱（王位継承争い）
- **所在地**／沖縄県那覇市

首里城正殿2階にある御差床。尚王朝の歴代の王がこの御差床にて政務にあたった

（写真提供：首里城公園）

Column

日本百名城

数多くある城の中でも、財団法人日本城郭協会が、優れた文化財・史跡、著名な歴史の舞台、時代・地域の代表と規定、史跡としての環境保存状況などを建築、土木、考古、歴史などの各分野の専門家が検討し、選定したのが「日本百名城」である。

※財団法人日本城郭協会の「日本百名城」を資料として掲載している
※城跡が現在社寺になっている場合は、社寺名も記載している

	都道府県名	城郭名
北海道・東北	北海道	●五稜郭　●松前城　●根室半島チャシ跡群
	青森県	●弘前城　●根城
	岩手県	●盛岡城
	秋田県	●久保田城
	宮城県	●仙台城　●多賀城
	山形県	●山形城
	福島県	●会津若松城　●二本松城　●白河小峰城
関東・甲信越	栃木県	●足利氏館（鑁阿寺）
	群馬県	●箕輪城　●金山城
	茨城県	●水戸城
	千葉県	●佐倉城
	埼玉県	●川越城　●鉢形城
	東京都	●江戸城　●八王子城
	神奈川県	●小田原城
	山梨県	●甲府城　●武田氏館（武田神社）
	長野県	●松本城　●松代城　●上田城　●小諸城　●高遠城
	新潟県	●新発田城　●春日山城
東海・北陸	静岡県	●山中城　●駿府城　●掛川城
	愛知県	●名古屋城　●犬山城　●岡崎城　●長篠城
	富山県	●高岡城
	石川県	●金沢城　●七尾城
	福井県	●丸岡城　●一乗谷城
	岐阜県	●岐阜城　●岩村城
	三重県	●松阪城　●伊賀上野城
近畿	和歌山県	●和歌山城
	奈良県	●高取城
	滋賀県	●安土城　●彦根城　●観音寺城　●小谷城
	大阪府	●大阪城　●千早城
	京都府	●二条城
	兵庫県	●姫路城　●竹田城　●赤穂城　●明石城　●篠山城
中国・四国	岡山県	●備中松山城　●岡山城　●津山城　●鬼ノ城
	広島県	●広島城　●福山城　●郡山城
	鳥取県	●鳥取城
	島根県	●松江城　●月山富田城　●津和野城
	山口県	●岩国城　●萩城
	徳島県	●徳島城
	香川県	●高松城　●丸亀城
	愛媛県	●今治城　●松山城　●宇和島城　●大洲城　●湯築城
	高知県	●高知城
九州・沖縄	福岡県	●福岡城　●大野城
	佐賀県	●佐賀城　●名護屋城　●吉野ヶ里
	長崎県	●島原城　●平戸城
	大分県	●大分府内城　●岡城
	熊本県	●熊本城　●人吉城
	宮崎県	●飫肥城
	鹿児島県	●鹿児島城
	沖縄県	●首里城　●今帰仁城　●中城城

目次

写真提供：彦根市教育委員会

写真提供：元離宮二条城事務所

第一章 城の基礎知識

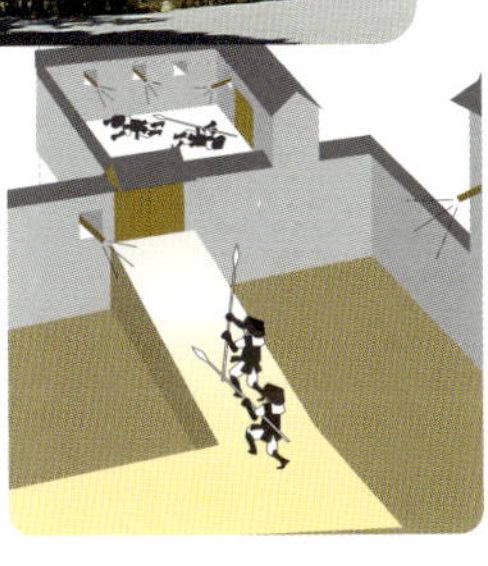

県／八王子城・東京都／箕輪城・群馬県／金山城・群馬県／高崎城・群馬県／武田氏館（武田神社）・山梨県／甲府城・山梨県／松代城・長野県／上田城・長野県／小諸城・長野県／高遠城・長野県／龍岡城・長野県／新発田城・新潟県／村上城・新潟県／高田城・新潟県／春日山城・新潟県／高岡城・富山県／富山城・富山県／七尾城・石川県／一乗谷城・福井県／岐阜城・岐阜県／岩村城・岐阜県／加納城・岐阜県／苗木城・岐阜県／山中城・静岡県／駿府城・静岡県／掛川城・静岡県／浜松城・静岡県／横須賀城・静岡県／長篠城・愛知県／吉田城・愛知県／伊賀上野城・三重県／津城・三重県／松坂城・三重県／亀山城・三重県／田丸城・三重県／新宮城・和歌山県／大和郡山城・奈良県／高取城・奈良県／岸和田城・大阪府／千早城・大阪府／小谷城・滋賀県／観音寺城・滋賀県／淀城・京都府／園部城・京都府／明石城・兵庫県／赤穂城・兵庫県／篠山城・兵庫県／津山城・岡山県／鬼ノ城・岡山県／広島城・広島県／福山城・広島県／三原城・広島県／郡山城・広島県／鳥取城・鳥取県／米子城・鳥取県／津和野城・島根県／月山富田城・島根県／岩国城・山口県／萩城・山口県／勝山御殿・山口県／徳島城・徳島県／今治城・愛媛県／湯築城・愛媛県／小倉城・福岡県／福岡城・福岡県／大野城・福岡

Column

第一章

城の基礎知識

城郭の変遷／城の形態・形式／城の各部名称と役割／戦国時代と徳川時代の「大坂城」／家康から始まった天下普請でつくられた「江戸城」／「縄張」と「曲輪」／堀（濠）／橋／土塁（土居）／石垣／天守（天守閣）／櫓／門／御殿

城とは何か・・・

城は日本を代表する歴史的建造物のひとつで、主に戦国時代から江戸時代を中心に活躍した武将たちの力を偲ばせるものと言ってもよいだろう。城とひとことで言ってしまうが、様々な形式があり、構造形式や天守閣の構造なども異なってくる。

城の魅力はどこにあるのか…

城のどこに魅力を感じるだろうか…。天守閣の形状、頑丈な石垣、城郭の形状、櫓、門、堀、戦うための城の構造、天守閣からの眺めと答える人が多いのではないだろうか。

または、城の歴史、築城した人物、藩主と答える人もいるかもしれない。それだけ城の魅力は多いのである。

本書では、城の基礎知識として、城の形態、縄張と曲輪、天守、石垣などの構造を紹介している。また、城がどのようにできるのか、戦いのための城の構造、戦い方と攻め方、日本三大でみる城、１０８もの名城を紹介している名城ガイドなど、城に興味を持っている人はもちろんのこと、城好きにはたまらない多くの魅力を紹介している。

仙台城

かつて独眼竜と言われ、秀吉、家康らも恐れた東北の雄、伊達政宗がいたかと思うと……

写真提供：仙台市観光交流課

想像する楽しみがある城

城を見ているだけでワクワクすると言う人もいることだろう。数百年前に城内を武士たちが行き来していた、城をめぐって争いがあった、石垣を忍者が登っていたかなどと想像すると城はさらに楽しくなる。

それは城跡も同じである。資料としては古地図などが残っているが、どんな天守閣や櫓が築かれていたか、城下にどんな人たちが住んで生活してたのかを想像するだけで城は楽しい。

戦《いくさ》のための城から見せるための城

日本百名城のひとつに、佐賀県の吉野ヶ里遺跡が選ばれている。意外と思う人もいるかもしれないが、堀と土塁によって国を守った弥生時代のれっきとした城である。

その後、朝鮮半島から朝鮮式山城の築城方法が伝わり、山城が造られるようになり、より戦を意識した城が築かれるようになる。南北朝時代には、山頂の平らな丘などに館を築いた丘城（館城）が見られ、戦国時代になると防備力に優れた平山城が多くなる。

吉野ヶ里

集落を堀や柵で囲い、防御の態勢を整えていた吉野ヶ里は、城郭の始めとも言える　（国営吉野ヶ里歴史公園事務所所有）

これら戦の城から見せる城を築城したのは、天下統一目前の織田信長《おだのぶなが》が琵琶湖に突き出た半島の安土山（標高約１９０ｍ）に築いた「安土城」である。

五層七階の不等辺多角形の天守台はもちろんのこと、天主には金箔を貼った金箔鯱瓦（目、前歯、牙、ヒレ部分）や、金箔を貼った金箔瓦などが使われており、まさに見せる城だった。この思想は、やがて羽柴秀吉《はしばひでよし》や徳川家康《とくがわいえやす》などに受け継がれていく。

大坂城

派手好みと言われた豊臣秀吉が建てた城は、大坂夏の陣で焼失。のちに徳川秀忠が天守台、天守閣ともに豊臣時代よりも規模を大きくして再建した

名古屋城

徳川家康が築城した名古屋城。諸大名に号令をかけた天下普請で建てられたため、石垣には建築を担当した大名の印がついているものがある

城《じょう》郭《かく》の変《へん》遷《せん》

財産を守るための弥生時代の「環濠《かんごう》集落」から、飛鳥・奈良時代に大陸文化の影響を受け「朝鮮式山城」が誕生。戦国時代の織田信長《おだのぶなが》の「安土城」の築城に城郭や城造りは大きく変化する。その後、豊臣秀吉《とよとみひでよし》と徳川家康《とくがわいえやす》によって近世城郭が確立された。

	弥生・古墳時代	飛鳥・奈良時代
山城	高地性集落	鬼ノ城
平城	吉野ヶ里	城柵

高地性集落

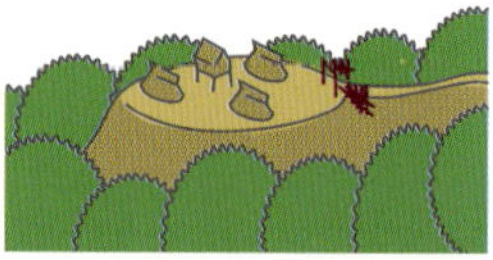

鬼ノ城

朝鮮式山城の城郭である「鬼ノ城」

吉野ヶ里

環濠集落である「吉野ヶ里遺跡」
（国営吉野ヶ里歴史公園事務所所有）

城柵

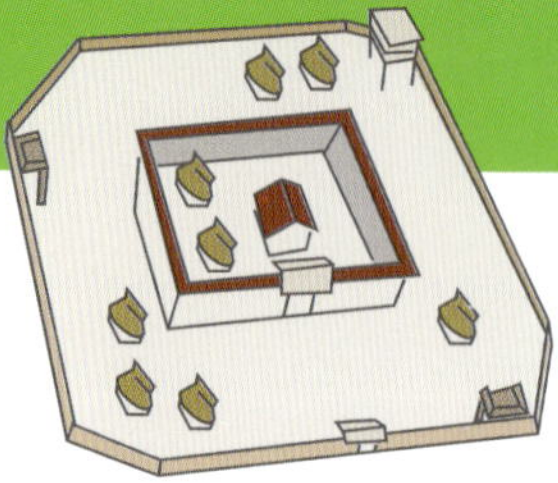

柵で囲んだ「城柵」が登場する

領地支配から国を統一する象徴の城郭へ

弥生時代、農耕の発展によって農作物は財産という認識になり、ムラからクニが誕生する。やがて農作物や領土をめぐる戦争が起こり、外敵から集落（クニ）を守るために柵や濠で囲う「環濠集落」へと発展する。日本百名城のひとつに選定されている「吉野《よしの》ヶ《が》里《り》遺跡」がそうである。古墳時代になると、居住、政治、祭礼の場として、大きな平屋の館が登場する。その後、飛鳥時代から奈良時代に「朝鮮式山城」が百済から伝えられ、日本の城郭は大きく変わってくる。武士が台頭した鎌倉時代から南北朝時代にかけては、館城と言われる山頂が平らな山や丘の上に館を築いたものが主流だ

江戸時代	戦国・室町時代	鎌倉・南北朝時代

備中松山城

近世城郭山城である「備中松山城」

竹田城

尾根の上に建つ竹田城の城郭は細長く、痩せ尾根型山城

江戸城

江戸城の遺構のひとつ「富士見櫓」

高松城

日本を代表する海城の高松城は、戦国時代に築かれた平城

足利氏館

鎌倉時代の武士館の遺構といえる足利氏館（鑁阿寺）

った。室町時代に入ると縄張り、防御設備が発達した山城の「根古屋式《ねこやしき》城郭」や、緩やかな丘に造られた「平城」が多くなった。

各地に経済力を持った大名が領地を争った戦国時代になると、防御力に優れ、領地支配もしやすい平山城も多くなってきたが、初期から中期にかけては、山城も多く築城されている。しかし、天下統一間近の織田信長が滋賀県の琵琶湖の半島に築城した「安土城」によって、それ以降の城郭造りは大きく変化していくことになる。今までに考えられない五層七階の天主をはじめ、城郭内には羽柴秀吉《はしばひでよし》、徳川家康、前田利家《まえだとしいえ》らの有力大名の館も構えられていた。

その後、天下統一を果たした豊臣秀吉の天《てん》下普請《かぶしん》によってさらなる巨城、城郭が造られるようになる。さらに天下分け目の関ヶ原の戦いで勝利した家康が将軍として江戸幕府を成立させ、大坂夏の陣で豊臣家が滅亡すると、大きな戦もなくなり、城も領地を統治しやすい平城となり、さらに象徴性の高い巨城になっていく。江戸城、大坂城などが代表である。

城の形態・形式

城には様々な形態・形式がある。まず城の建てられた場所や曲輪《くるわ》配置（縄張《なわばり》）によって分類することができる。さらに、城郭の形式で分類ができ、天守の構造と形式によって分類することができる。ここではそれらの違いを現存の城（復元）で紹介していく。

縄張の形態による分類「山城《やまじろ》」

「山城」とは名のごとく、山の一部、または山全体を縄張として築いた城のこと。基本的には比高《ひだか》（盛土や崖などの高さと近くの平らな所の差のこと）１００ｍ以上の山地に建てられた城の形態を表す。

この山城の歴史は古く、飛鳥時代から奈良時代に朝鮮半島から「朝鮮式山城」の造り方が伝わったと言われている。

室町時代には、戦時がない時は平地の館に住み、戦時の時は山城に籠《こも》る「根古屋式《ねこや》」だった。当時のものは土塁や石を基盤にした城壁で囲った館や倉庫があった。その後、豪族や武士が出現すると城が築かれる標高が高くなり山頂に館城を築き、石垣を高くし、さらに曲《くる》輪《わ》を造った。

竹田城

その後、戦国時代の１５７６年（天正４年）に、織田信長が琵琶湖に突き出た安土山に今まで考えられないほどの高石垣で、五層七階の天守閣を持つ山城の「安土城」を築いたことにより、山城の形態は大きく変わっていくことになる。山城内に家臣が邸を造り住み、山頂には天主、本丸御殿、本丸、二の丸などが築かれた、まったく新しいスタイルの城郭だった。
山城の中でも歴史があり、標高、比高のある岐阜県の**「岩村城」**、奈良県の**「高取城」**、岡山県の**「備中松山城」**を日本三大山城（詳しくは184〜186ページ参照）と言う。

岩村城

【主な「山城」の代表城】

福島県	二本松城（山城と山麓の居館）
新潟県	村上城（山城と山麓の居館）
岐阜県	岩村城（山城と山麓の居館）
滋賀県	安土城
奈良県	高取城
兵庫県	竹田城、洲本城（山城と山麓の居館）
岡山県	鬼ノ城
島根県	津和野城（山城と山麓の居館）
福岡県	大野城
大分県	岡城、佐伯城（山城と山麓の居館）、角牟礼城
鹿児島県	鹿児島城（山城と山麓の居館）
沖縄県	中城城、今帰仁城、勝連城、座喜味城

縄張の形態による分類「平山城《ひらやま》」

「平山城」は、山と麓の小高い広陵や平地を縄張として築いた城のこと。山や麓部分に城（詰城）を造り、平地部分に居館を造って住んでいた。
山城に比べると統制がとりやすい利点があったが、防御としてはやや劣る。代表的な平山城としては、宮城県の「仙台城」、神奈川県の「小田原城」石川県の「金沢城」、愛知県の「岡崎城」「犬山城」、滋賀県の「彦根城」、兵庫県の「姫路城」、熊本県の「熊本城」などの名城が数多い。

彦根城

高知城

【主な「平山城」の代表城】

青森県	弘前城
宮城県	仙台城
福島県	若松城、白河小峰城
神奈川県	小田原城
静岡県	浜松城、掛川城、横須賀城
愛知県	岡崎城、犬山城
石川県	金沢城
福井県	丸岡城
滋賀県	彦根城
三重県	松坂城、亀山城、田丸城
兵庫県	姫路城、明石城
岡山県	岡山城、津山城
高知県	高知城
愛媛県	松山城、大洲城、宇和島城
福岡県	福岡城
熊本県	熊本城

名古屋城

平城を代表する愛知県の「名古屋城」。1609（慶長14）年に徳川家康の天下普請によって、さらに巨城となった

縄張の形態による分類「平城《ひらじろ》」

「平城」とは名のごとく、平地を縄張として築いた城のこと。山城や平山城のように天然の要塞《ようさい》を利用するわけではなく、大規模な土木工事が必要となる。

また防御対策として掘を何重にも造り、櫓《やぐら》、門を多く備えなくてはいけないが、城郭と城下町とが密接しているため、統治しやすく、兵力を収容でき、出撃しやすいなどの利点がある。

近世に入ってから大型化しており、東京都の「江戸城」、長野県の「松本城」、愛知県の「名古屋城」、大阪府の「大坂城」、広島県の「広島城」などになる。

縄張の形態による分類「水城《みずしろ》」「海城《うみじろ》」

「水城」「海城」とは海、川、湖などに隣接した港湾部分を縄張《なわばり》の一部として取り込んだ城のこと。「海城」は半島や島の地形をうまく利用して、海に面している城を指す。水堀に海水や川、湖の水を引き込んで、水によって守られている。また、島や半島を縄張にした水軍の城を「水軍城」と言う。これは島の多い瀬戸内海に多い。

水城の中でも香川県の「高松城」、愛媛県の「今治城」、大分県の「中津城」が、日本三大水城（詳しくは187～189を参照）になる。

【主な「平城」の代表城】

北海道	五稜郭	大阪府	大坂城、岸和田城
山形県	山形城、米沢城	奈良県	大和郡山城
新潟県	新発田城、高田城	兵庫県	赤穂城、篠山城
長野県	松本城、松代城、龍岡城	広島県	広島城、三原城
		香川県	高松城
静岡県	駿府城	愛媛県	今治城
愛知県	名古屋城、吉田城	福岡県	小倉城、久留米城
三重県	津城	佐賀県	佐賀城
京都府	二条城	長崎県	島原城、金石城

松本城

国宝にも指定されている長野県の「松本城」。平城を代表する城のひとつである

中津城

【主な「水城」「海城」の代表城】

香川県	高松城（平城・海城）
愛媛県	今治城（平城・海城）
大分県	中津城、日出城（平山城・海城）、府内城（平城・海城）、臼杵城（平山城・海城）
佐賀県	唐津城（平山城・海城）
長崎県	平戸城（平山城・海城）、石田（福江）城（平城・海城）

高松城

日本三大水城のひとつに数えられる香川県の「高松城」。今なお堀に水が引き込まれている

天守の縄張《なわばり》（形式）は4つに分類される

天守の構造の分類を紹介する前に、天守の縄張を紹介する。型式の基本は「独立《どくりつ》式」「複合《ふくごう》式」「連結《れんけつ》式」「連立《れんりつ》式」の4つに分類される。

「独立式」は、天守が単独（独立）で建っているもの。櫓《やぐら》、小天守が付属していても、直接天守に出入口があるものも独立式に分類される。

「複合式」は、天守に櫓、小天守などが付属しているもの。**「連結式」**は、天守から多聞《たもん》櫓や渡廊下《わたりろうか》を小天守や櫓に渡したもの。

「連立式」は、天守と小天守群、櫓群を渡櫓で環状に連結させたもので、兵庫県の姫路城が有名だ。

他には**「複合式」**と連結式を合わせた**「複合連結式」**などがある。

連立式天守閣の代表ともいえる、兵庫県の姫路城

【天守の縄張（形式）の種類】

【独立式】

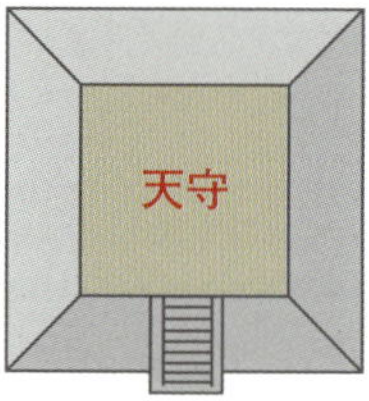

【連結式】

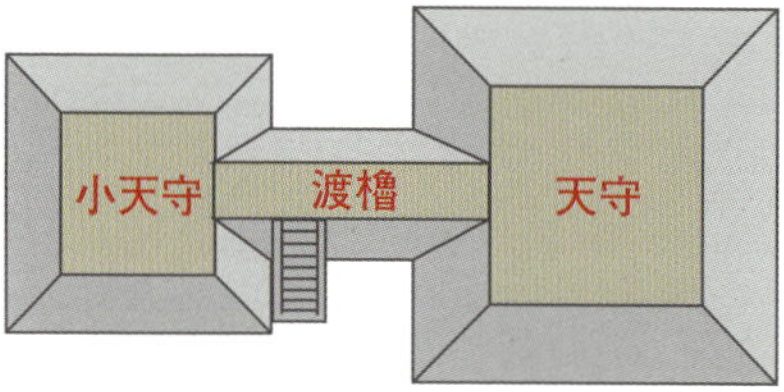

【複合式】

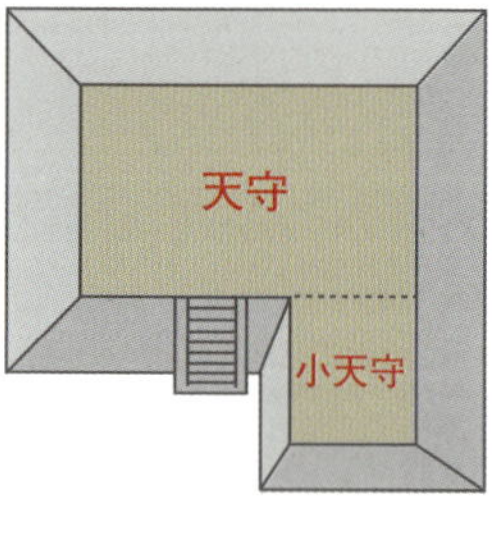

【連立式】

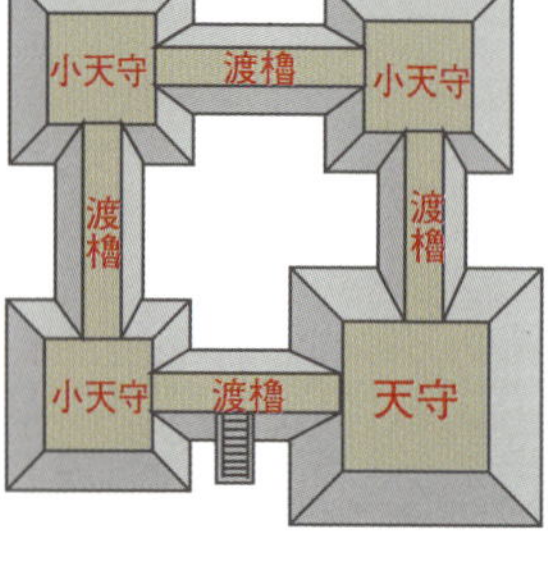

天守の構造による分類「望楼型《ぼうろうがた》」

「望楼型」は、簡単に言うと上層と下層が一体型ではない構造。下層部の入母屋《いりもや》造りの櫓の上に、物見《ものみ》櫓（小型の望楼）がのせられたもので、大きな入母屋屋根を持つ、望楼部に廻り縁《えん》を持つ、望楼部の柱や長押《なげし》が見えるなどの見かけの特徴がある。

関ヶ原の戦い以前に造られたものを「初期望楼」、以降を「後期望楼」に分類することができる。初期望楼は屋根の扁平率《へんぺいりつ》が大きく、望楼部分が小さく造られている。

犬山城

【主な「望楼型天守」の代表城】

福井県	丸岡城（独立式望楼型）
愛知県	犬山城（複合式望楼型）
滋賀県	彦根城（望楼型）
大阪府	大坂城（望楼型）
兵庫県	姫路城（連立式望楼型）
岡山県	備中松山城（複合式望楼型）、岡山城（複合式望楼型）
島根県	松江城（望楼型）
高知県	高知城
熊本県	熊本城（連結式望楼型）

天守の構造による分類「層塔型《そうとうがた》」

「層塔型」は、望楼型と異なり上下層が一体となっている構造のこと。上下層に通し柱を通しているのが最大の特徴。

また、廻縁《まわりえん》がなく、外観の層と内部の階数が一致しており、上層に行くに従って層面積が小さくなる。また、望楼型で見られた入母屋や破風《はふ》がなくなり、屋根は寄棟《よせむね》屋根が多く、小さな千鳥《ちどり》破風や唐《から》破風が付けられているのも特徴のひとつ。

宇和島城
独立式層塔型の宇和島城天守

【主な「層塔型天守」の代表城】

青森県	弘前城
東京都	江戸城
愛知県	名古屋城（連結式層塔型）
岐阜県	大垣城
和歌山県	和歌山城（連立式層塔型）
愛媛県	松山城（連立式層塔型）、宇和島城（現存は独立式層塔型）

松山城

曲輪《くるわ》の構成・繋ぎ方による分類「連郭《れんかく》式」

「連郭式」とは、曲輪の本丸、二の丸、三の丸を直列状に配置したもので、各曲輪は切り離されて独立しているが、櫓《やぐら》などで連結されていて、行き来できるようになっている。茨城県の「水戸城」、佐賀県の「唐津城」、沖縄県の「中城《なかぐすく》城」などが連郭式である。

【主な「連郭式」の代表城】

茨城県	水戸城
福岡県	久留米城
大分県	臼杵城
佐賀県	唐津城
長崎県	清水山城
鹿児島県	鹿児島城
沖縄県	中城城、勝連城、座喜味城

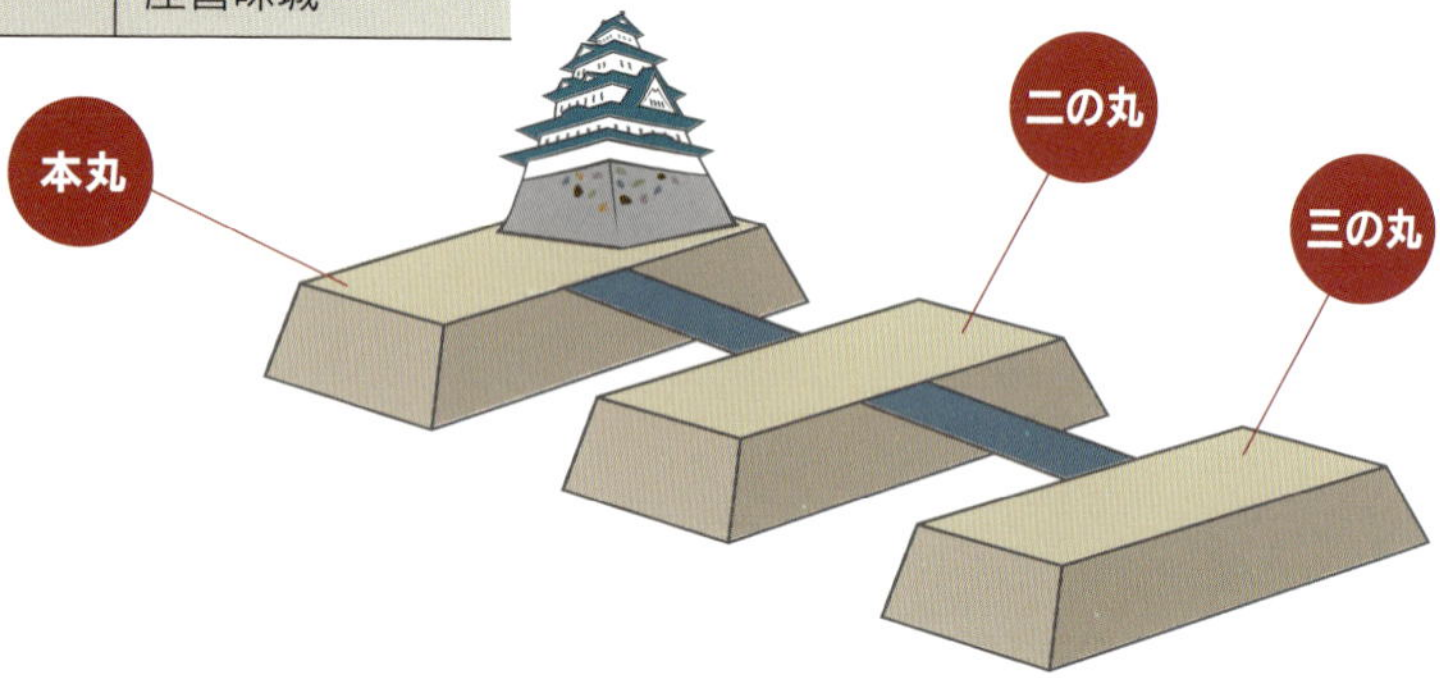

曲輪の構成・繋ぎ方による分類「梯郭《ていかく》式」

「梯郭式」は、各曲輪が階段状に連なっているもの。三の丸と二の丸が連なり、二の丸と本丸が連なっている。この様式を梯《はしご》になぞらえてこのように言う。愛知県の「名古屋城」、熊本県の「熊本城」などが梯郭式の代表である。

【主な「梯郭式」の代表城】

青森県	弘前城
福島県	若松城、白河小峰城
千葉県	佐倉城
神奈川県	小田原城
長野県	松本城、上田城、高遠城
石川県	金沢城
静岡県	浜松城、掛川城、横須賀城
愛知県	名古屋城、岡崎城、犬山城
三重県	松坂城、亀山城
兵庫県	竹田城
岡山県	岡山城、津山城、備中松山城
鳥取県	鳥取城、米子城
愛媛県	今治城、松山城、大洲城、宇和島城
熊本県	熊本城、八代城、人吉城
宮崎県	延岡城
沖縄県	今帰仁城、首里城

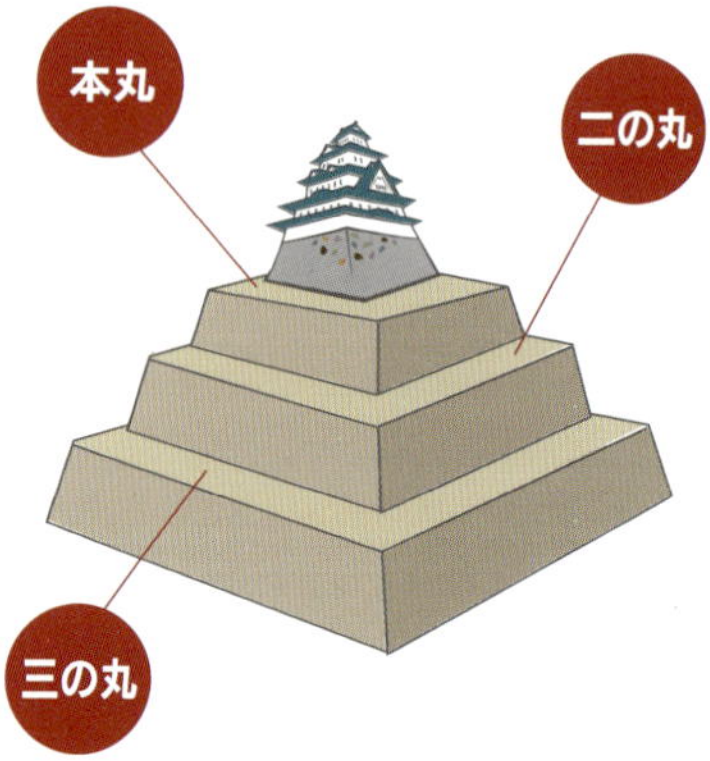

曲輪の構成・繋ぎ方による分類「輪郭《りんかく》式」

「輪郭式」は、中央に本丸、その外側に二の丸、さらに外側に三の丸というように、同心円状に配列するため、敷地は四方に広がる。

現在残っている輪郭式は少なく、山形県の「山形城」、静岡県の「駿府城」、福井県の「丸岡城」。京都の「二条城」などになる。

【主な「輪郭式」の代表城】

山形県	山形城、米沢城
静岡県	駿府城
福井県	丸岡城
京都府	二条城

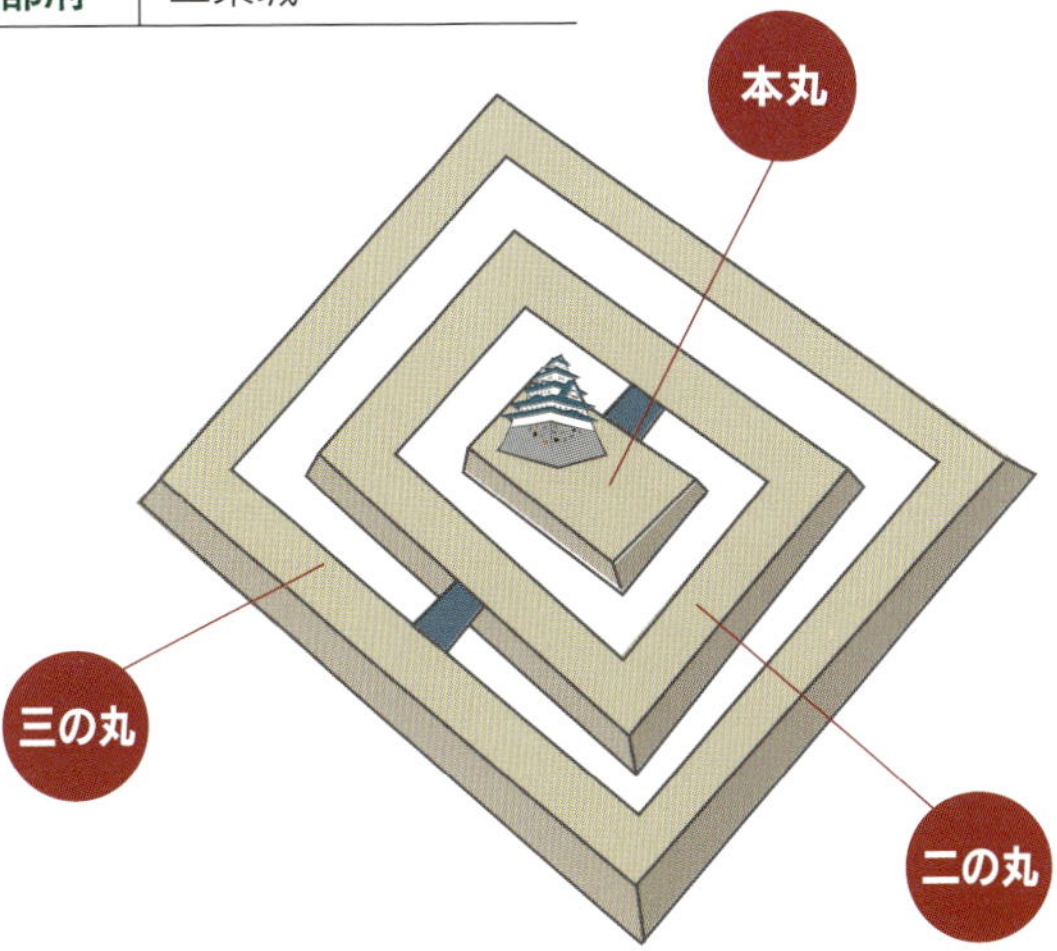

曲輪の構成・繋ぎ方による分類「複合式」

「複合式」とは、先に紹介した連郭式、梯郭式、輪郭式を組み合わせたもので、本丸、二の丸が連郭式で、それを囲う三の丸が輪郭式の「連郭・輪郭式」がある。

また、本丸、二の丸が連郭式で、それを囲う三の丸が梯郭式の「連郭・梯郭式」がある。その他の曲輪の構成・繋ぎ方としては、北海道函館の五稜郭のように複雑に屈曲した「稜堡《りょうほ》式」、進入路を一方通行の渦巻《うずま》き状にして防備を固めた「渦郭《かかく》式」がある。

【主な「複合式」「その他の形式」の代表城】

北海道	五稜郭（稜堡式）
岩手県	盛岡城（連郭・梯郭式）
長野県	小諸城（連郭・梯郭式）、龍岡城（稜堡式）
岐阜県	大垣城（連郭・輪郭式）
福井県	丸岡城（梯郭・輪郭式）
滋賀県	彦根城（連郭・梯郭式）
三重県	津城（連郭・輪郭式）
和歌山県	和歌山城（連郭・梯郭式）
京都府	淀城（連郭・梯郭式）
兵庫県	明石城（連郭・梯郭式）、赤穂城（輪郭・梯郭式）
広島県	広島城（連郭・梯郭式）
高知県	高知城（連郭・梯郭式）
長崎県	島原城（連郭・輪郭式）

城の各部名称と役割

城の名前を知っている人は多いだろうが、城の各部の名称はどうだろうか。天守や櫓《やぐら》、堀、石垣、門は知っているが、さらに細かくなるとわからないという人が多いのではないだろうか。ここでは城の各部の名称と役割を戦国時代の城と江戸時代の城で紹介する。

基本の各部の名称と役割

徳川家康が1609（慶長14）年に天《てん》下普請《かふしん》によって、豊臣家の大坂城を見据えて築城された。

尾張藩徳川家の居城であった名古屋城の当時の縄張と、現在の名古屋城の縄張を比較しながら、各部の名称と役割を紹介していく。

現在の名古屋城

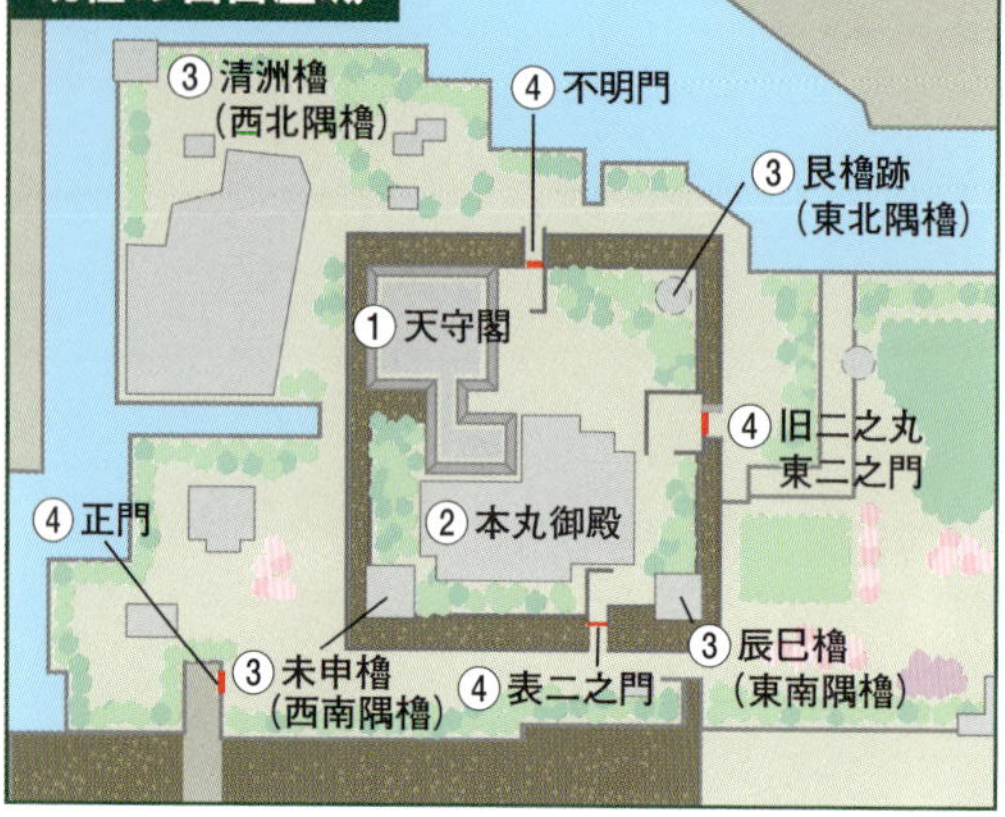

①天守閣《てんしゅかく》（連結式層塔型）／天守閣は、城主の権威の象徴の役割、見張り台、城を特徴づける役割がある。名古屋城は、大坂城を意識した金鯱鉾が飾られていた。

②本丸御殿《ほんまるごてん》／城主の住居、藩の政庁として使用。その後、将軍が上洛する際の宿館となった。

③櫓《やぐら》／櫓とは矢倉、矢蔵とも書かれるように通常は矢などの武具を常備する保管場所だが、戦になると、敵の動向をうかがう物見や射撃場所になった。名古屋城には代表的な4つの櫓が見られる。艮《うしとら》櫓（現、東北隅櫓）、辰《たつ》巳《み》櫓（現、東南隅櫓）、未申《ひつじさる》櫓（現、西南隅櫓）、清洲《きよす》櫓（現、西北隅櫓）である。

④門《もん》／門は、馬や兵の出入りはもちろんのこと、城の防

徳川家康築城の頃の名古屋城の各部名称

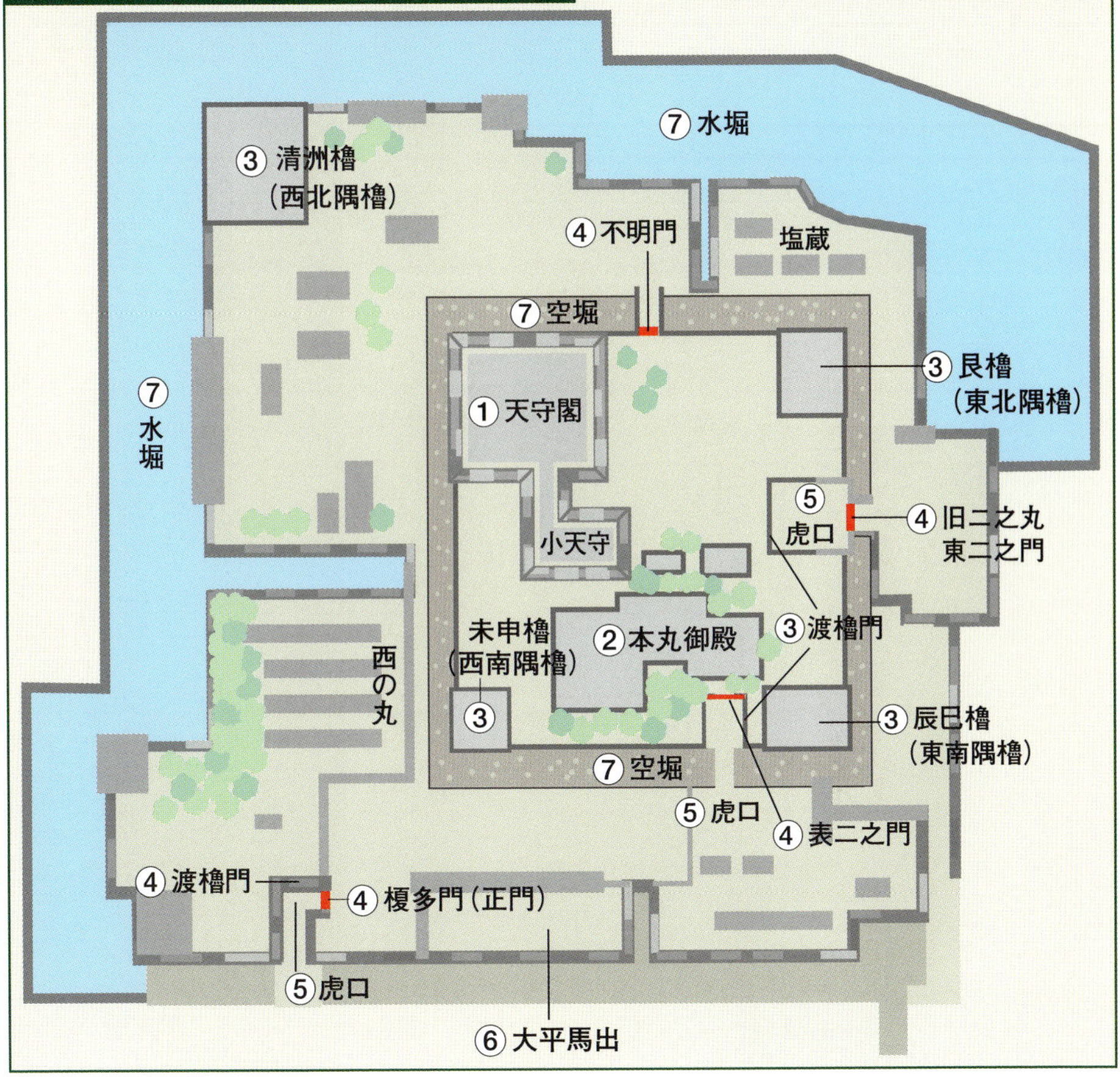

御施設で、門の上に櫓（渡櫓門《わたりやぐら》）が築かれ、石落としなどを設けて攻撃できるものが多い。

⑤虎口《こぐち》／門後方にある城の出入口のこと。渡櫓門に囲まれており、敵が進入すると三方向から攻撃できるようになっている。

⑥馬出《うまだし》／馬出は虎口を防御するためのもの。小曲輪を設けたものが戦国時代後半に見られる。丸馬出と角馬出のタイプがある。

⑦堀《ほり》／堀は敵の侵入を防ぐためのもので、水が入れられた水堀、水を入れない空堀がある。城によって異なるが、空堀はいざという時に城主を逃がす役割もする。

戦国時代と徳川時代の「大坂城」

天下統一を果たした豊臣秀吉《とよとみひでよし》が築いた戦国時代の大坂城。「大坂夏の陣」後、江戸幕府によって築かれた徳川時代の大坂城。この2つの大坂城を比較してみることによって、城郭《じょうかく》の違いや名称を知ることができるはずだ。

豊臣秀吉が築いた戦国時代の「大坂城」

大坂城には2つの顔がある、1583（天正11）年、天下統一を成し遂げた豊臣秀吉が、石山本願寺跡に築いた大坂城と、豊臣家が滅亡することになる「大坂夏の陣」後の徳川幕府が天下普請《てんかふしん》で築いた大坂城の2つの顔である。

秀吉が築いた大坂城は、天守閣が五層九階で、屋根には金の鯱鉾《しゃちほこ》が飾られ、城内に金の茶室があった絢爛《けんらん》豪華《ごうか》な巨城であった。これはまさに戦う城から織田信長が見せるための象徴として築いた安土城の思想を受け継いだものである。

当時の大坂城には水堀に囲まれている天守閣、奥御殿などを腰曲輪《こしくるわ》が囲み、その後方に山里《やまざと》曲輪があった。前方には井戸《いど》曲輪が表御殿を囲んでおり、大手門は枡《ます》形《がた》になっている。その前は空堀になっている複雑なものだった。

天下を統一したとはいえ、まだまだ有力大名が多い戦国時代のこと、大坂城には戦《いくさ》のための防備が施されていた。

豊臣家の威光《いこう》を打ち消した徳川時代の「大坂城」

1615（元和元）年4月、徳川幕府と豊臣家の「大坂夏の陣」が勃発。家康は15万の大軍で大坂城を包囲し、当時最新の大砲を使い、その砲弾で本丸の櫓《やぐら》を打ち壊している。さらに内通者によって火が放たれた大坂城は、同年5月7日に陥落した。

1619（元和5）年、江戸幕府の天下普請《てんかふしん》によって、

11年の歳月をかけて1629（寛永6）年に再建されている。再建された大坂城は、秀吉が築城した当時に比べて豪華さはないが、本丸の地盤が広く、高くなり、天守閣が豊臣時代の約39mから、約58mと、約1・5倍も高くなっている。また、城郭も大きくなり、石垣なども巨大化している。

秀吉の築いた大坂城よりも大きくすることで、秀吉のイメージを払拭し、徳川幕府の力を大名や町民に誇示する考えがあった。現在の天守閣は、1931（昭和6）年に復興されたものである。

また、64ページで秀吉築城の大坂城と、65ページで徳川時代の大坂城の城郭構造図を紹介している。天守閣の位置など、その違いがわかるはずだ。

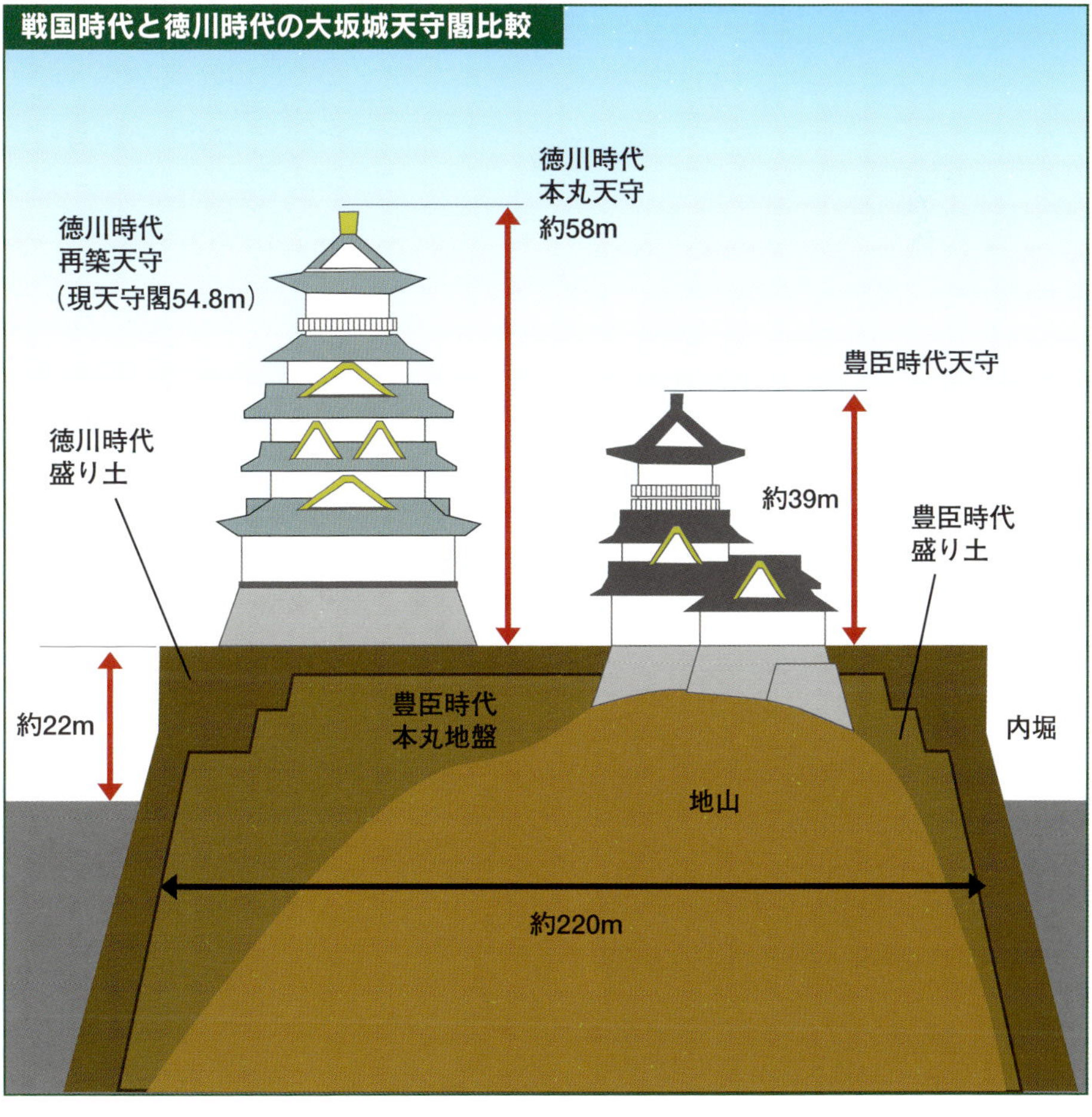

❶ 天守　❷ 奥御殿　❸ 山里曲輪　❹ 腰曲輪　❺ 極楽橋　❻ 舟入　❼ 水堀
❽ 表御殿　❾ 井戸曲輪　❿ 大手門　⓫ 空堀

徳川幕府築城の大坂城

❶ 天守　❷ 本丸　❸ 本丸御殿　❹ 山里曲輪　❺ 本丸大手門（桜門）　❻ 二の丸
❼ 二の丸南曲輪　❽ 市正曲輪　❾ 定番上屋敷　❿ 加番小屋　⓫ 水堀　⓬ 三の丸
⓭ 御蔵曲輪　⓮ 青屋口　⓯ 玉造口　⓰ 大番衆口　⓱ 城代屋敷　⓲ 大手口
⓳ 西の丸蔵屋敷　⓴ 京橋口　㉑ 空堀

家康から始まった天下普請《てんかふしん》で造られた「江戸城」

現在、皇居東御苑、北の丸公園として親しまれている江戸城郭跡地。初代将軍・徳川家康《とくがわいえやす》から15代慶喜《よしのぶ》までの264年もの間、将軍の居城だった江戸城の構造を紹介する。他の大名の城とどのように異なるのか比較してみたい。

264年も続いた将軍居城の「江戸城」の構造

江戸城は1457（長禄元）年、扇谷上杉氏《おうぎがやつうえすぎ》の家臣・太田道灌《おおたどうかん》が、麹町《こうじまち》台地の北端に築いたのが最初と言われている。実は平安時代末期に秩父《ちちぶ》氏の一族である江戸氏が居城を構えていたのが最初という説もあるが、こちらは定かではない。

1590（天正18）年、豊臣秀吉《とよとみひでよし》の小田原城攻めによって小田原城が落城し、天下統一をはたす。その後、秀吉の命によって同年関東に移封された徳川家康の居城となる。当初は家康の家臣が嘆《なげ》くほど貧弱な城だったらしい。

秀吉死去後、1600（慶長5）年の関ヶ原の戦いに勝利した家康は、1603（慶長8）年、征夷大将軍となる。天下普請によって江戸城は大修理が行われる。

江戸城の遺構のひとつ、外桜田門
（写真提供：千代田区観光協会）

神田山を掘り崩し、海岸部分を埋め立て城下を拡張し、将軍の居城にふさわしい城に造りあげていく。その後、1605（慶長10）年に秀忠に将軍職を譲るが、江戸城の修築は続いた。

藤堂高虎《とうどうたかとら》の縄張《なわばり》によって、1607（慶長12）年、天守の造営を始め、本丸、二の丸、三の丸などが築かれた。この修築に駆り出された大名は、加藤清正《かとうきよまさ》、福島《ふくしま》正則《まさのり》、黒田長政《くろだながまさ》、池田《いけだ》輝政《てるまさ》、伊達政宗《だてまさむね》、上杉《うえすぎ》景勝《かげかつ》、細川忠興《ほそかわただおき》らの有力諸大名だった。

1616（元和2）年、家康が没した後も、2代秀忠《ひでただ》、3代家光《いえみつ》の時代にも、大手門、雉子橋門《きじばしもん》から日比谷門までの外曲輪《くるわ》の各門、石垣などが築かれた。

さらに秀忠の時代に家康が造営した天守を取り壊し、新たに天守を造営し、家光も秀忠の天守を取り壊し、新たに天守を造営している。

江戸城の遺構のひとつ、清水門
（写真提供：千代田区観光協会）

しかし、家光の時代1639（寛永16）年、本丸から出火し天守を除く建物を焼くも、翌年に再築している。また、1657（明暦3）年の大火（振袖《ふりそで》火事）によって西の丸を除く建物を焼失。翌年、4代家綱《いえつな》によって再建に着手するが、保科正之《ほしなまさゆき》の進言によって天守は再建しなかった。

その後、5代綱吉《つなよし》の時代1703（元禄16）年に大地震によって、櫓、門、石垣などが大破しているが、諸大名に助役させて再築している。このように火災や天災によって大破した江戸城だったが、そのたび諸大名による助役によって再建されている。

1867（慶応3）年10月14日、15代慶喜《よしのぶ》によって、朝廷に政権を返上する「大政奉還《たいせいほうかん》」が奏上され、長きにわたった江戸時代が終焉《しゅうえん》をむかえ、明治天皇の時代に皇居とし、東京城と改称している。

明治維新によって旧幕府軍と新政府軍の戦争による災禍は免れたものの、1923（大正12）年9月1日の関東大震災によって浜御殿の大手門、櫓《やぐら》などが焼失。1945（昭和20）年の東京大空襲の戦災によって、三の丸大手門、櫓門など、ことごとく焼失。それ以降再建されることなく、現在（2010年）、皇居東御苑、北の丸公園として親しまれている。

3代家光《いえみつ》時代の江戸城の造り

①天守／江戸城の天守は、1657（明暦3）年の大火で焼失。天守以外は1659（万治2）年に再築完成。その後、火災、地震の被害を受け再建されるが、1863（文久3）年に起きた江戸城下の火災で全焼後、再建されることはなく、巨大な天守台が残っているだけ。

②大奥《おおおく》／大奥とは、将軍家の子女、正室、奥女中などの居住所である。

③櫓《やぐら》／弓倉とも矢蔵とも言われる弓矢を保管する防御施設で、物見《ものみ》や射撃を目的として築かれている。江戸城には、現存する富士見《ふじみ》櫓、天守閣の近くにあった菱《ひし》櫓、大広間近くにあった数寄屋《すきや》櫓、台所前にあった台所前櫓があった。

④門／門は、人や馬などの出入りすることはもちろんのこと、戦時の防御施設である。江戸城には、天守閣後方にあった北拮橋《きたはね》門、西拮橋門、上梅林門、下梅林門、三の御門、玄関前門（中雀門）、紅葉山門があった。

⑤二の丸御殿／将軍の別邸で、世継ぎ居住の場である。現在、跡地が皇居東御苑になっている。

⑥堀《ほり》（濠）／堀は城郭を囲み敵から防御するためのもので、空堀《からぼり》、水堀（濠）がある。形状によって箱堀、薬研《やげん》堀、片薬研堀、毛抜堀《けぬきぼり》に分類される。江戸城には、天守閣を囲む平河堀、蓮池堀、二の丸御殿横の白鳥堀（城内にある）になる。

⑦奥台所《おくだいどころ》／主に城主の食事をつくる台所のこと。

⑧大広間／400畳以上の広間で、公式行事・儀式を行う部屋のこと。

⑨遠侍《とおざむらい》／将軍の警備にあたる下級武士の詰所《つめしょ》。

⑩中奥《なかおく》／将軍の住居で、書類に目を通す仕事の場でもある。

⑪表向《おもてむき》／将軍へのお目通り（謁見）や儀式のための広間。役人が仕事をする屋敷もあった。

3代家光時代の江戸城の構造
④上梅林門
④下梅林門
④北桔橋門
⑥平河濠
①天守
③菱櫓
②大奥
⑦奥台所
⑤二の丸御殿
③台所前櫓
⑥白鳥濠
④西桔橋門
⑩中奥
⑪表向
⑨遠侍
⑧大広間
④紅葉山門
⑥蓮池濠
③数奇屋櫓
④三の御門

「縄張《なわばり》」と「曲輪《くるわ》」

縄張とは城を構成する曲輪、土塁、堀、石垣などをどのように配置するかの基本的な設計図のことである。曲輪は基本的に本曲輪（本丸）、二の曲輪（二の丸）、三の曲輪（三の丸）のことを言う。ここで縄張と曲輪について詳しく紹介する。

どのような城にするかを決める「縄張」

城を造るうえで重要になってくるのは、敵に簡単に攻め落とされない堅守なものを造るのはもちろんのことだが、敵が攻めにくく防御しやすい立地、多くの家臣が居住しやすい、城下を統治しやすいかなどを考えて**地選《ちせん》**（城を建てる土地選び）がされる。この土地選びによって、その城が山城、平山城、平城、水城などが決定する。

次に地選された土地に、地形をどのように利用して、どの部分に城を築くかを決定する**「地取《ちどり》」**がされる。地取の次にどのような城を築くかの設計図の**「縄張」**が考えられる。

城造りには莫大な財力と広大な敷地が必要になる。また、多くの作事《さくじ》・普請《ふしん》を伴《ともな》った。そのため、もとからあった城郭《じょうかく》を利用し、大改築をしてより堅固で利便性を高めた城が多い。宮城県の「仙台城」、愛知県の「岡崎城」、岐阜県の「大垣城」、和歌山県の「和歌山城」、大阪府の「大坂城」、兵庫県の「姫路城」などになる。

新しく築城する場合は、石高の高い大名や将軍による〝普請《ふしん》〟や〝天下普請《てんかふしん》〟によって行われる。天下普請とは、全国の大名（藩）たちに城造りのための土木工事を請け負わせること。愛知県の「名古屋城」、大阪府の「大坂城」、東京都の「江戸城」、静岡県の「駿府城」などが代表である。

大垣城

中世城郭を大改修して近世城郭にした大垣城
（写真提供：大垣市教育委員会）

陰陽道《おんみょうどう》の風水思想によって考えられた縄張

戦国時代には戦《いくさ》の戦略をたてる軍師が活躍していた。この軍師が城造りの縄張を行っていた。しかし、江戸時代になると戦もなくなったため、軍師の活躍の場がなくなった。代わりに陰陽道にもとづく風水思想（四神相《ししんそう》応《おう》）によって、城を築くべきであると軍学者が出現する。甲州流、長沼流、山鹿流、北条流、越後流の五流が有名だったが、中でも甲州流は将軍家のおかかえ流派として活躍をした。

四神相応の四神とは、天上の四方を司《つかさど》る神（四神）、東の青龍《せいりゅう》、西の白虎《びゃっこ》、南の朱雀《すざく》、北の玄武《げんぶ》のこと。相応とは、中国の儒書『礼記《らいき》』で理想的な都城として紹介された四神に囲まれた土地である。

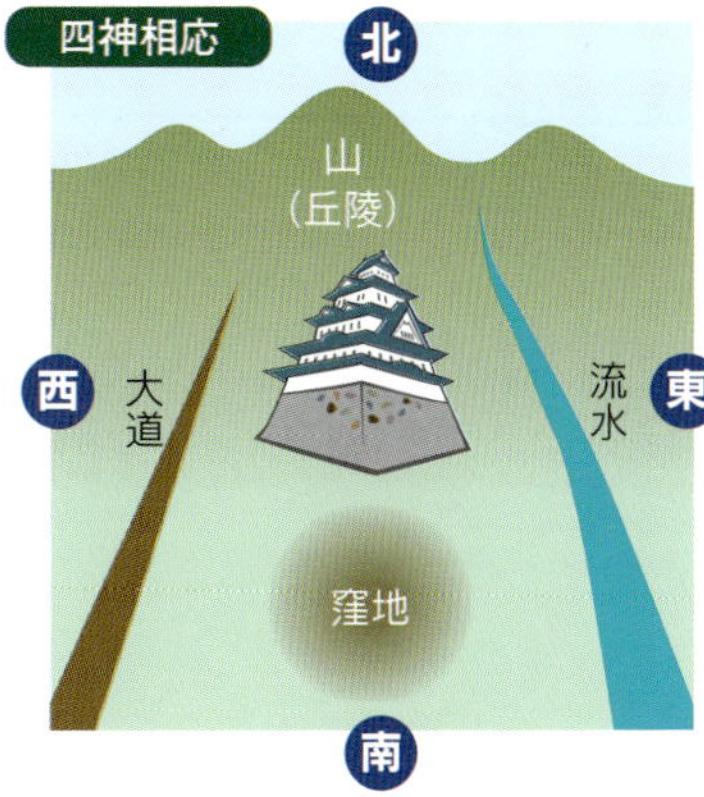

四神相応

四神を地形に当てはめて解説すると、東に流水、西に大道、南に窪地《くぼち》、北に丘陵がある地形のこと。つまり、四神相応の地形が城造りに適していると言っている。

城の様式を決定づける「曲輪」

基本設計の縄張時に、城の様式を決定する曲輪も決められる。曲輪は、52〜59ページの城の形態でも紹介したが、基本的に「輪郭式《りんかくしき》」「梯郭式《ていかくしき》」「連郭式《れんかくしき》」の3タイプになり、これらを組み合わせた「複合式《ふくごうしき》」がある。また、輪郭式の変形の「円郭式《えんかくしき》」や、北海道函館の五稜郭、長野県の龍岡城の「稜堡《りょうほ》式《しき》」がある。

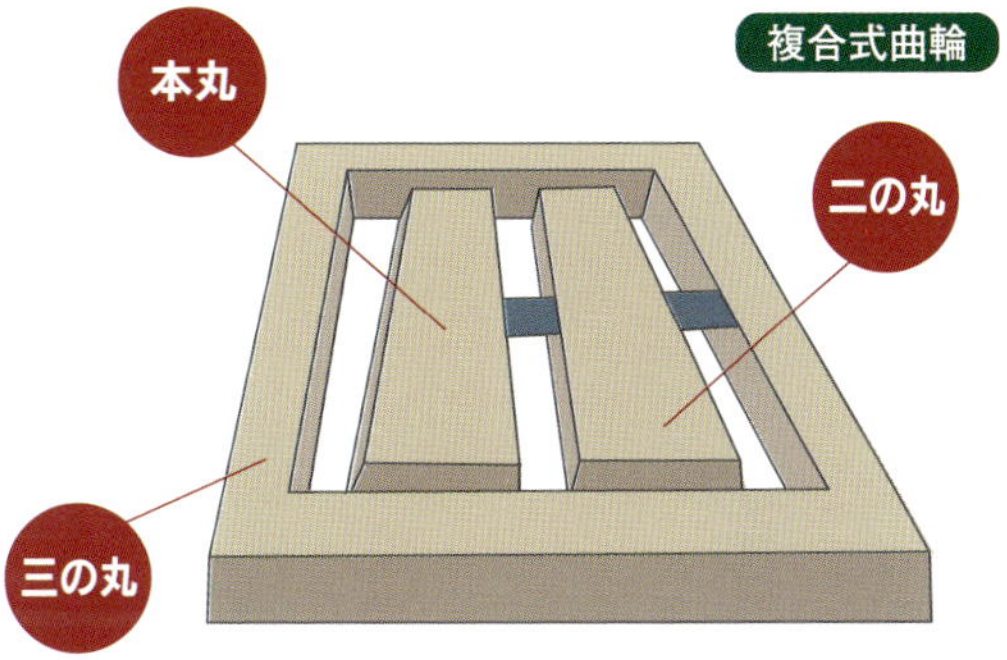

複合式曲輪

「輪郭式」は、本丸を中心に置き、それを二の丸、三の丸が回字型に囲んでいる。「梯郭式」は、城郭の出入口である虎口《こぐち》から各曲輪（本丸、二の丸、三の丸）が階段状に連なっているものである。「連郭式」は、本丸、二の丸、三の丸がほぼ直線上に並立に配置されたものである。各曲輪（本丸、二の丸、三の丸）は切り離されて独立しているが、櫓などで連結されている。

輪郭式《りんかく》の配置と代表的な城

「輪郭式」は上から見ると、本丸を中心に置き、それを二の丸、三の丸が囲んでいることがわかる。代表的な輪郭式の城としては、最上義光が改修した山形県の「山形城」、上杉景勝の居城の「米沢城」、徳川家康の隠居城として知られる静岡県の「駿府城」、京都府の「二条城」などになる。

【駿府城】

1607（慶長12）年、徳川家康の隠居城として築城されたもの。本丸を中心に置き、二の丸、三の丸で取り囲んでいる輪郭式の代表である。

（静岡市所蔵）

【山形城】

1592（文禄元）年に、最上義光によって改修された山形城。輪郭式を代表する城のひとつである。

（写真提供：山形市観光協会）

梯郭《ていかく》式の配置と代表的な城

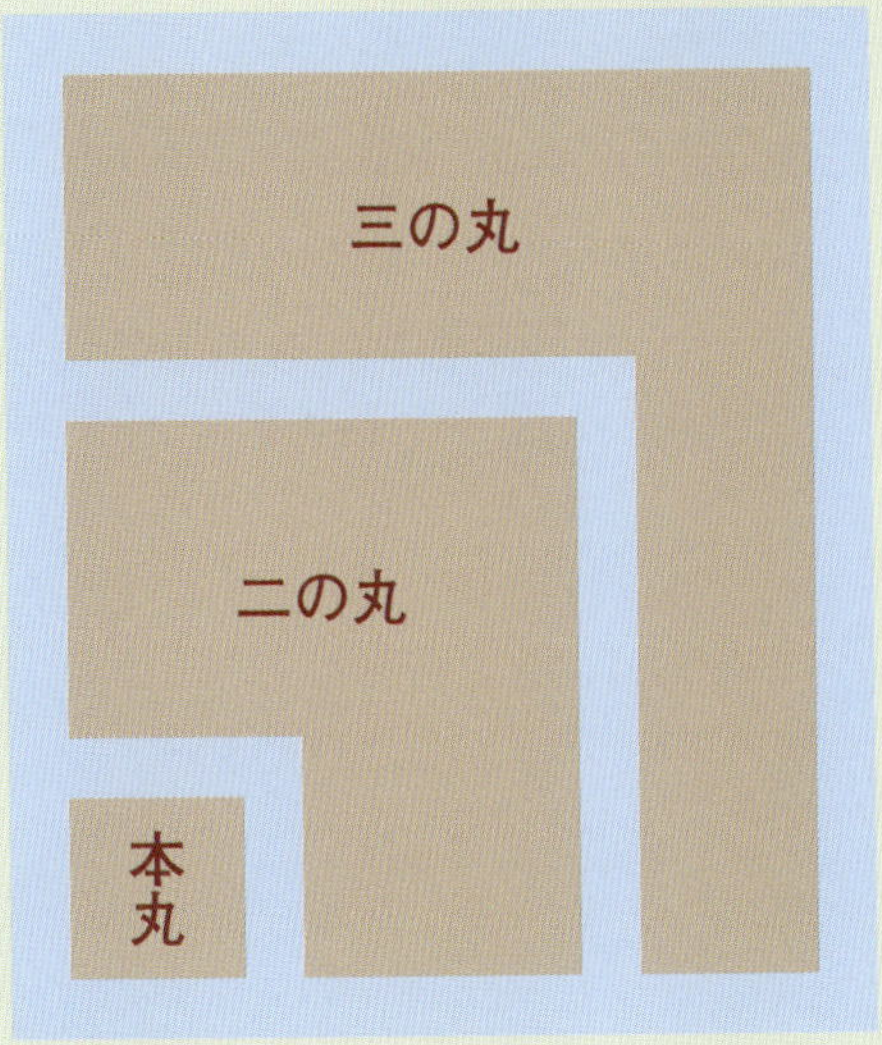

「梯郭式」を上から見ると、各曲輪（本丸、二の丸、三の丸）が階段状に連なっているもので、数多くの城がある。青森県の「弘前城」、宮城県の「仙台城」、千葉県の「佐倉城」、石川県の「金沢城」、長野県の「松本城」、愛知県の「名古屋城」「岡崎城」「犬山城」、岡山県の「備中松山城」「岡山城」、熊本県の「熊本城」などになる。

【熊本城】

加藤清正によって7年もの歳月をかけて造られた代表的な梯郭式の「熊本城」。難攻不落の城として名高い名城のひとつである。

【松本城】

国宝に指定されている松本城。石川数正、康長親子によって1593～1594（文禄2～3）年に大改築された代表的な梯郭式である。

連郭《れんかく》式の配置と代表的な城

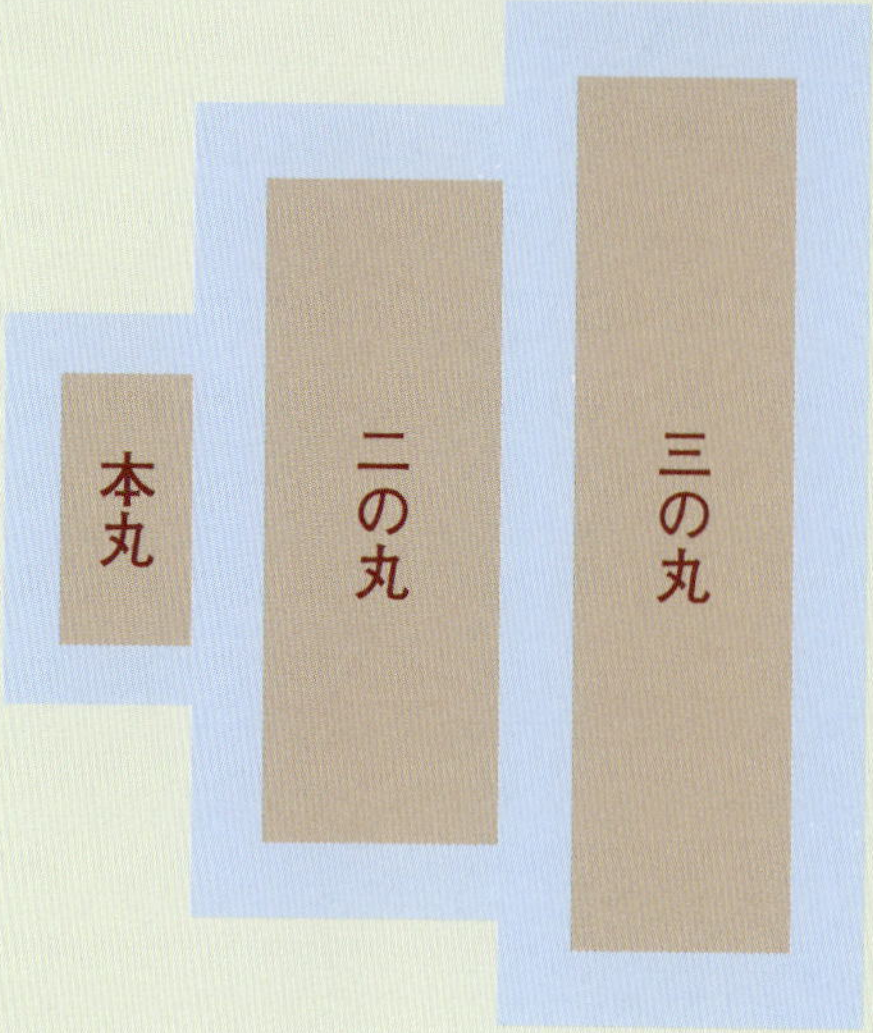

「連郭式」は上から見ると、本丸、二の丸、三の丸がほぼ直線上に並立に配置されていることがよくわかる。代表的な連郭式の城としては、茨城県の「水戸城」、石川県の「七尾城」、福岡県の「久留米城」、佐賀県の「唐津城」、大分県の「臼杵城」、長崎県の「清水山城」、鹿児島県の「鹿児島城」、沖縄県の「中城城《なかぐすく》」「勝連城《かつれんぐすく》」「座喜味城《ざきみぐすく》」になる。

【中城城】

天然の岩山を巧みに利用した、一の郭の東に二の郭、三の郭を配している連郭式の城である。琉球王国時代の名築城家・護佐丸の築城と言われる。

【水戸城】

鎌倉時代の創建で佐竹義宣《さたけよしのぶ》が近世城郭に改修。その後、水戸徳川家の居城となる。連郭式のひとつである。

（写真提供：水戸市立博物館）

複合《ふくごう》式の配置と代表的な城

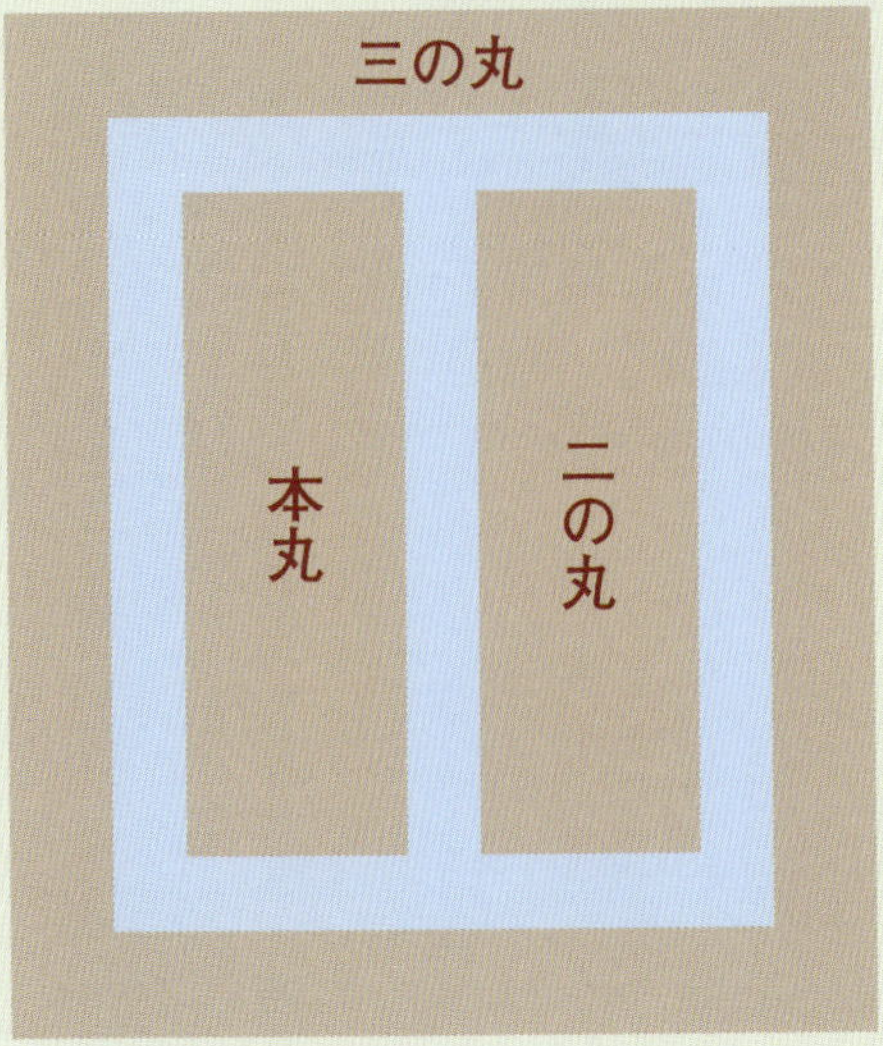

「複合式」は上から見ると、本丸二の丸の周りを三の丸が囲んでいることがわかる。代表的な複合式の城としては、岩手県の「盛岡城」、長野県の「小諸城」、岐阜県の「大垣城」、福井県の「丸岡城」、滋賀県の「彦根城」、和歌山県の「和歌山城」、兵庫県の「明石城」「赤穂城」、広島県の「広島城」、高知県の「高知城」、長崎県の「島原城」などがある。

【彦根城】

井伊直継によって築城された彦根城は、国宝にも指定されている名城のひとつだが、連郭・梯郭式で複合式の代表である。

（写真提供：彦根市教育委員会）

【丸岡城】

柴田勝家の甥・勝豊が1576（天正4）年に築城した柴田家の居城。代表的な輪郭・梯郭式で、天守閣構造は独立式望楼型である。

堀《ほり》（濠《ほり》）

城の堀で思い出すのが、水の入っている「水堀《みずぼり》」と、水の入っていない「空堀《からぼり》」だが、実は堀には、堀の根底の違いや形態の違いによって様々なタイプがある。ここでは堀の種類と構造を詳しく紹介している。

城を守るための「堀」の種類と構造

「堀」は濠《ほり》とも書くが、基本的に城を守るために城郭《じょうかく》の周りの地面を長く、深く掘って、敵の侵入を防ぐためのものである。

私たちは、堀というとすぐ思い浮かべるのが、水が入れられた「水堀」と、水の入っていない「空堀」ではないだろうか…。

「水堀」は、河川、湖、海の水を堀に引き入れたものである。大きな河川や海に近いと水運としての利用もできた。かつての大坂城には、舟入（小型の船着き場）が設けられていた。

また、いざという時の飲料水としても利用できた。しかし、水堀は戦で籠城《ろうじょう》した際に水攻めに利用される欠点もあった。

彦根城の水堀。城郭の周囲を囲み、横矢の仕組みを取り入れているため折れ曲がっている

「空堀」とは、水の入っていない堀のことで、かつては堀底に竹槍や先端がとがっている杭などが仕掛けられていた。また、城内から城主などが脱出するためや、敵兵が入り込んだ時に奇襲するための隠し通路があったらしい。

名古屋城の空堀は、緊急時に城主を脱出させる通路でもあった

この空堀には、堀底の違いと形態の違いによってタイプが数多くある。堀底の違いによる代表的な堀は、「箱《はこ》堀」「毛抜《けぬき》堀」「薬研《やげん》堀」「片《かた》薬研堀」になる。形態の違いでは「畝堀《うねぼり》」「連続畝状竪《れんぞくうねじょうたて》堀」「竪堀」「堀切《ほりきり》」「三日月《みかづき》堀」「横《よこ》堀」「堀障子《しょうじ》」などになる。

「箱堀」は、底が平らで両側が高く断面が箱型をしているため、箱堀と言われる。底が平らなので兵や馬の通路として敵が使った時に両側の土塁、石垣の上から攻めることができる。

「毛抜堀」は、底が丸い形状をしている。底が丸いため、敵は一列でしか行進できないため、土塁、石垣の上から攻めやすかった。

武田信玄の居城の武田氏館に残る空堀は、薬研堀

「薬研堀」は、堀の底がV字型になっている堀である。薬研とは漢方の薬を作る時に使用する道具のこと。底がV字型になっているため歩きにくく、敵兵の体力を消耗しやすい利点があるが、幅が狭いため矢や鉄砲の攻撃が容易で、敵が襲撃用の橋をかけやすかった。

「片薬研堀」は、薬研堀の片方（城外）の角度を緩やかにし、幅を広くしたもの。薬研堀の欠点を解消した造りになっている。

【堀底の違いによる堀】

毛抜堀

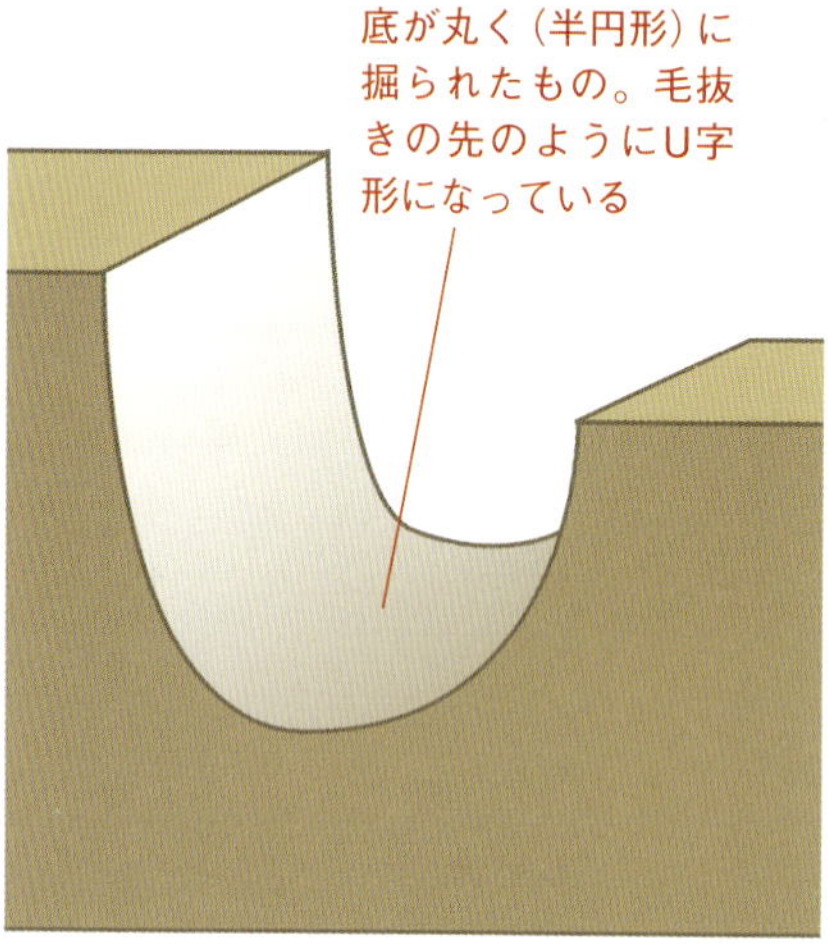
底が丸く(半円形)に掘られたもの。毛抜きの先のようにU字形になっている

底が丸く(半円形)に掘ったもの。毛抜きの先のU字形に似ていることが名の由来

箱堀

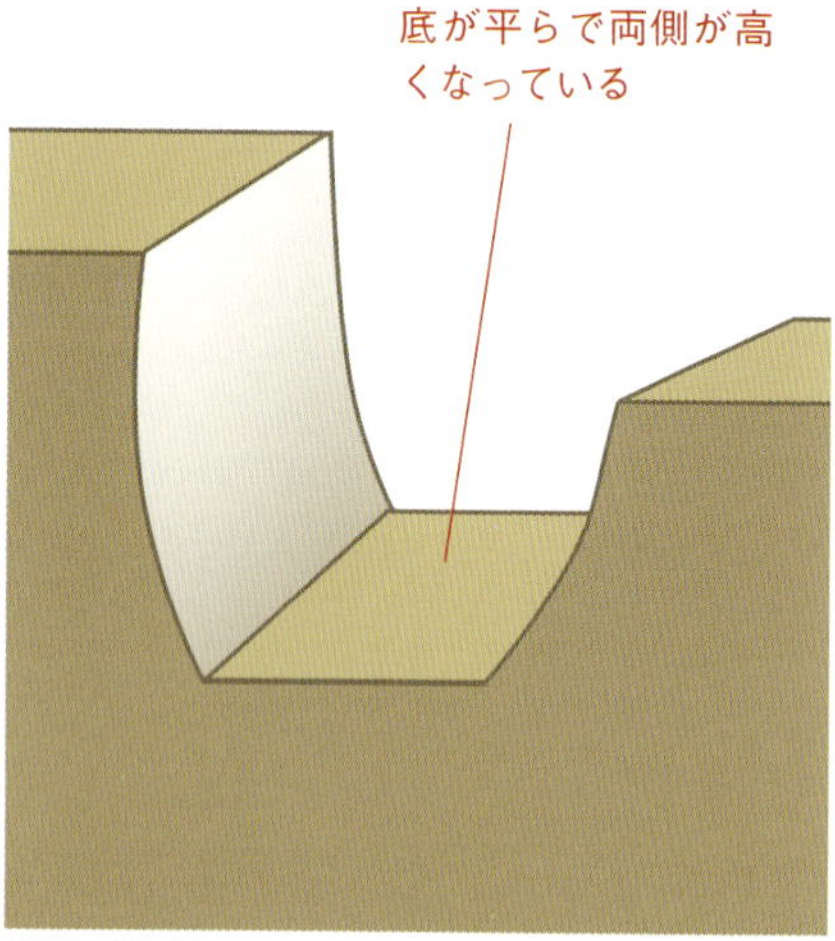
底が平らで両側が高くなっている

断面が箱型をしているのが名の由来。底が平らで両側が高くなっているのが特徴。両側の土塁、石垣から敵兵を攻めることができた

片薬研堀

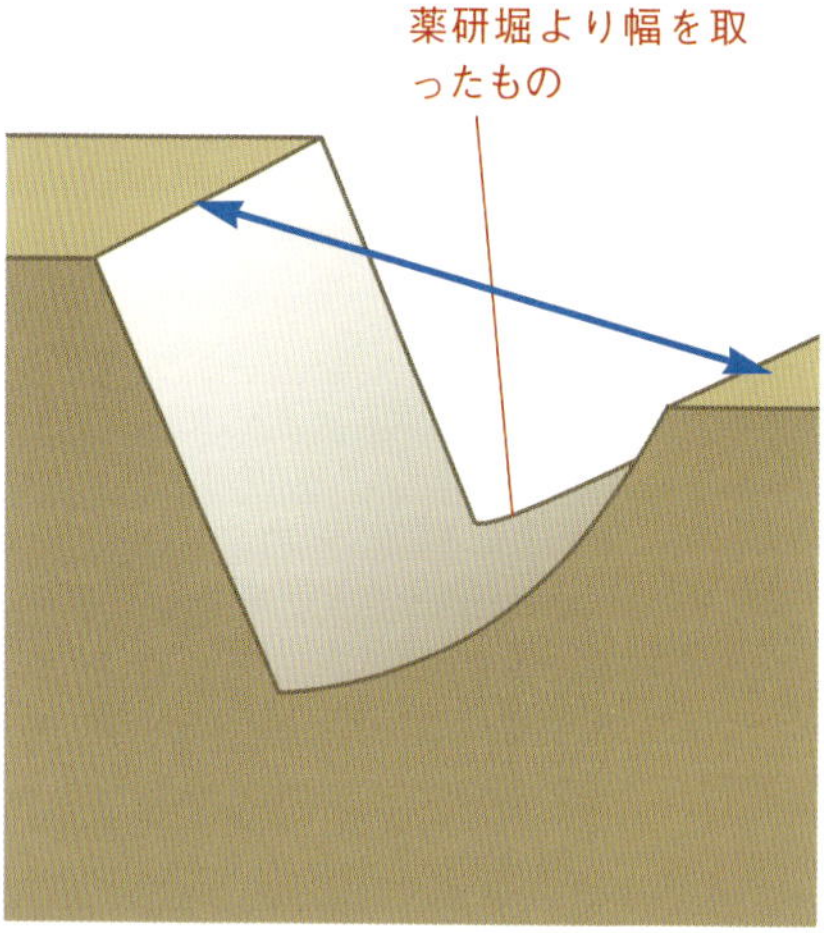
薬研堀より幅を取ったもの

薬研堀の欠点とも言える幅の狭さを解消したもの。城外部分の角度を緩やかにしたため、城との距離がたもて、弓矢、鉄砲で攻めにくくなった

薬研堀

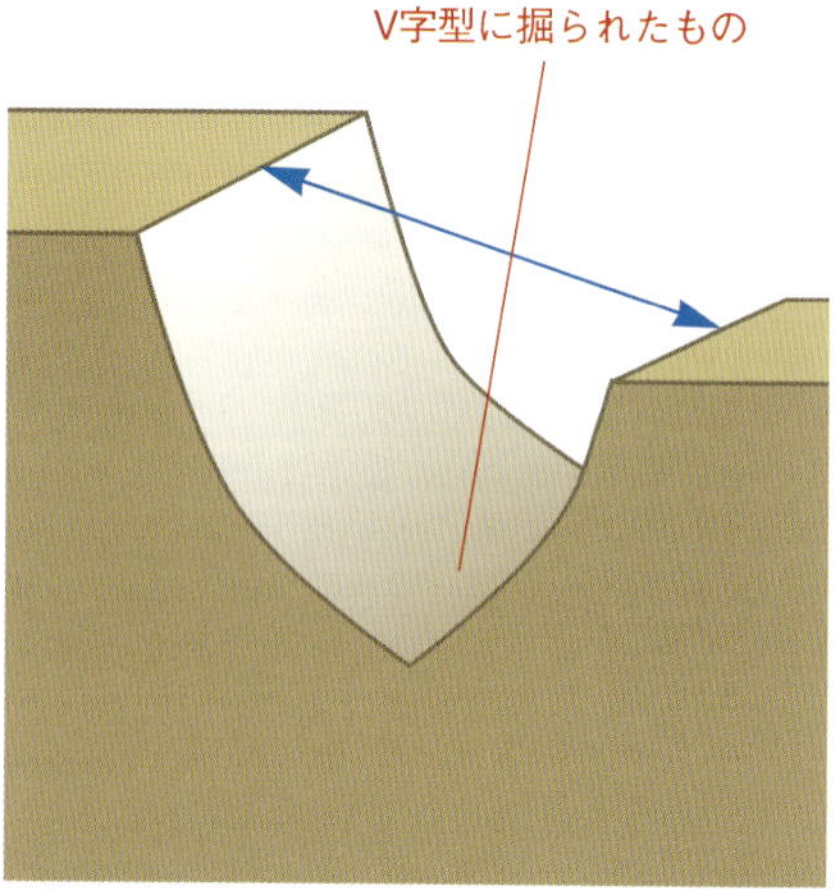
V字型に掘られたもの

V字型になっている堀。落ちるとなかなか登れず相手の勢いを抑えられるが、幅が狭く橋がかけられやすかった

「畝堀《うねぼり》」は、堀底を畝状（土を細長く盛り上げた所）に掘り、敵の侵入、攻撃を難しくしたもの。また、敵の兵士が一列でしか進めないため、守り手は攻撃しやすかった。

「連続畝状竪堀《れんぞくうねじょうたてぼり》」は、山の斜面に沿って垂直にいくつも掘り下げたもので、堀が畝状に並んでいるように見える。やはりこれも敵の攻撃を困難にする。

静岡県の「山中城」に残る、畝堀

「竪堀《たてぼり》」は、各曲輪《くるわ》の山の斜面に沿って堀を垂直に掘り下げたもので、敵の斜面移動を封鎖することができた。初期の山城に見られる。

「堀切《ほりきり》」は、敵の侵入や移動を防いだもので、城のある周辺の峰や尾根を直線的に切ったもの。

「三日月堀《みかづきぼり》」は、馬出《うまだし》（虎口《こぐち》の前に設けられた防御施設のこと）の前に三日月状に掘られたもののひとつで、空堀と水堀とがある。

「堀障子《ほりしょうじ》」は、障子の桟《さん》のような障害のこと。堀を掘る際に土を残して置くか、土塁で造る。敵兵にとっては障害となり、活発な動きができなくなる。

「横堀《よこぼり》」は、名のごとく曲輪に対して横に掘った堀のこと。

「水《み》戸《と》違《ちが》い」は、戦にさほど関係なく水堀と空堀の区画や水堀の水高差の調整に用いられたものである。

群馬県の「金山城」に残る堀切。道幅が狭く、敵の兵士は一列でしか前に進むことができず、移動は大変だった

静岡県の「山中城」の堀障子。障子の桟のように盛土が残されている

【形態の違いによる堀】

竪堀

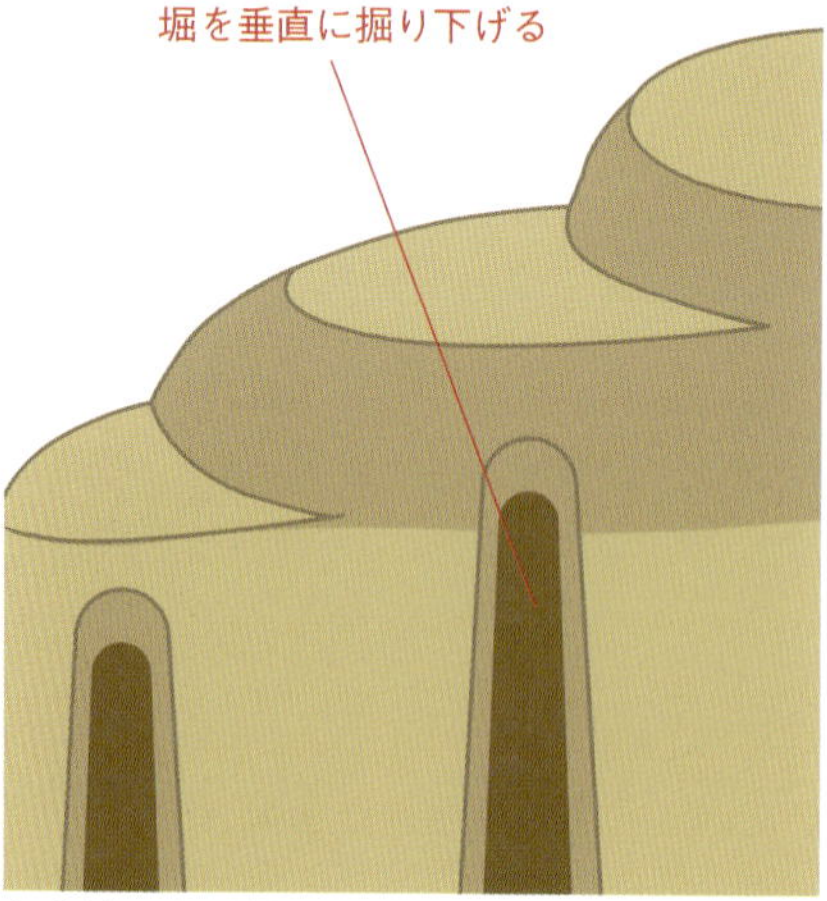
堀を垂直に掘り下げる

各曲輪の山の斜面に沿って堀を垂直に掘り下げたもの。斜面移動を封鎖する

畝堀

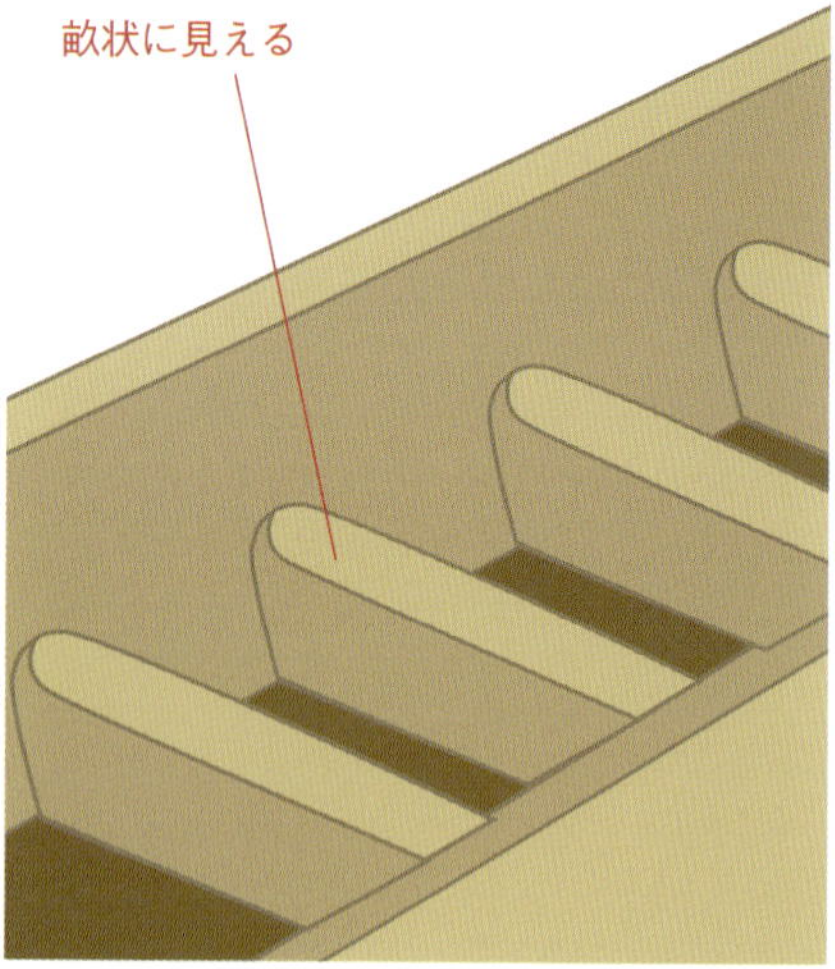
畝状に見える

堀底を畝状に掘ったもので、畑の土を細長く盛り上げた畝に似ている

堀切

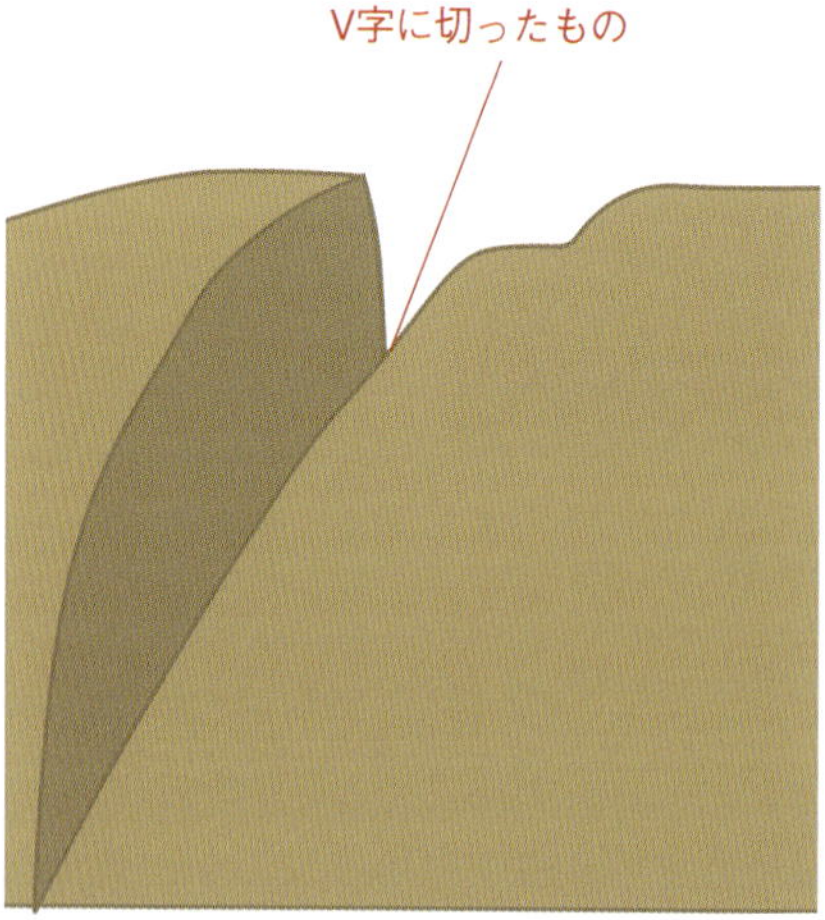
V字に切ったもの

城郭周辺の峰、尾根を直線的にV字に切ったもの。道幅が狭く敵の侵入や移動をより困難にすることができる

連続畝状竪堀

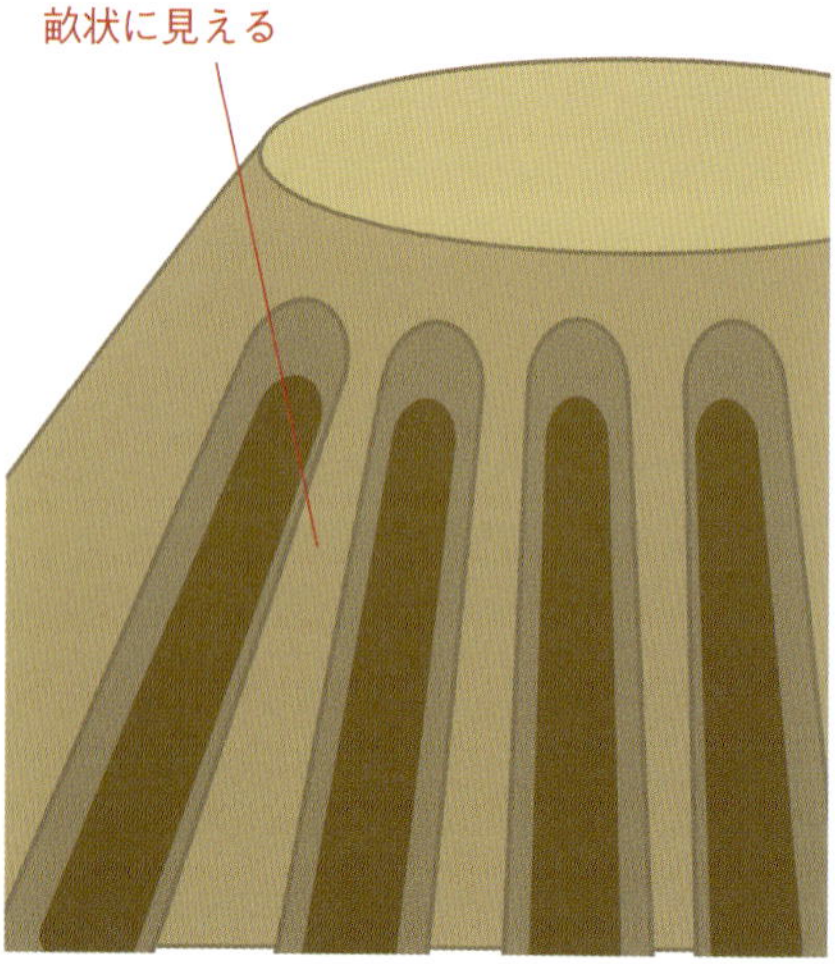
畝状に見える

山の斜面に沿って垂直にいくつも掘り下げたもの。畝状に並んでいるように見える。竪堀よりさらに攻めづらい

横堀

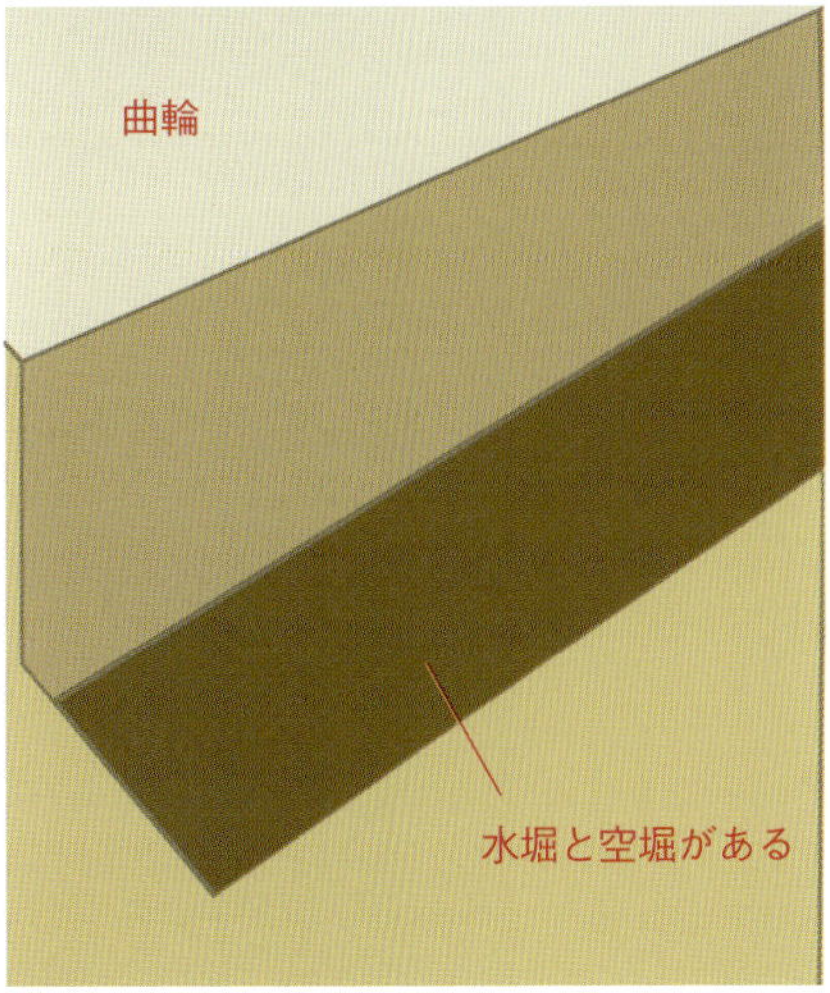

曲輪に対して、横に掘られたもので、水堀と空堀のタイプがある

三日月堀

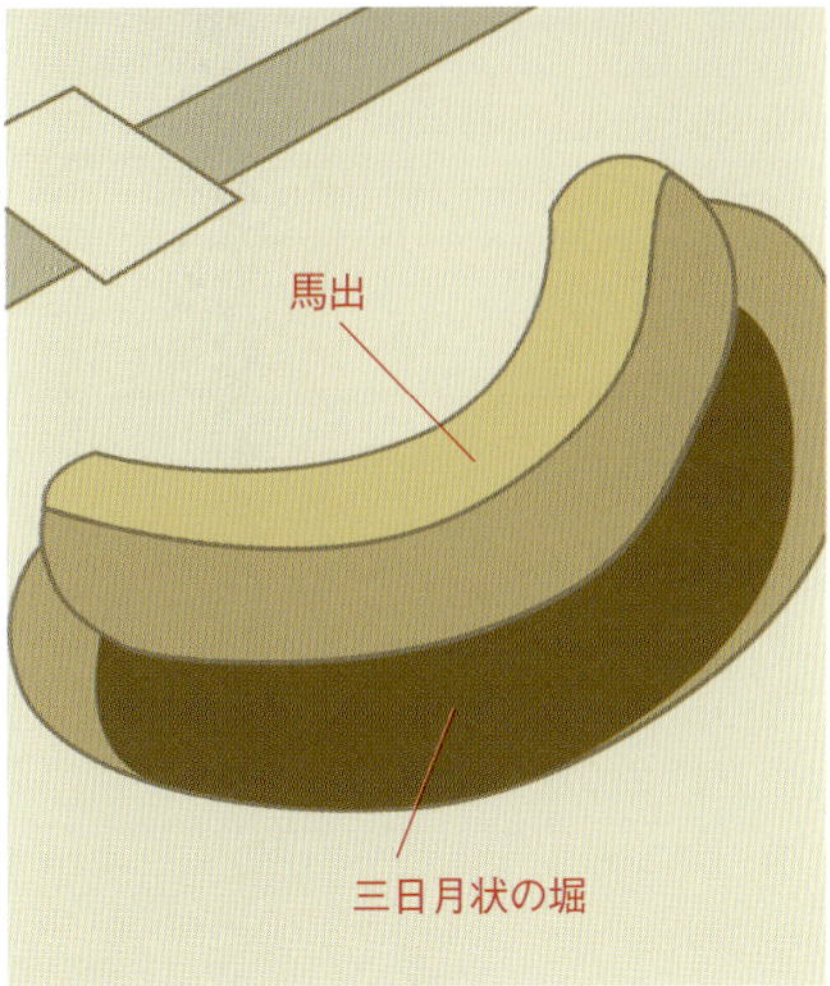

馬出前に三日月状の堀を掘ったもの。これは空堀と水を入れた水堀とがある

水戸違い

空堀と水堀の区画や水堀の水高差の調整に用いられる

堀障子

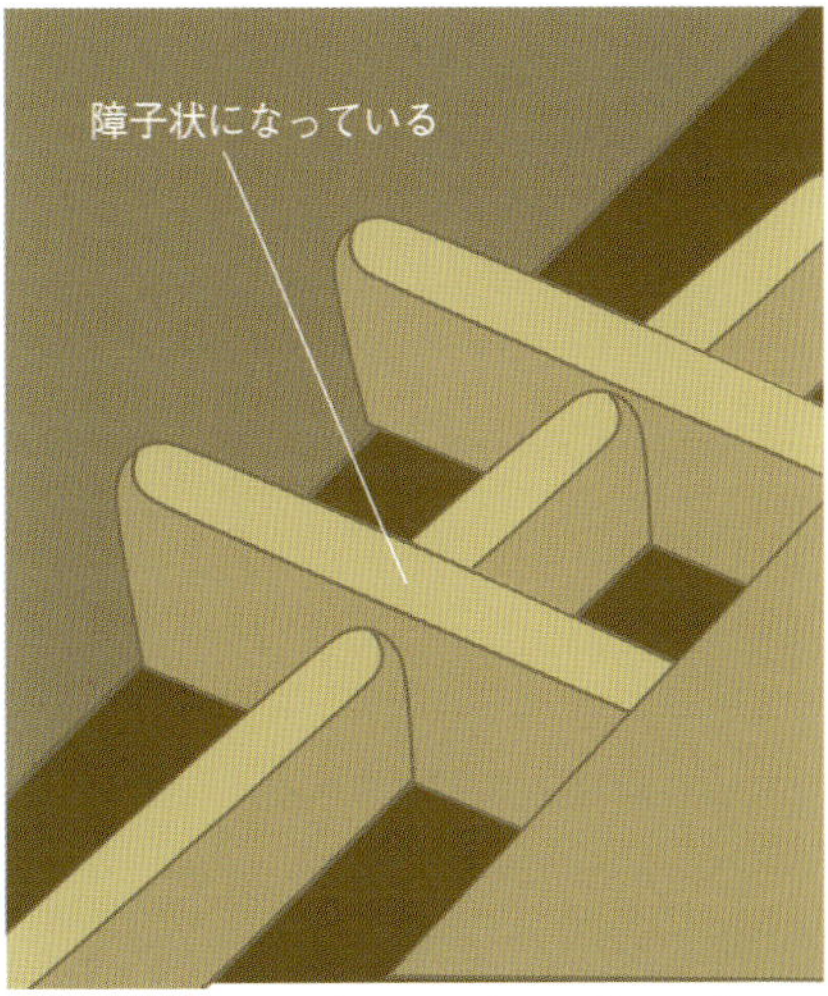

堀を掘る際に土を残すか、土塁で障子の桟のようにした堀のこと。敵の兵の動きを抑えられた

橋《はし》

城にかけられる橋は、主に土塁と石垣でできた「土橋《どばし》」か、木材で造られた「木橋《きばし》」である。兵、馬の出入り、荷物の運搬はもちろんのこと、城を守るための工夫もされている。ここでは橋の種類と構造を紹介している。

様々な工夫がされている橋の種類と構造

「橋」は城内と城外を結び、兵や馬などの出入り、荷物の運搬のほかにも、各曲輪《くるわ》間の通行のためなどにも使われ重要な役割をしている。そんな橋を大別すると、「土橋」と「木橋」になる。

「土橋」は、土塁や石垣で造られており、堅固で兵など大人数の移動や重量のある荷物の運搬などに適している。しかし、木橋のように敵が攻めてきた時に、破壊するなどの処理ができないため、攻められやすいという欠点もある。

「木橋」は、木材で造られた橋で、様々なタイプがある。橋梁《きょうりょう》間が長い「長橋」、橋の途中を直角に折り曲げて、敵の兵の勢いをそぐ「折長《おれなが》橋」、橋を門から斜めにかけ、横矢をかけられるようにした「筋違《すじちがい》橋」、橋の両側に塀を立てたり、屋根を付け、敵から身を守ることができる「廊下《ろうか》橋」、敵が攻めてきたら綱や鎖で吊り上げられる「桔《はね》橋」、敵が攻めて来たら橋の一部を撤去(引いて撤去)できる仕組みになっている「引《ひき》橋」などがある。

このように橋も城を守るために、様々な工夫がされている。

彦根城

彦根城の天秤櫓前にある廊下橋は、非常時には撤去できる(落とす)仕組みになっている引橋の一種　(写真提供：彦根市教育委員会)

【橋の種類と役割】

筋違橋

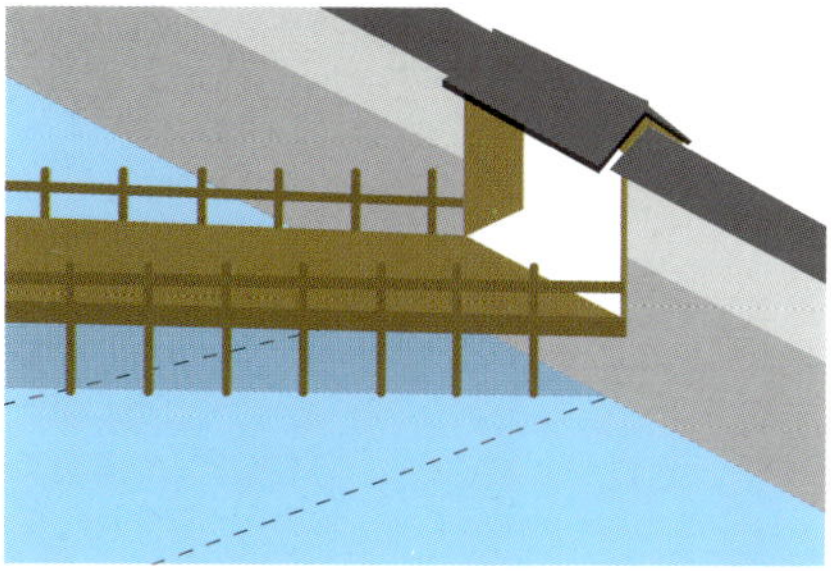

木橋。門から斜めにかけ、横矢（攻めて来た敵兵を横から弓矢で撃つこと）をかけられるようにした

土橋

土塁や石垣で造られており、堅固なため、大人数の移動、重要のある荷物が運べた。名古屋城や江戸城などの巨城で見られる

廊下橋

木橋。橋の両側に塀を立てたり、屋根を付けることで敵の攻撃から身を守ることができる

長橋

木橋。橋梁間が長いのが特徴。敵の勢いをそぐ役割をする。堀の幅が広い巨城や水城でよく見られる

拮橋

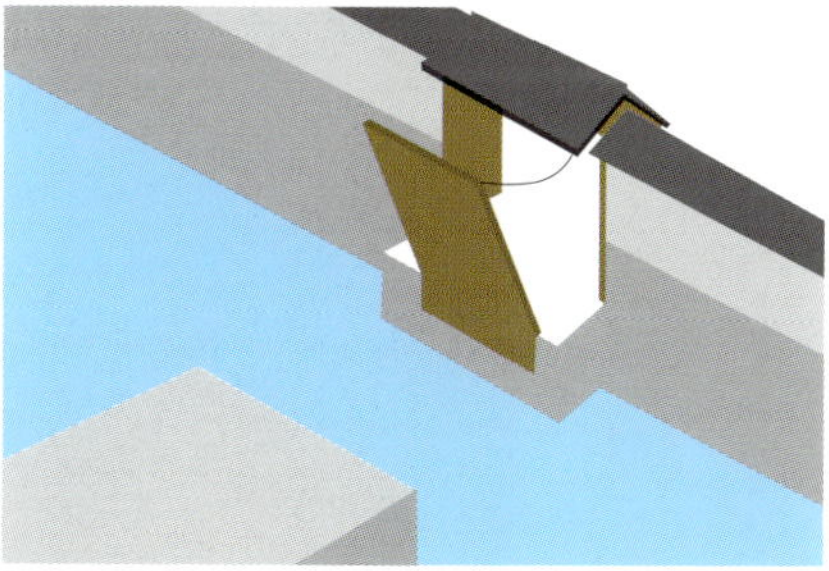

木橋。敵が攻めてきたら橋の一部を、綱や鎖で吊り上げることができる構造で、敵は渡れないようになっている

折長橋

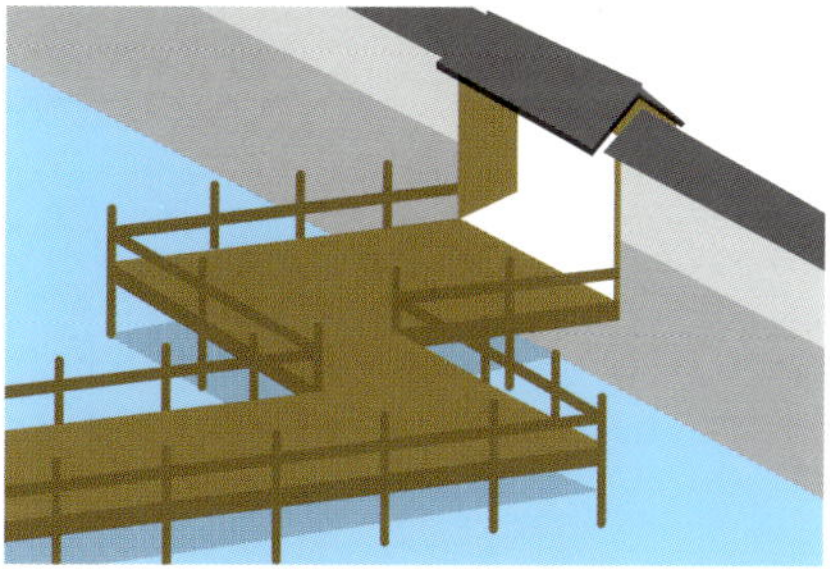

木橋。橋の途中で直角に折り曲げ、敵の兵の勢いをそぐ役割をする。堀の幅の広い城に見られる

土塁《どるい》(土居《どい》)

石垣が発達するまでは、主に山城の城郭《じょうかく》を守る防御の代表は土塁だった。土を盛っただけと思うかも知れないが、この土塁は、いかに堅固にするかなどが計算されてつくられている。ここでは土塁の種類、各部名称、勾配《こうばい》について紹介する。

「土塁」の種類と造り方

「土塁」は、別名「土居」とも言われる、曲輪《くるわ》の周囲に土を盛り上げた防御である。戦国時代まで山城でよく見られたが、安土桃山時代に織田信長《おだのぶなが》が安土城に高石垣を使うと、その後、城造りには石垣が多く使われるようになるが、戦国時代以降でも石垣との併用で見ることができる。この土塁は、造り方によって「たたき土塁」と「芝《しば》土塁」の2つに分類することができる。

「たたき土塁」は、土に粘土や小石を混ぜたものをたたき固めたもの。このタイプは崩れやすく、急な勾配《こうばい》をつけることができない欠点がある。

「芝土塁」は、名のごとく土塁の法面《のりめん》に芝(草)などを植え付けたもので、崩落を防ぐ役割をする。また、たたき土塁に較べて急な勾配をつけることができる。

足利氏館

芝土塁になっている足利氏館の土塁

近世城郭の「土塁」の各部名称と勾配

土塁の上辺を褶《ひらみ》(馬《ば》踏《ふみ》)、底辺を敷《しき》、斜面を法《のり》(矩《のり》)と言い、城内(内側)を内法《うちのり》、城外(外側)を外法《そとのり》と言う。

また、褶と法の接点を法肩《のりかた》と言い、敷と法の接点を法尻《のりじり》と言う。

土塁の勾配は、円を三等分した扇形の弧の部分をカットした時にできる各30度の勾配が、安定していると言われている。

江戸時代の武芸教科書の『武教全書《ぶきょうぜんしょ》』には、「たたき土塁」は、高さを3間、褶を2間にするならば、敷は8間で、勾配を45度に、「芝土塁」は、高さ3間、褶を2間にするならば、敷は6間で勾配を約60度にしなさいと紹介している。

【土塁の構造と各部名称】

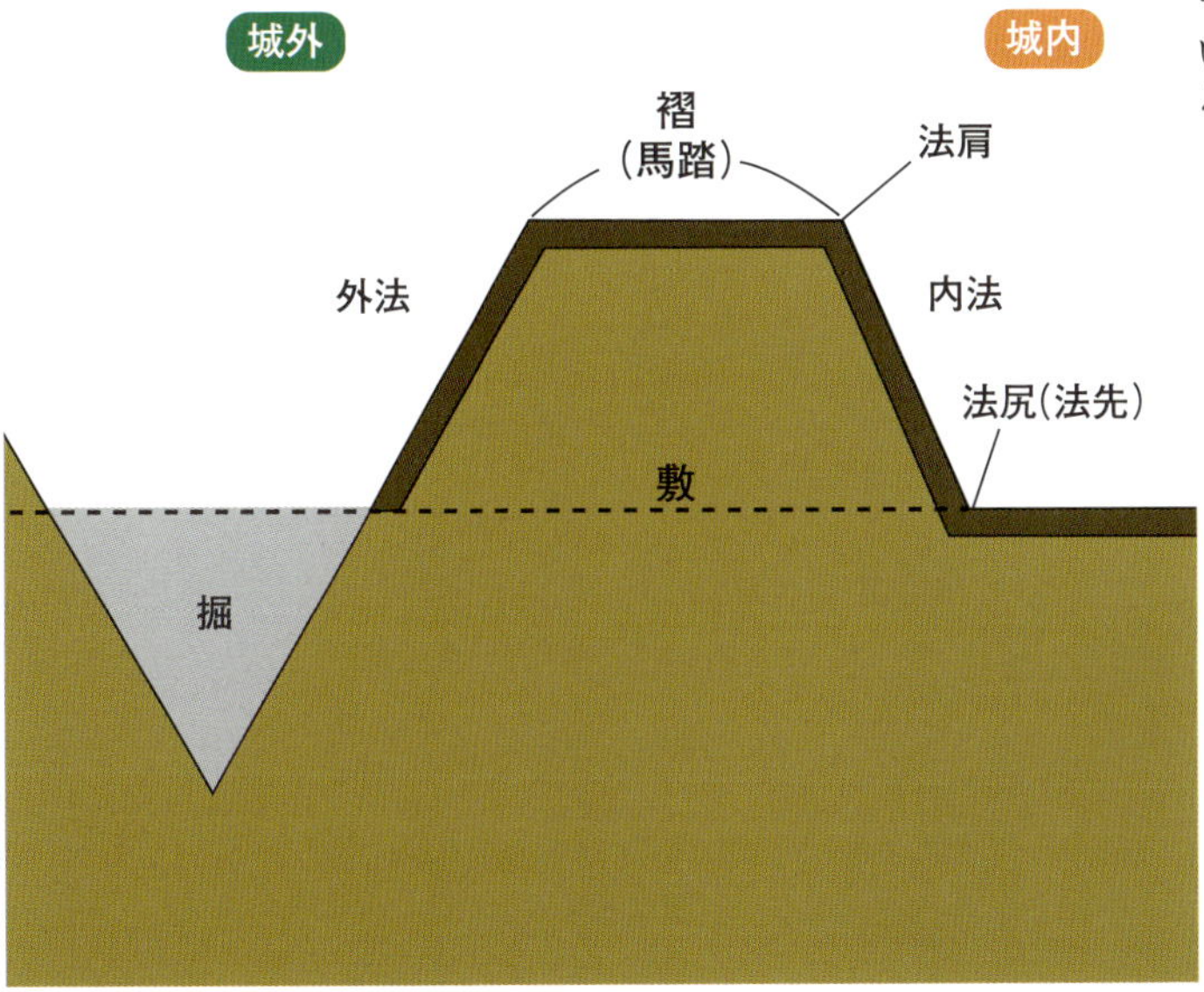

「芝土塁」の勾配

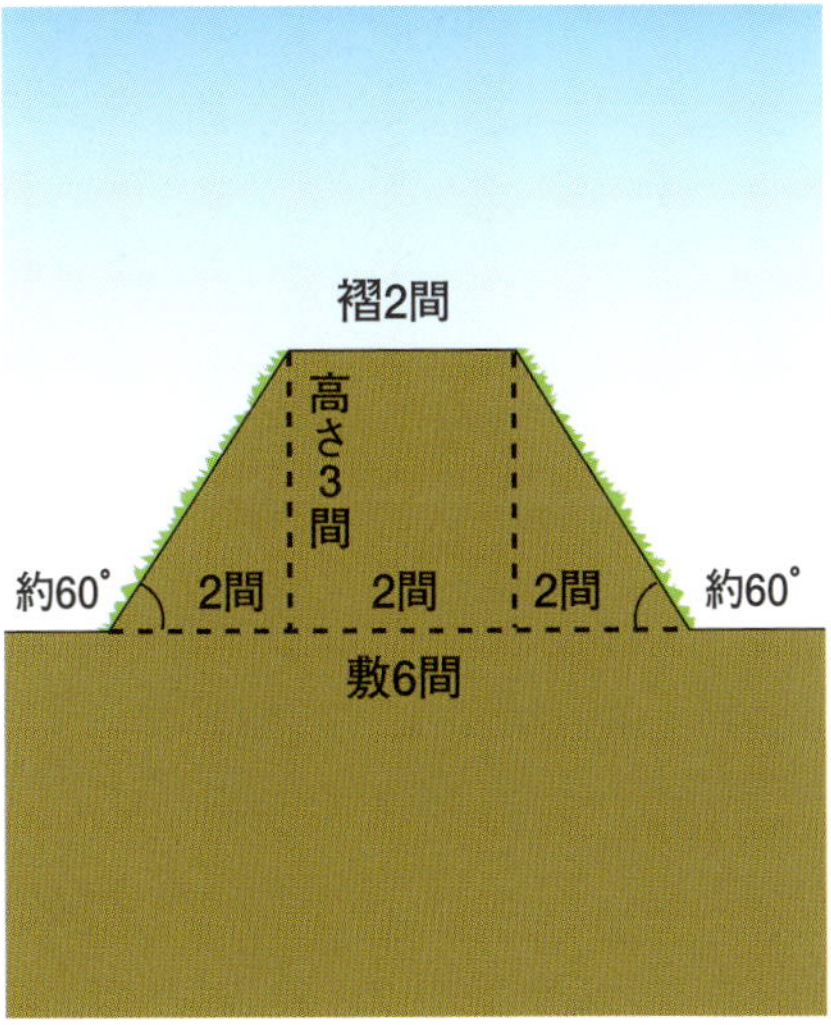

1間が約1.8mなので、芝土塁の寸法は、高さが約5.4m、上の幅が約3.6m、底幅が約10.8mとなり、幅が狭い急勾配の土塁

「たたき土塁」の勾配

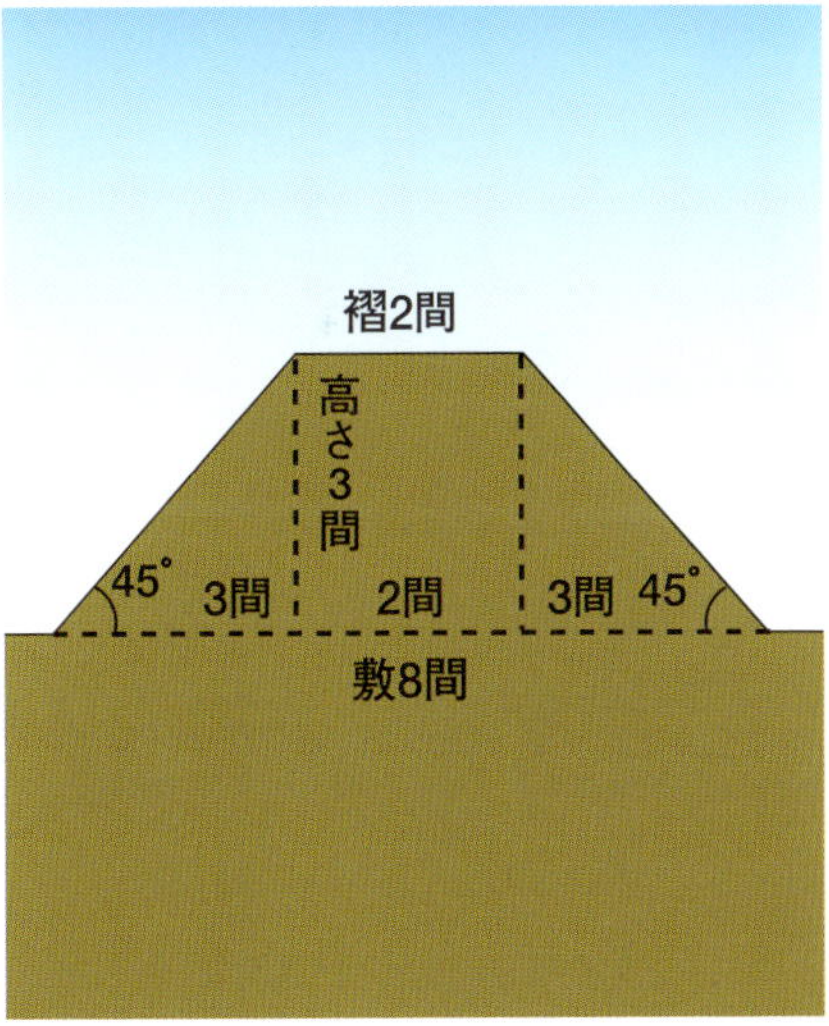

1間が約1.8mなので、たたき土塁の寸法は、高さが約5.4m、上の幅が約3.6m、底幅が約14.4mという、幅広で緩やかな勾配の土塁

石垣《いしがき》

石垣は城郭《じょうかく》の最大の特徴で魅力のひとつとも言える。石垣は何のために造られ、どのような役割をするのだろうか。また、石垣はどのように積まれていくのだろうか。その種類は？　まさに石垣には秘密がいっぱいである。ここでその疑問を解決していこう。

石垣はいつ頃から始まったのか…

一説によると石垣は、朝鮮式山城が造られた飛鳥時代に始まったと言われているが、やがて衰退してしまう。

室町時代の城の多くは、土塁《どるい》（土によって曲輪周辺を巡らせたもの）だったが、後期になると山城の土塁を補強するために石垣が復活する。しかし、これはあくまでも土塁の補強であって、近世の城のような重層な建物を塁線上に造営するためでも、天守閣や本丸御殿を造営するためでもなかった。

近世城の特徴とも言える高石垣は、安土桃山時代に天下統一を目前にしていた織田信長《おだのぶなが》によって、１５７６（天正４）年に築城された「安土城」だと言ってもよいだろう。この安土城は、重層な礎石建物である。天主や本丸御殿が築かれている。また、葺《ふ》かれた瓦が使われるようになったのも、この頃である。これは屋根を守る要素も強いが、家紋《かもん》や金箔をつけるなどの特徴としての役割もある。

信長によって、軍事的な防御を考えた城から、戦国時代には考えられなかった、権威の象徴としての見せる城が確立したと言っても過言ではない。その後、この技術と思想は豊臣秀吉《とよとみひでよし》、徳川家康《とくがわいえやす》らに脈々と伝わっていく。

天下分け目の関ヶ原の戦いで勝利し、将軍となった家康による天《てん》下普請《かふしん》によって、城はより重厚で強固な石垣となる。

軍事的な防御を考えた城から、権威の象徴として、見せる城の安土城（推定復原）。高石垣を用いた城の始まりと言ってよい

石垣の分類の仕方・加工法

石垣は石の加工によって分類することができる。それは「野面積《のづらづみ》」「打込接《うちこみはぎ》」「切込接《きりこみはぎ》」の３種類である。

「野面積」とは、自然石を加工（削らず）せずに使用し、積む方法。この方法には、様々な大きな自然石を混ぜて積む「野面乱積《らんづみ》」と、ほぼ高さが揃った自然石を横の目が通るように積む「野面布積《ぬのづみ》」とがある。この野面積でよく知られているのは、天空の城と呼ばれる代表的な山城の竹田城である。

「接《はぎ》」とは、石と石の接合のことで、積み石の接合部分を加工（削る）し、接合部の面積を増やした方法のことである。

「打込接」とは、接合部分を打ち欠き、積み石の隙間を減らし、隙間に間詰石を打ち込みながら積み上げていく方法のことである。

「切込接」とは、切石（切って整形した石）と呼ばれる加工された石を用いて、石と石の隙間を完全になくしたもので、より強度が増す。

【石の加工法による分類】

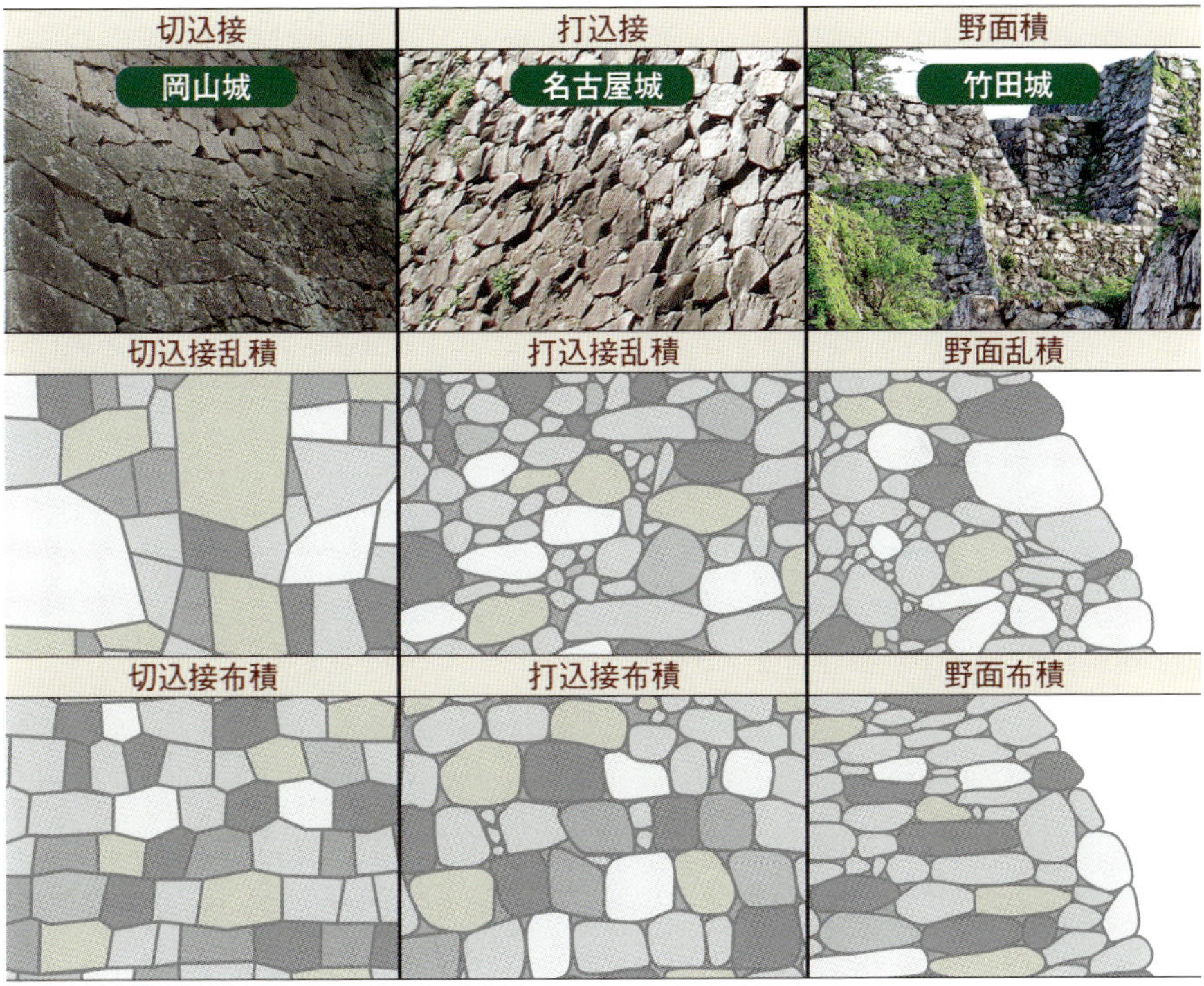

石垣の分類の仕方・積方

石垣の積方で分類すると「乱積《らんづみ》」「布積《ぬのづみ》」「谷積《たにづみ》（落《お》し積《づみ》）」「亀甲積《きっこうづみ》」の4種類がある。

「乱積」は名のごとく、様々な大きさの石を積み上げていく方法。これは野面積《のづらづみ》、打込接《うちこみはぎ》、切込接《きりこみはぎ》ともに用いられる。

「布積」は、ほぼ高さの揃った石材を横に並べて、積み上げていくもの。目地《めじ》が横方向に通っているのが特徴である。乱積同様、野面積、打込接、切込接に使用される。

「谷積（落し積）」は、江戸時代の末期の城に見られる積方で、積石を斜めに積んでいるため、崩れやすく、落し積とも言われる。この積方は、野面積、切込接《きりこみはぎ》に用いられる。

「亀甲積」とは名のごとく、亀の甲羅《こうら》のように六角形に加工した石を積む方法で、切込接に用いられる。強度は劣るが見た目がよく、江戸時代後期に見られる。この頃になると戦もなく、城も戦うためのものではなく、より象徴（シンボル）的なものになり、見せる工夫が城の様々な箇所にされている。

【石の積方による分類】

亀甲積

亀の甲羅のように六角形に加工した石を積んだ石垣。切込接に見られる

谷積（落し積）

積み石を斜めに積んでいるのが特徴。江戸時代末期の城に見られる

布積（打込接）

目地が横方向に通っているのが特徴の「布積」の打込接

野面積

高さの揃った自然石を横の目が通るように積んだ「野面積」

亀甲積（切込接）

亀の甲羅のような六角形に加工した石を積んだ石垣

切込接

切石（加工された石）を用いて、石と石の隙間をなくした石垣

石垣の構造と築き方

私たちはふだん城の石垣を見る時は、基本的に築石《ちくいし》（積石《つみいし》）積石と間石《あいだいし》、一番下にある根石《ねいし》、一番上の天端石《てんばいし》の断面しか見ていない。ではその裏側はどうなっているのだろうか…。また、それらの石はどのように築きあげられていくのだろうか…。

巨大な石を築いていくには、まず基礎になる部分がしっかりしていなければならない。これは山城、平山城のように地上に築く場合と、水堀の中から石垣が現れる平城の場合は異なってくる。

山城と平山城の場合は、地面を少し掘り下げ、根石の角度や座りを調節するための栗石を置き、その上に根石を据える。次に積石を築きあげていくが、固定するために内側に飼石と呼ばれる小石を詰め、さらに裏側に裏込という石を詰め、石垣を支える。積石の隙間には間石を詰めて隙間がないようにしていく。

丸亀城

【石垣の断面図】

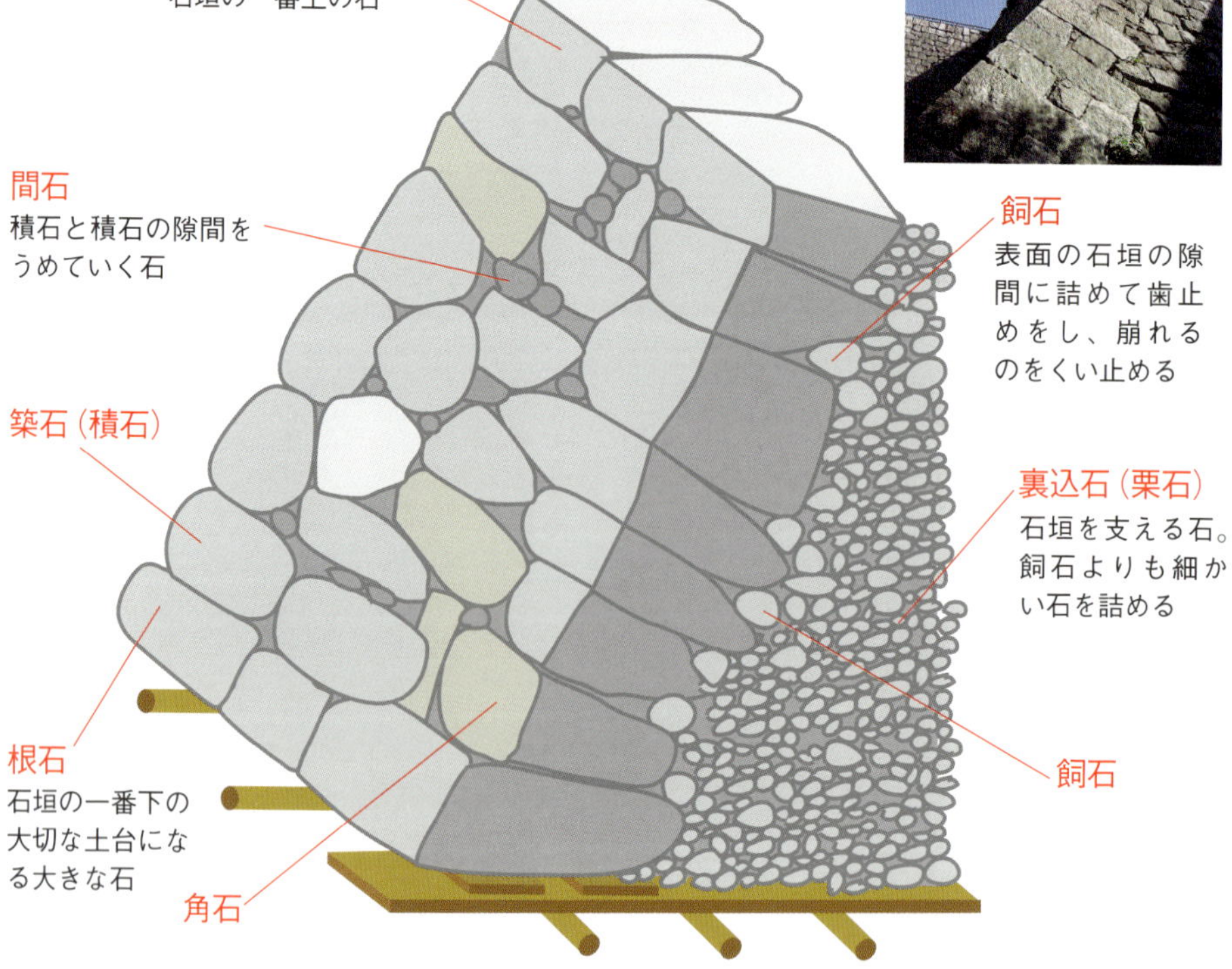
天端石
石垣の一番上の石
間石
積石と積石の隙間をうめていく石
築石（積石）
根石
石垣の一番下の大切な土台になる大きな石
角石
飼石
表面の石垣の隙間に詰めて歯止めをし、崩れるのをくい止める
裏込石（栗石）
石垣を支える石。飼石よりも細かい石を詰める
飼石

【反りと勾配】

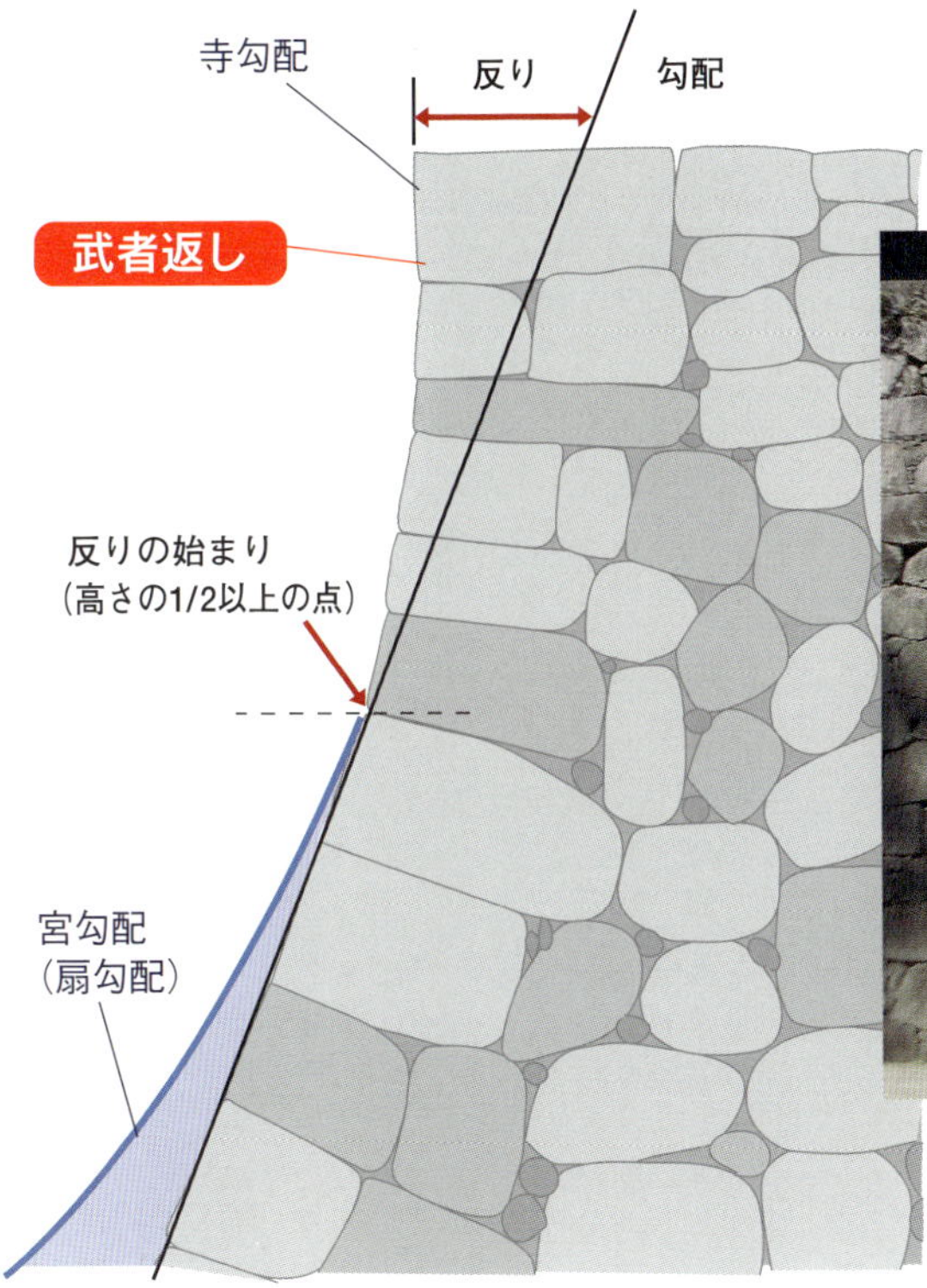

写真は〝武者返し〟と言われる急勾配で反りの大きい熊本城の石垣。加藤清正が築城したため「清正流」とも呼ばれる

石垣の勾配《こうばい》と反《そ》り

石垣が城造りに用いられた頃は、天守をはじめとする建造物があまり高くなかったため、垂直の高くないものだった。

しかし、垂直な石垣では、石垣をそれ以上高く積み上げていくことは難しく、敵に侵入されやすい。また自然災害に弱かった。そこで出現するのが、緩《ゆる》い勾配のある石垣である。1600（慶長5）年、関ヶ原の戦い以降、急勾配の石垣が見られるようになる。石垣の先端部、つまり最後がほぼ垂直になる勾配を寺院の屋根の曲線に見立てて**「寺《てら》勾配」**と呼ぶ。

この寺勾配の代表は、加藤清正《かとうきよまさ》が築城した熊本城の〝武者返しの石垣〟である。清正の名をとり、「清正流」石垣とも言われる。逆に緩やかに立ち上がる石垣を**「宮《みや》勾配（扇《おうぎ》勾配）」**と呼ぶ。

天《てん》守《しゅ》（天守閣《かく》）

天守は基本的に本丸内にある城最大の建造物である。織田信長《おだのぶなが》が活躍していた戦国時代には、天主とも言われていた。江戸時代には、殿主《でんしゅ》、殿守《でんしゅ》とも言われている。ここでは城の象徴である天守の魅力をあますことなく紹介していく。

鎌倉末期	室町時代	戦国時代
		安土城築城

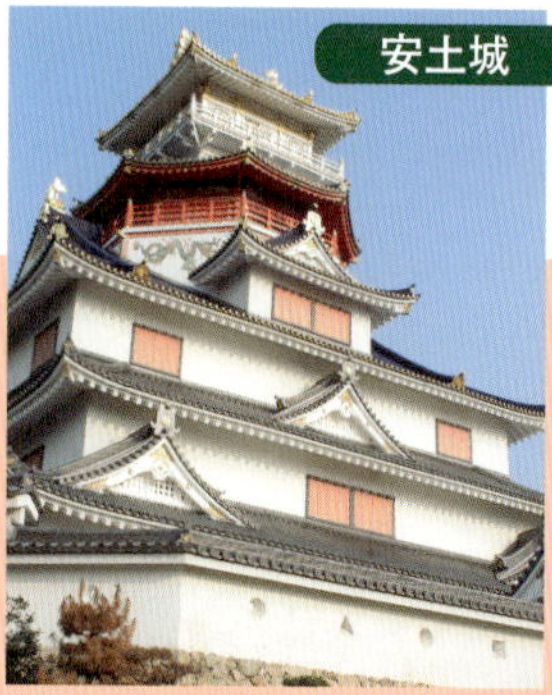

武士の台頭により、寺社建築に戦のための機能を備えた設計がプラスされていく。足利義昭が、最初の天守を築く

天下統一目前の織田信長によって、戦のための城でありながら、象徴としての見せる城に変化していく

天守の変遷《へんせん》

城を象徴する天守は、いつ頃造られたのだろうか…。天守に近いものは、鎌倉末期から戦国時代の大櫓《おおやぐら》や井楼櫓《せいろうやぐら》ではないだろうか。大櫓は、大矢蔵、高矢蔵とも言われた物見台で、防御と攻撃ができる当時としては大型の櫓だった。

井楼櫓は、支柱に横材を井桁状《いげたじょう》に組み上げた当時としては高層の構造で、物見《ものみ》、遠見《とおみ》はもちろんのこと、弓の発射台を兼ね備えていた。

天守という言葉が出現するのは、室町時代のことである。織田信長が、室町幕府15代将軍の足利義昭《あしかがよしあき》のために御所の室

羽柴（豊臣）秀吉の天下統一

秀吉築城の大坂城

信長の見せる城を継承した羽柴（豊臣）秀吉が、大坂城を築く。金の鯱鉾や外壁に金の装飾を施し、より見せる城へ

江戸時代

関ヶ原の戦い 以降

名古屋城

戦国の世が終結し、徐々に戦の機能を備えた城から、権力を象徴する城が多く建てられるようになっていく

大坂夏の陣 以降

江戸城

戦の必要性もなくなり、城は完全に権力を象徴する建造物となる。そのため、より装飾的な巨城が造られる

町第《てい》に天守をあげたのが最初と言われている。これには室町3代将軍の義満《よしみつ》の金閣寺が大きな影響を与えていると言う。

また、織田信長が安土城を築城した頃は天主と言っていた。この安土城によって、城造りが大きく変化することになる。高石垣を用い、当時では考えられない高層の五層七階の天守が造られた。天下統一目前の信長は、戦《いくさ》のための城としての機能を備えつつも、象徴としての見せる城を意識した初めての武将である。

信長の思想は羽柴《はしば》（豊臣《とよとみ》）秀吉《ひでよし》や徳川家《とくがわいえ》康《やす》らに受け継がれ、城造りに大きな影響を与えた。天下統一を果たした秀吉が築いた大坂城は当時としては巨城で、装飾に金をふんだんに使った絢爛豪華《けんらんごうか》なものだった。

その後、秀吉亡き後、天下分け目の関ヶ原の戦いによって勝利を納めた家康が、江戸幕府を開き、天下普請《てんかふしん》によって巨城の名古屋城、大坂城、江戸城を築いていくことになる。

天守の構造と各部名称

城を代表する建造物と言ってもよい天守の構造は、どうなっているのだろうか…。また、各部の名称はなんと言うのだろうか…。ここでは、国宝に指定されており、現存天守14城のひとつである「犬山城」の複合式望楼型三重四階地下一階の天守を参考にして紹介していく。

「四階」は、高欄《こうらん》の間と呼ばれ、廻縁《まわりえん》が囲んでいる。

「三階」は、破風《はふ》の間と呼ばれ、南北に唐《から》破風が東西に入母屋《いりもや》破風が施されている。

「二階」は、武具の間と呼ばれる武器を保管する倉庫の役割をしていた所。周囲を武者走り（天守や櫓に廻れた通路）が巡っている。

「一階」は、中央部が第一の間、第二の間、上段の間（高くなった床に畳が敷きつめられた、城主の部屋と考えられている）、納戸の間の4つの部屋に分けられており、武者走りが取りまく。石垣の上に、石落《いしおとし》が付いている。

「地階」は、天守の出入口がある。この出入口が敵に攻められそうな時に、側面から攻撃をして防御する付櫓《つけやぐら》がある。

犬山城の天守側面（東側）の断面図

謁見の間

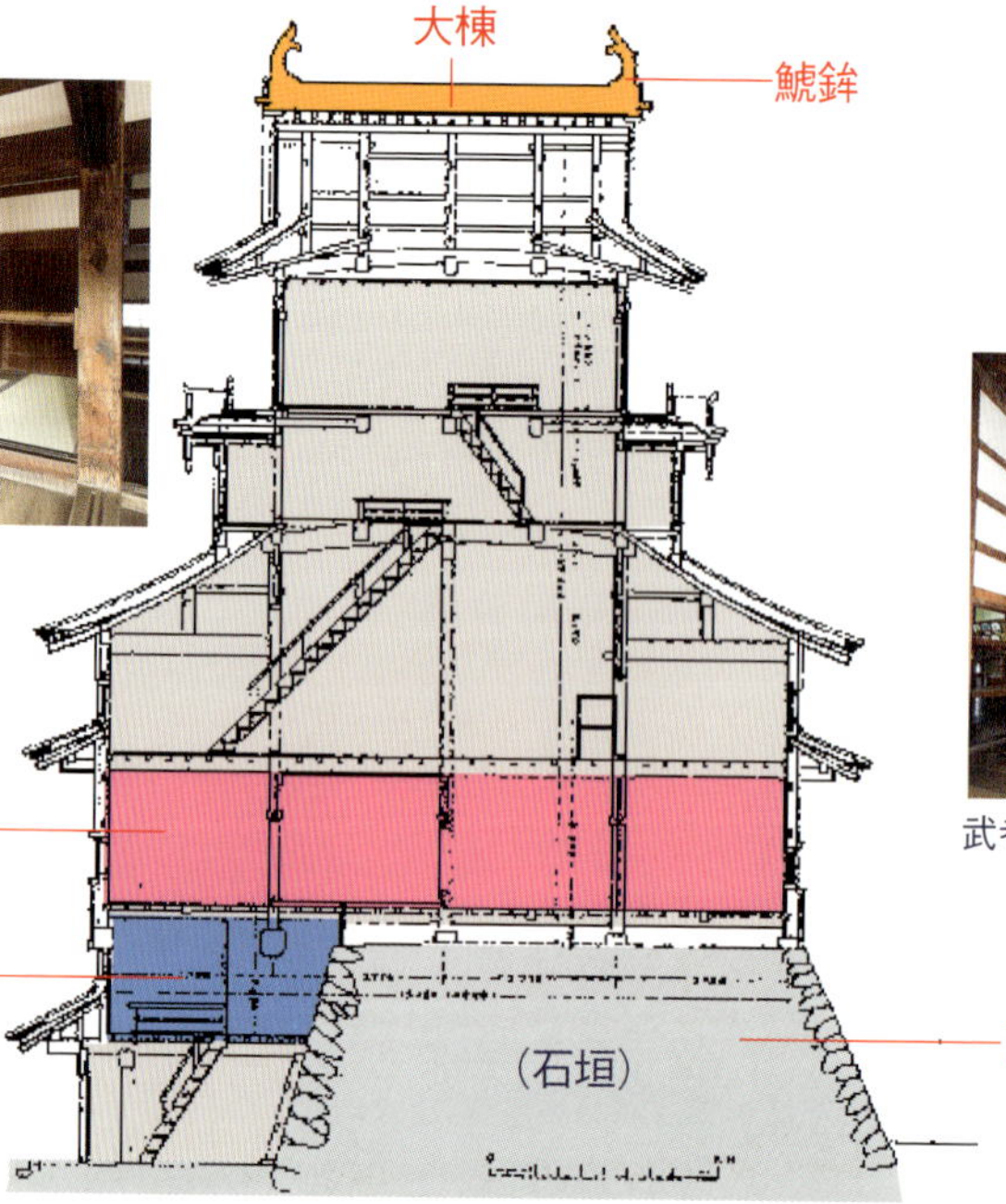

武者走り

犬山城の天守（三重四階地下一階）の正面図

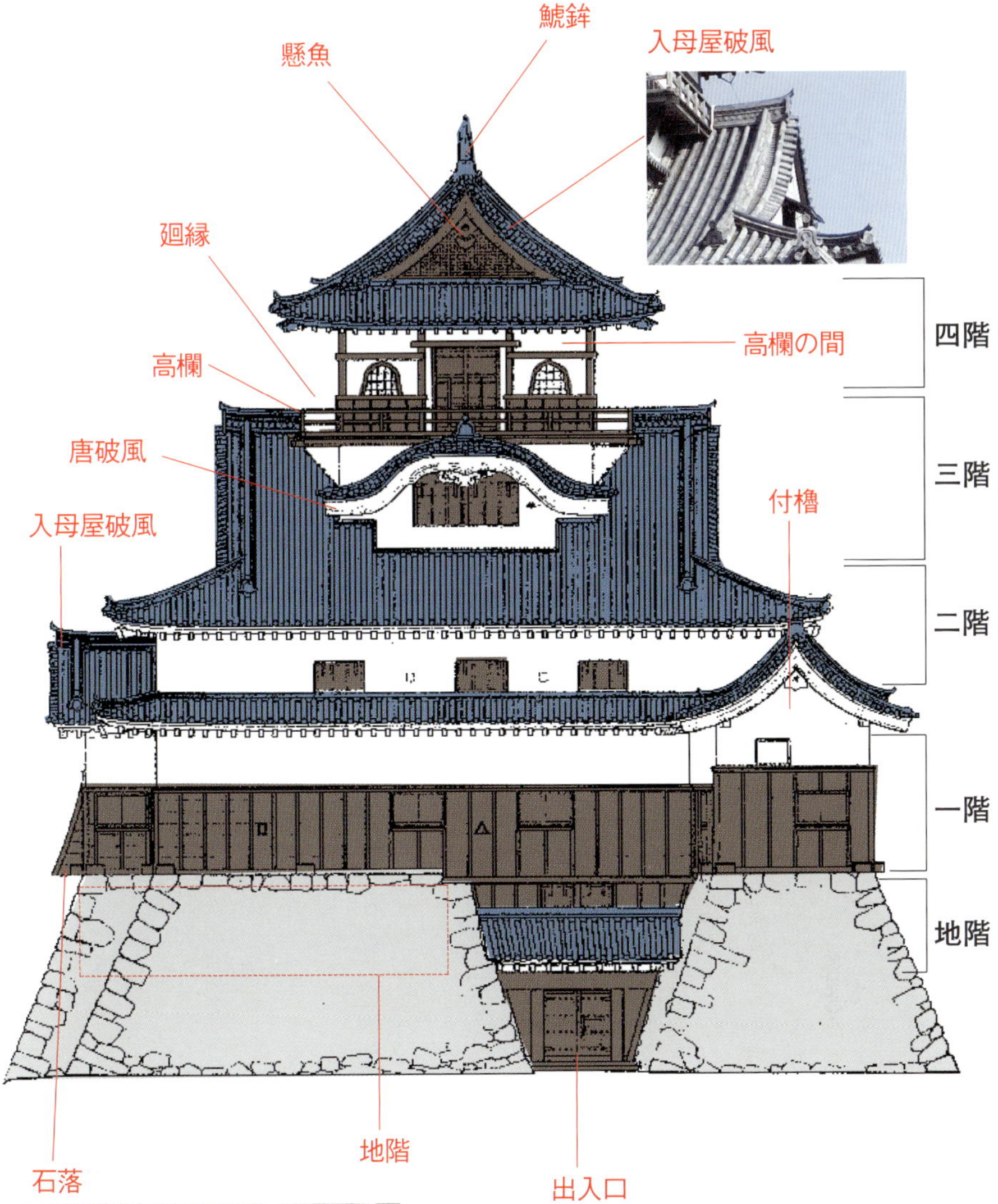

天守の形式

天守を形式で分類すると「望楼型《ぼうろうがた》」と「層塔型《そうとうがた》」の2つになる。さらに天守は小天守、櫓《やぐら》などの構造によって4つに分類することができる。

「望楼型」は、入母屋《いりもや》造り（屋根の形式のひとつ。上部を切り妻《つま》屋根として、下の方を四方へ傾斜させたもの）の屋根の上に望楼（遠くを見渡すための物見《ものみ》櫓）を載せた、上層と下層が一体型でない構造をしている。

犬山城の天守閣。入母屋造りの屋根の上にちょこんと望楼が乗っているのが印象的な、望楼型天守閣だ

この望楼型でも関ヶ原の戦い以前に造られたものは「初期望楼」、それ以降は「後期望楼」に区別することができる。

望楼型の代表は、福井県の丸岡城、滋賀県の彦根城、大阪府の大坂城、島根県の松江城などになる。

「層塔型」は、上下層が一体となっており、外観からみた層と内部の階数が一致している。また、望楼型で見られた入母屋や破風《はふ》（入母屋、切り妻などにできる、妻側の三角形の造形）がなく、千鳥《ちどり》破風などが見られる。

この層塔型の代表は、東京都の江戸城、青森県の弘前城などになる。

代表的な層塔型天守の弘前城。外見から、階層が3階あることがわかる

【層塔型】

弘前城

弘前城の正面から見た透視図

上にいくほど面積は狭くなるが、正方形に近い矩形が上へ積み上がっていることがわかる

1階

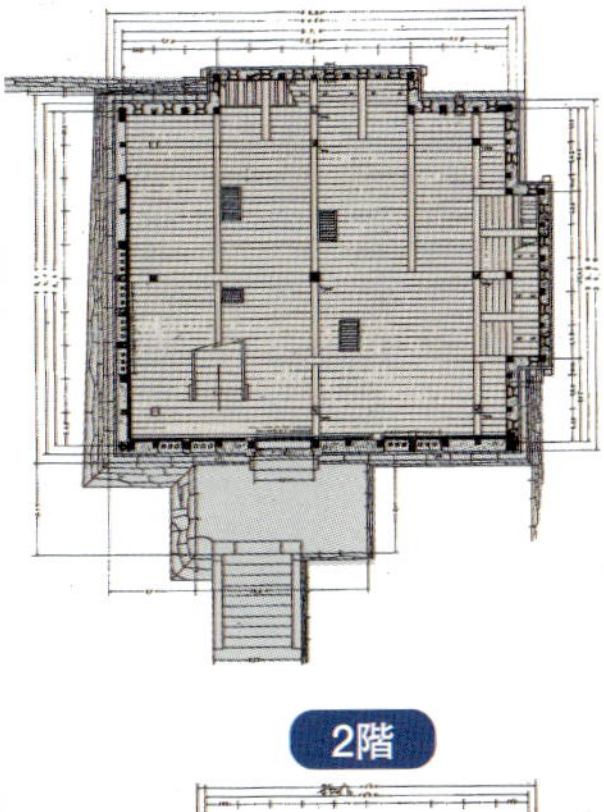

3階

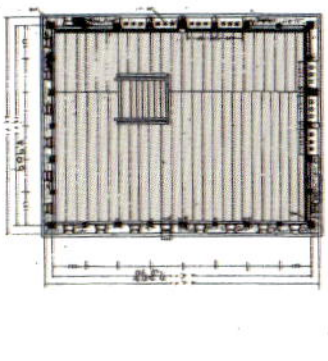

2階

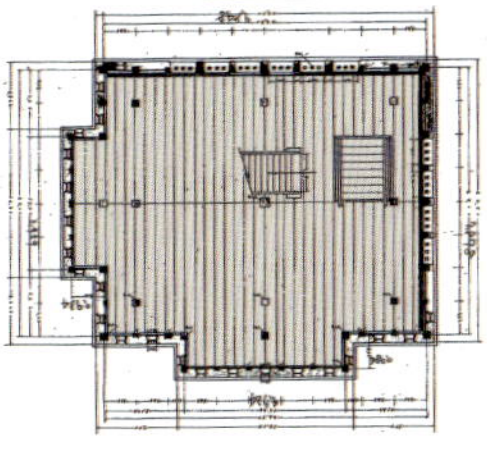

【望楼型】

犬山城

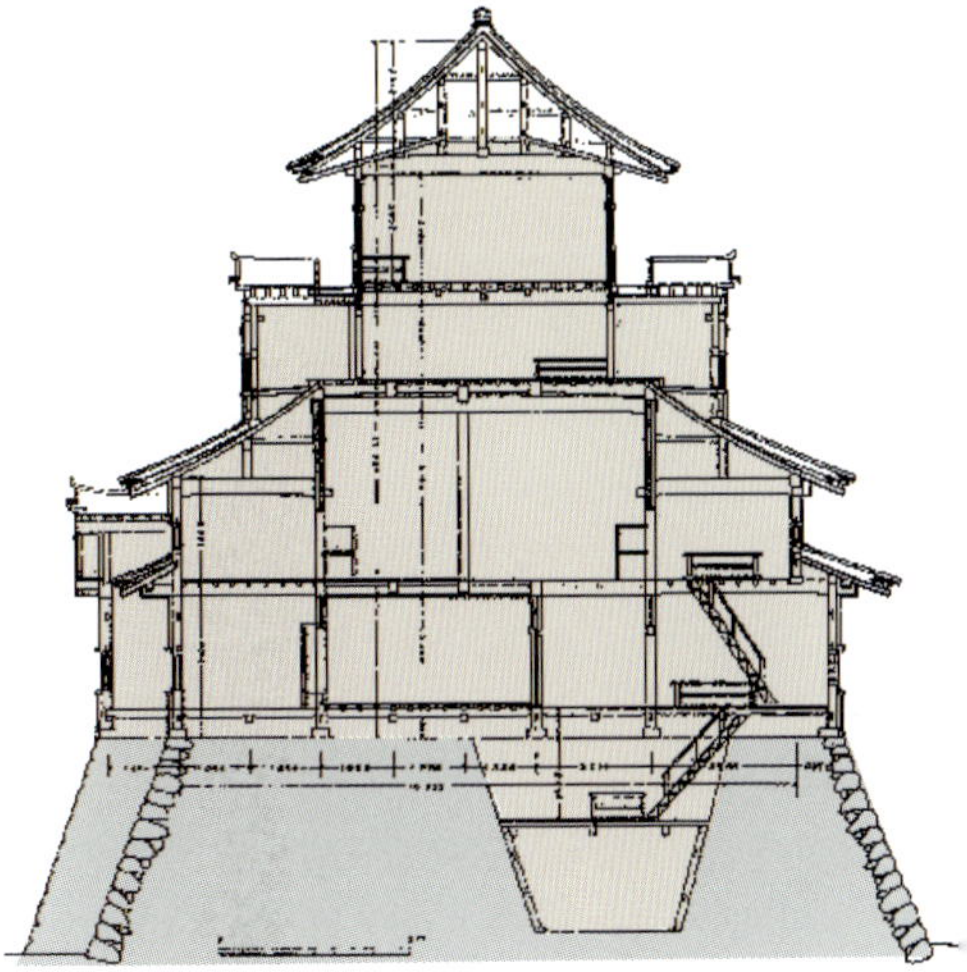

犬山城の天守入口側（南側）からの断面図。地階があり、階層が外観とは違うことがわかる

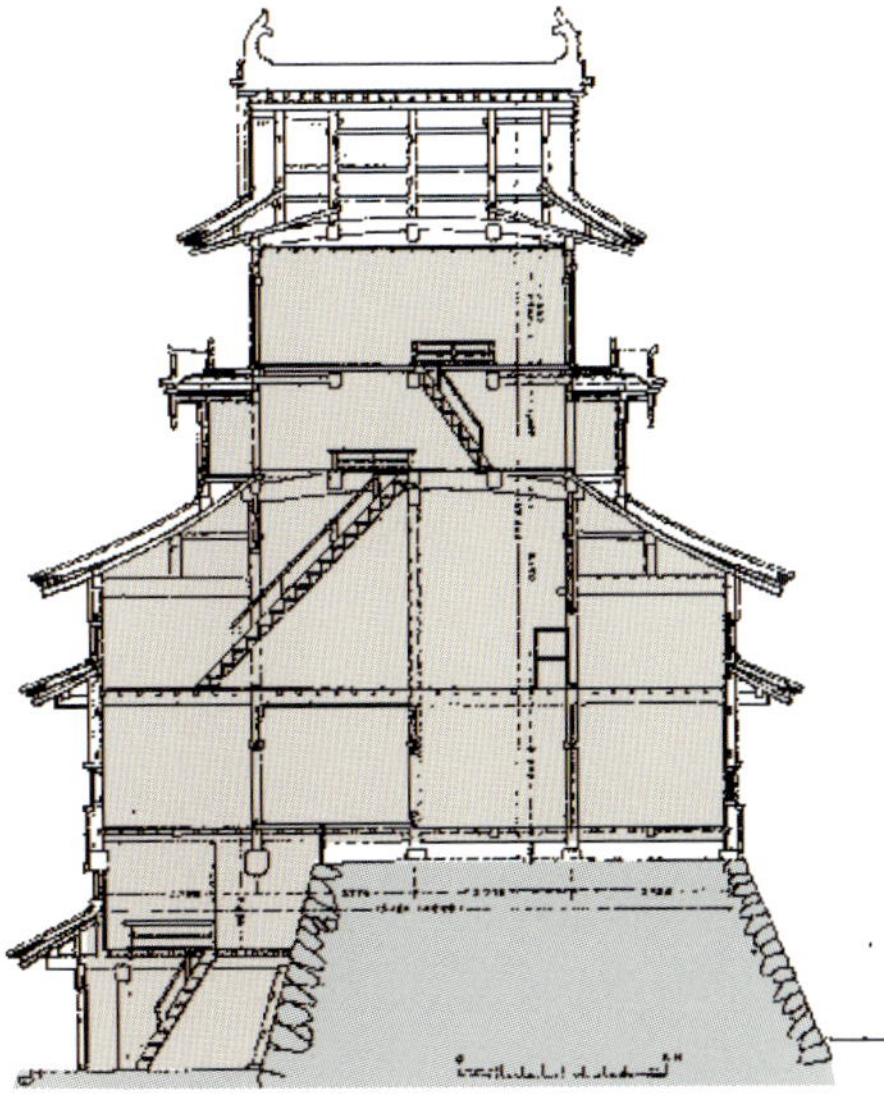

犬山城の天守側面（東側）からの断面図。地階にあたる部分が天守閣の入口になる

天守の基本構成

天守は、小天守や櫓《やぐら》などの付属建造物との構成によって、基本的に「独立《どくりつ》式」「複合《ふくごう》式」「連結《れんけつ》式」「連立《れんりつ》式」の4つに分類することができる。

「独立式」は、名のごとく小天守や櫓などの付属建造物がなく、天守そのものが独立して建っているもの。代表的な城は、福井県の丸岡城、愛媛県の宇和島城、山口県の岩国城、岐阜県の岐阜城などになる。

「複合式」は、天守に付櫓、小天守などが付属しているもの。代表的な城は、愛知県の犬山城、岡山県の備中松山城、岡山城、広島県の広島城、福山城、大分県の岡城、日出《ひじ》城などになる。

「連結式」は、天守と渡《わたり》櫓、小天守が連結して構成されているもの。代表的な城は、愛知県の名古屋城、三重県の松坂城、熊本県の熊本城、福岡県の小倉城などになる。

「連立式」は、天守と二基以上の小天守、櫓を渡櫓で環状に連立している構成のもの。名古屋城の多聞《たもん》櫓に天守を組み込んだ構成も連立になる。京都府の淀城、兵庫県の姫路城、奈良県の高取城などになる。

【独立式】

独立式天守の「宇和島城」。接続する櫓や小天守がない

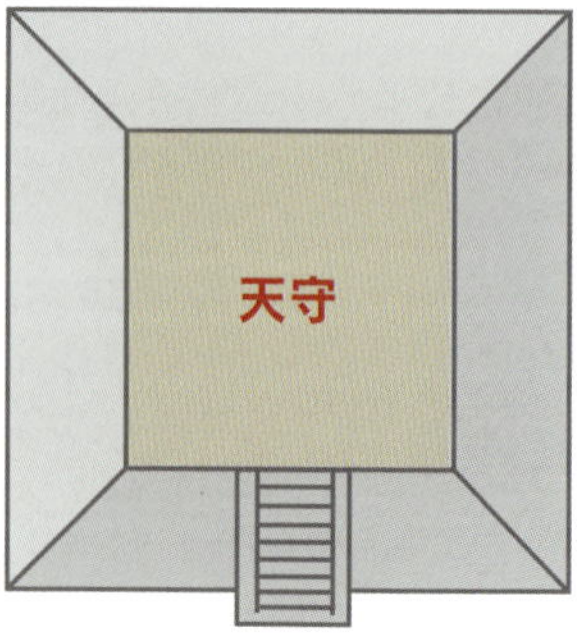

天守が独立して建っている「独立式」。戦国時代の山城や平山城に多く見られる

【複合式】

「複合式」とは、天守に櫓や小天守が付属しているもの。写真の犬山城は天守に櫓が付いている

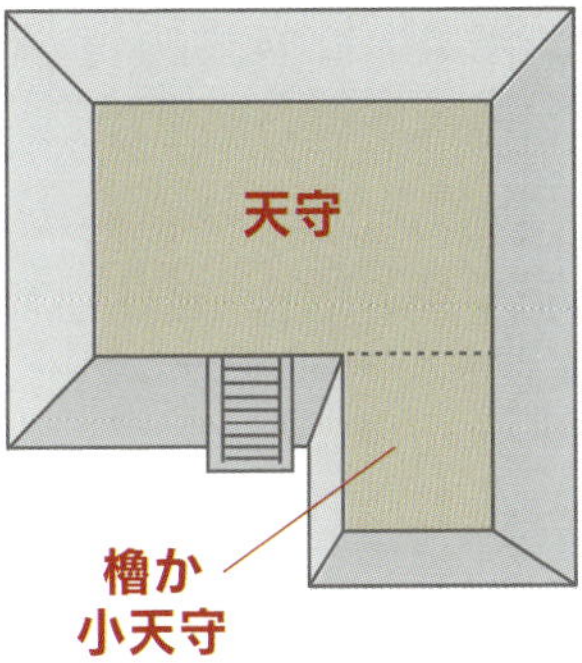

【連結式】

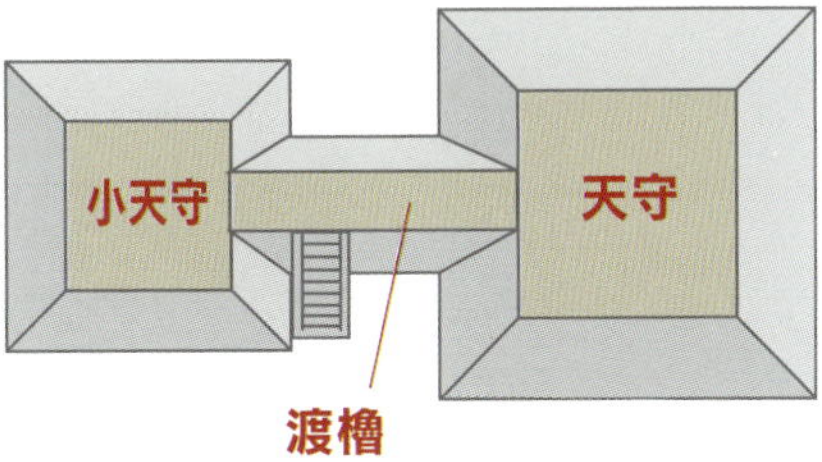

天守と小天守が渡櫓によって連結されているものを「連結式」と言う。写真は愛知県の名古屋城

【連立式】

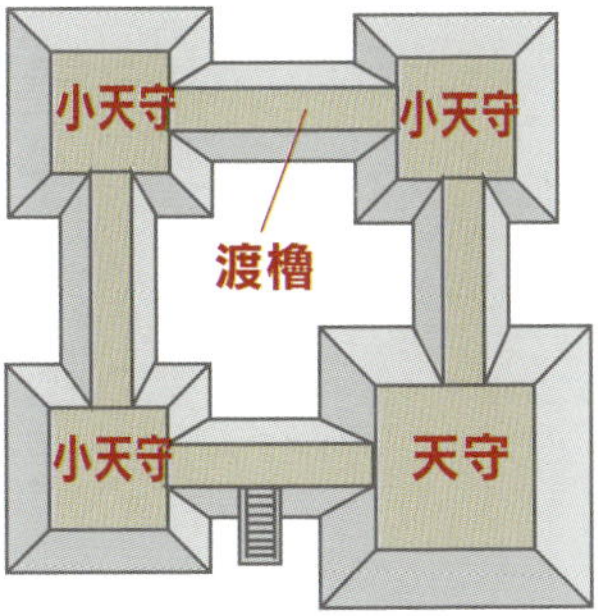

天守と二基以上の小天守、櫓を渡櫓で環状に連立している

天守の構造形式・屋根

天守を特徴づけるひとつに屋根がある。城に使われている屋根の形式には、「切妻《きりつま》造」「寄棟《よせむね》造」「入母屋《いりもや》造」の3つになる。

「切妻造」は、大棟《おおむね》から二方面に葺き下ろす長方形の屋根面で、近世の城郭《じょうかく》建築では主平櫓と二重櫓に用いられ、当時は中級のランクづけだった。

「寄棟造」は、大棟から四方に葺き下ろしたもので、左右は正三角、前後は台形になっている。

「入母屋造」は、切り妻造と寄棟造を組み合わせたもので、屋根上部が切妻造、下部が寄棟造りになる。この入母屋造が天守に使用されたものは、当時は高級と言われていた。まさに織田信長《おだのぶなが》の安土城以降の見せる城に必要不可欠な屋根であった。

「大棟」とは、切妻、入母屋、寄棟などの屋根頂部の水平な部分を「大棟」と言う（下図参照）。ちなみに大棟から屋根の勾配《こうばい》に沿って軒先の方に造った棟を降棟《くだりむね》（下図参照）と言う。また、上部の隅の軒先に向かったものを隅棟《すみむね》（下図参照）という。

切妻造

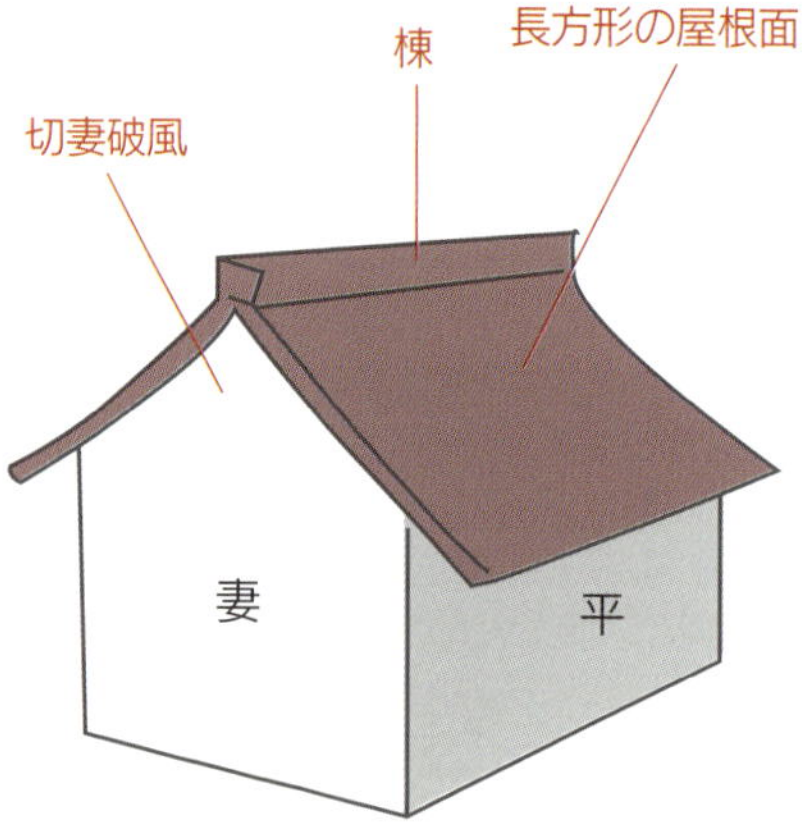

大棟から二方向に吹き下ろす長方形の屋根。近世城郭では中級ランクの城に用いられていた

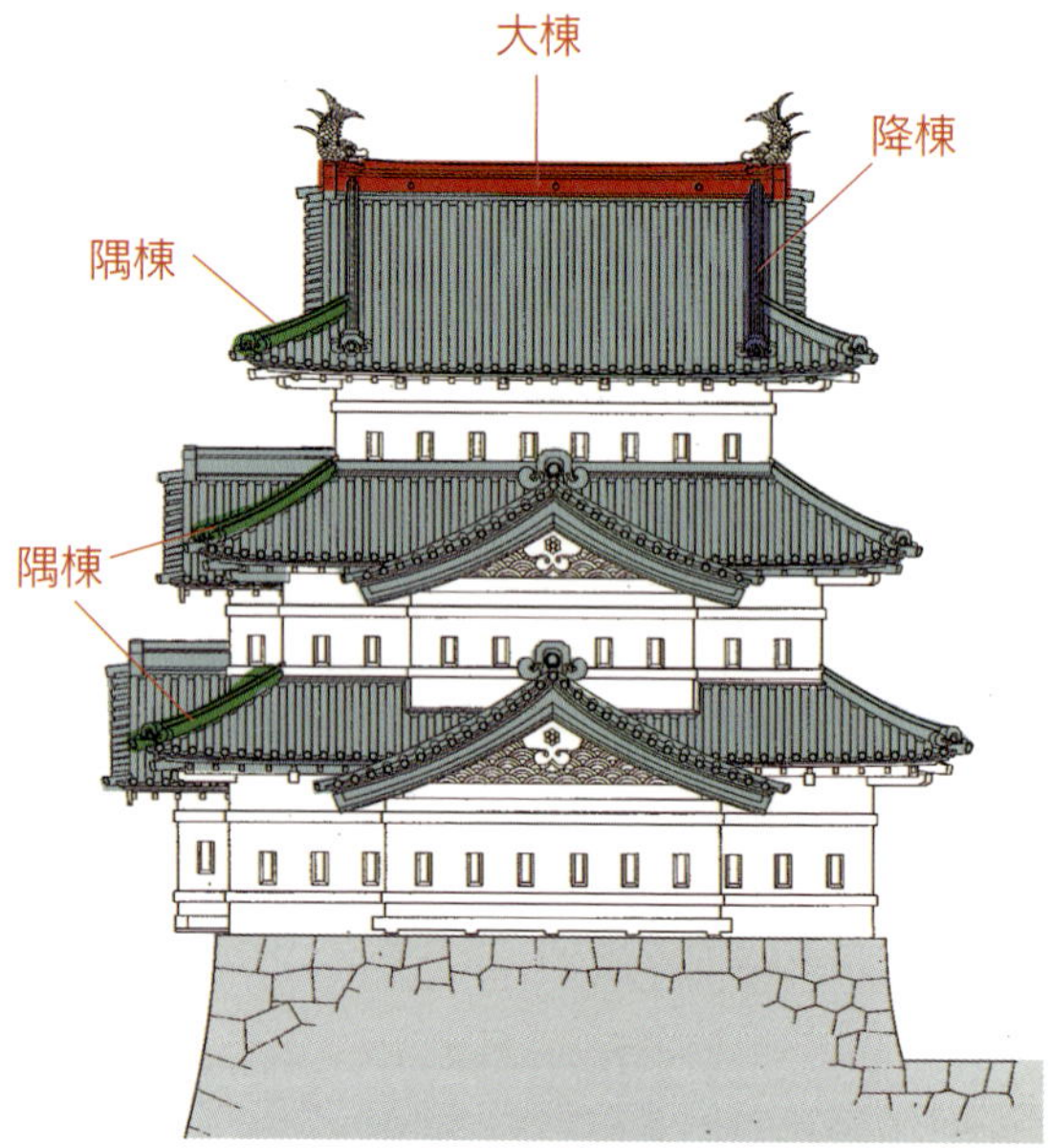

※青森県の弘前城をモデルにしている

入母屋造

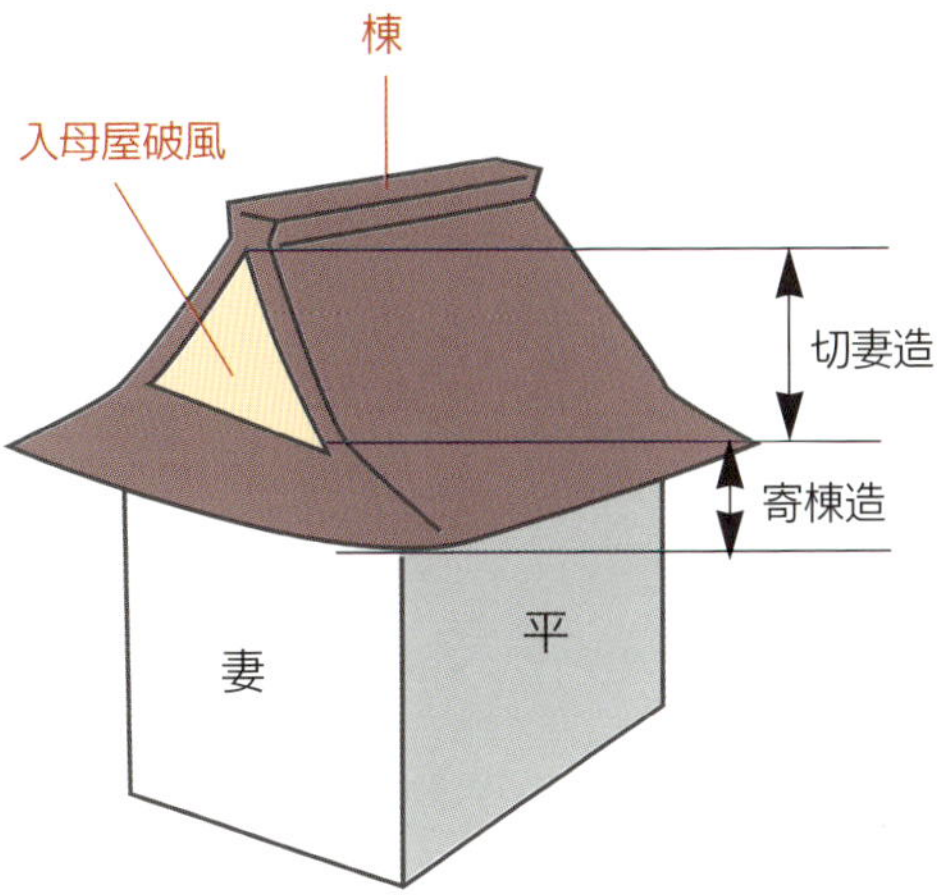

切妻と寄棟を合わせた構造の屋根。上部が切妻造、下が寄棟造になっている

寄棟造

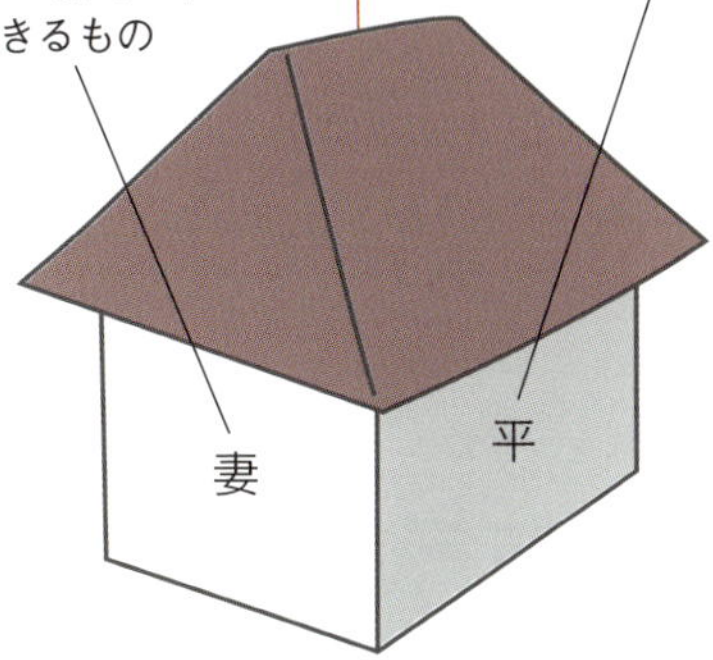
※「妻」とは建物の側面の幅の狭い方を言う。または破風の中に出きるもの
棟
※「平」とは建物の側面の幅の広い方を言う

大棟から四方に向かって吹き下ろした屋根。妻側の屋根は正三角形、平側は台形に見える

多重屋根の構造形式

石垣が堅固になり、天守を大きく高層化することができるようになると、天守はより見せるための造りになっていった。

天守の規模は屋根の重数、つまり外観の屋根の数で表現される。多重屋根の場合は、一番下を初重、初重屋根、二重、二重屋根、三重、三重屋根、四重、四重屋根、五重、五重屋根、入母屋屋根になる。

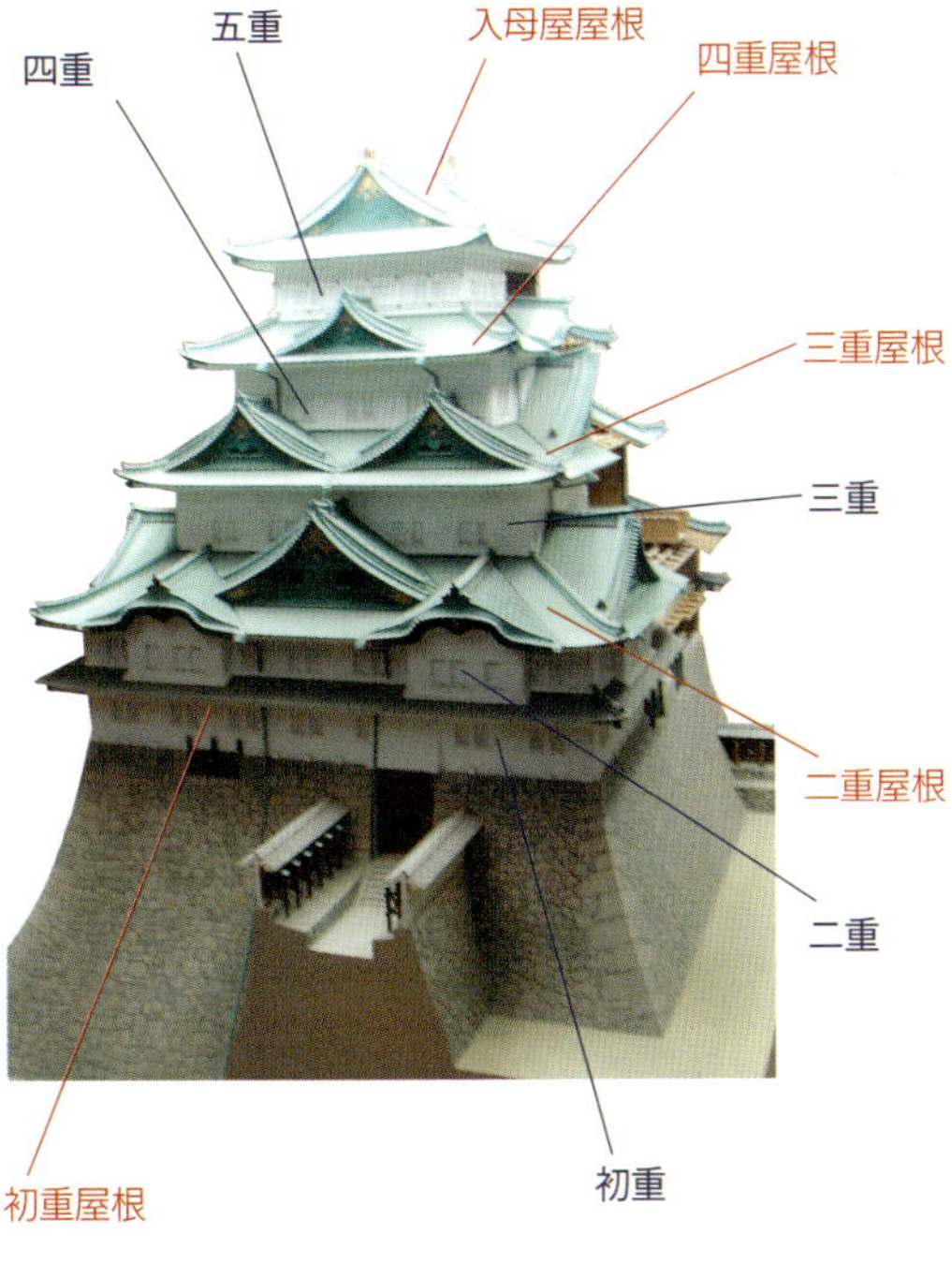

天守屋根の構造・破風《はふ》

天守の装飾として屋根の端に付けられた三角形の造形を**「破風」**と言う。この破風には、「入母屋《いりもや》破風」「切妻《きりつま》破風」「千鳥《ちどり》破風」「唐《から》破風」の4タイプがある。

「入母屋破風」は、入母屋造の屋根の端や望楼型天守の一重目か、二重目の屋根に取り付けられている。

「切妻破風」は、三角形の破風だが本体の軒先まで突き抜けているのが特徴。妻壁がその下方の本体の壁面に連続したもの。

「千鳥破風」は、本体の屋根と一体になっておらず、屋根面上に三角形屋根を置くだけの構造になっている。

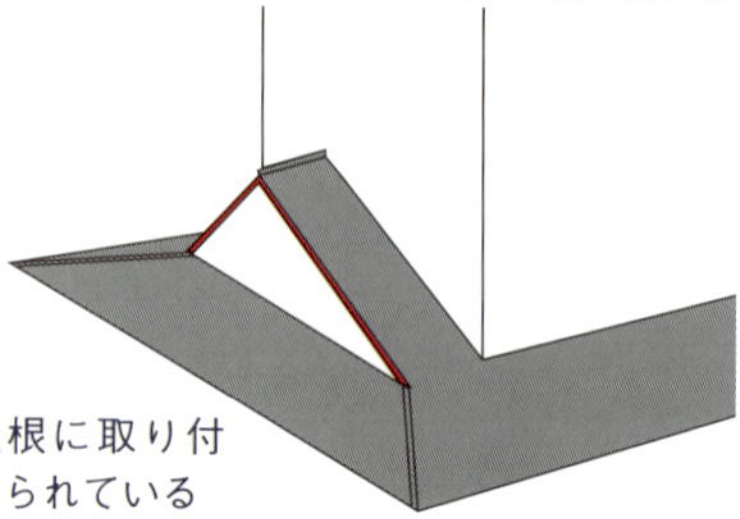
入母屋破風
屋根に取り付けられている

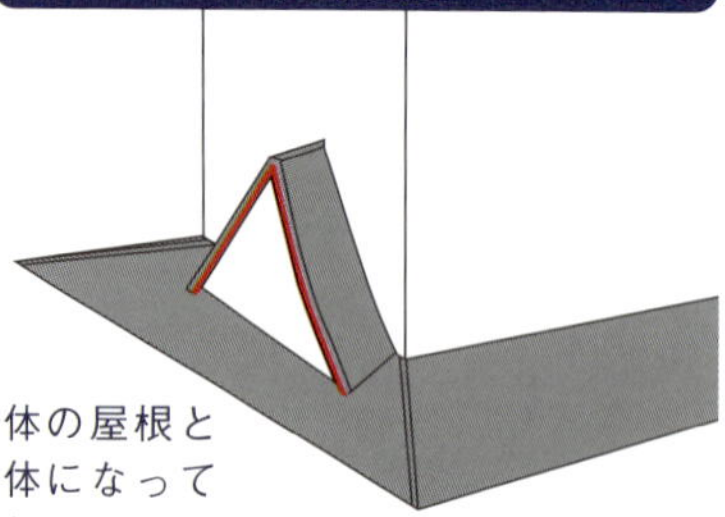
千鳥破風
本体の屋根と一体になっていない

「唐破風」は、屋根本体の端を丸く盛り上げた「軒唐《のきから》破風」と、屋根全体を丸く造り屋根にのせたり、出窓の屋根に使う「向唐《むかいから》破風（据唐破風《すえからはふ》）」の2タイプがある。

近世の巨城になると、これらの破風を単独で使うことは少なく、組み合わせて配置される。

犬山城の「唐破風」

破風を飾る懸魚《げぎょ》

「懸魚」とは、破風の頂部の合わせ目に垂れ下がり、大棟と直交する妻面を美しく見せるための装飾品のひとつである。

この懸魚の種類は、反《そ》りのある五角形の**「梅鉢《うめばち》懸魚」**、かぶのような**「蕪《かぶら》懸魚」**、蕪懸魚をさらに豪華にした**「三《みつ》花《はな》蕪懸魚」**を代表に、梅鉢懸魚と蕪懸魚を合体させた**「貝頭《かいがしら》懸魚」**などもある。

梅鉢懸魚

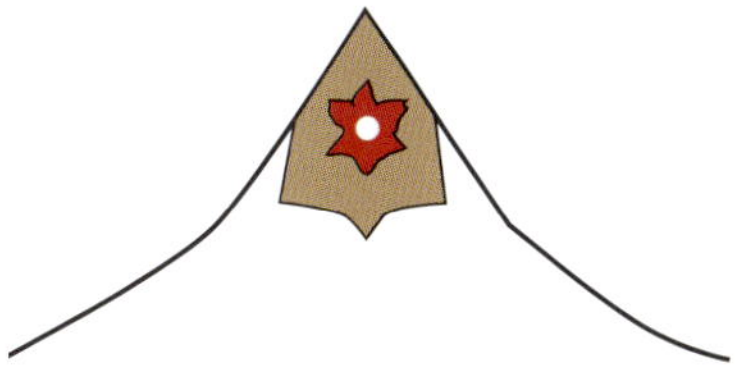

反りのある五角形が特徴の「梅鉢懸魚」。初期の懸魚である

高知城の破風には「蕪懸魚」が施されている

三花蕪懸魚

蕪懸魚をさらに豪華にした「三花蕪懸魚」。

花が三つ咲いているように見える

蕪懸魚

かぶのような形状をしている「蕪懸魚」。

天守の屋根を守る瓦

天守で「本瓦《ほんがわら》」を使用したのは、織田信長《おだのぶなが》が築城した安土城が最初だと言われている。当時使用していた瓦は、平瓦と言われる平板をやや丸くしたものと、半筒形の丸瓦を組み合わせたものだった。特に軒先の瓦は金箔を貼った金瓦だった。

その後、江戸時代になると屋根の重量を軽減させるために開発された銅《どう》瓦や鉛《なまり》瓦が使用されるようになった。また、大棟に上げられた鯱鉾《しゃちほこ》も瓦で造られ、漆《うるし》や金箔が貼られたものが多かった。ただし、名古屋城の金鯱はヒノキ材に金板を貼ったものが材料である。

名古屋城に使われていた丸瓦

櫓《やぐら》

「櫓」は、城郭《じょうかく》の端々に建てられている建造物というイメージがあるが、かつては物見《ものみ》台に使われていた。やがて城の防御施設の重要なひとつになる。この櫓には様々なタイプや、意味合いがある。ここでは櫓の種類から構造などを詳しく紹介していく。

物見台が発展した城の防御施設「櫓」

「櫓」は、矢倉《やぐら》、矢蔵《やぐら》とも書かれるように、もともとは弓矢を保管する場所だった。やがて見張りをしたり、城を守る大切な防御施設のひとつになった。弥生時代の城と言ってもよい吉野《よしの》ヶ里《がり》遺跡からも櫓の遺構が発見されている。その当時は敵の動向を見るなどの「物見台」として使用されていた。中世になると射撃台としての機能が備わり、近世の城郭になると防御施設としてより重厚な建造物になっている。

そんな櫓は、構造で分類することができる。その代表は「平《ひら》櫓」「二重《にじゅう》櫓」「三重《さんじゅう》櫓」「多聞《たもん》櫓」になる。

「平櫓」は、一重で背丈も低く一番簡略された構造になっている。内部に地階や半地階を設けているタイプもある。土塀のない三の丸や外郭に建てられる場合が多い。

（国営吉野ヶ里歴史公園事務所所有）

「二重櫓」は、近世城郭の櫓を代表するもので、下重と上重がほぼ同規模の重箱形式や、平面が菱形やL字形、平面を直角に折り曲げた形状など、様々なタイプがある。

「三重櫓」は、天守の代用とされるほど櫓の中でも規模が大きく、名のごとく三重（三層）になっている。望楼型や層塔型がある。

「多聞櫓」とは、桁《けた》行《ゆき》を長く延ばした櫓で、天守や隅櫓同士を結んでいるため「渡《わたり》櫓」「続《つづき》櫓」とも呼ばれる。内部は小部屋に仕切られ、物資や武器の倉庫に使用されていた。

【櫓の種類】

備中松山城

平櫓

一重で背丈も低く、土塀のない三の丸などに建てられている。櫓の内部は地階や半地階を設けているものもある

備中松山城の本丸入口にある「六の平櫓」。向かいには「五の平櫓」が建っている

二重櫓

下重と上重の二重になっている櫓。同規模の重箱形式、平面が菱形、L字形、平面を直角に折り曲げた形状などがある

名古屋城

名古屋城の西南隅櫓は、二重櫓に分類される

江戸城

三重櫓

三重になっている櫓。天守と同じように望楼型と層塔型の2種類があり、天守の代用とされる場合もあった

江戸城の「富士見櫓」。明暦の大火で天守閣が焼失した後は、天守代用とされた

多聞櫓

平櫓を長大化したもの。天守や隅櫓同士を結んでいる。内部は小部屋に仕切られ、物資や武器の倉庫に使用していた

金沢城

「五十間長屋」と呼ばれる、金沢城の多聞櫓
（写真提供：石川県）

「櫓《やぐら》」の名称の付け方

櫓は、形式、形状、目的、用途、位置（方位）、由来などによって名称がある。中には地名や人名を付けているものもある。

形式では、先に紹介した平《ひら》櫓、二重櫓、三重櫓、多聞《たもん》櫓をはじめ、四重櫓、五重櫓、菱《ひし》櫓、天秤《てんびん》櫓、折廻《おれまわり》櫓、七面《しちめん》櫓、十四間《じゅうよんけん》櫓、宝形《ほうぎょう》櫓、櫛形《くしがた》櫓などがある。

【主な形式、形状の櫓】

平櫓	小田原城（二の丸隅櫓）、備中松山城（五の平櫓、六の平櫓など）など
二重櫓	大坂城（一番櫓）、松山城（野原櫓）
三重櫓	弘前城（二の丸丑寅櫓）、江戸城（富士見櫓）、高松城（旧東丸艮櫓）、丸亀城（天守）、福山城（伏見櫓）
四重櫓	米子城
天秤櫓	彦根城
菱櫓	金沢城
折廻櫓	津和野城
七面櫓	岐阜城
十四間櫓	熊本城
十八間櫓	熊本城（東十八間、北十八間）
宝形櫓	八代城
櫛形櫓	磐城平城

「目的、用途」では、弓矢を保存する弓矢櫓、馬具を保存する馬具櫓、古い家具を保存する旧家具櫓などがあり、武器を保存する武器櫓、小銃櫓、大筒櫓などがある。

また、遠見櫓、花見を楽しむ花見櫓、月見を楽しむ月見櫓、富士山を見るための、もしくは富士山が見えた富士見櫓、書物を保存する文庫平櫓などがある。まさに櫓には様々な目的、使用用途がある。

【主な目的、用途の櫓】

武器保存	矢櫓、弓櫓、武器櫓など（高知城）、鉄砲櫓、大筒櫓、小銃櫓など（犬山城）、大筒櫓、小筒櫓（松山城）、銃櫓（松坂城）など
物見、花見、書物保存など	物見櫓（松坂城など）、花見櫓（松坂城など）、月見櫓（松坂城、高松城など）、富士見櫓（江戸城、松坂城など）、潮見櫓（会津若松城など）、文庫平櫓（白河小峰城など）など

香川県の高松城にある三重櫓の「月見櫓」

「方位、位置」で付けられた櫓は、71ページで紹介しているように陰陽道《おんみょうどう》の風水思想・四神相応《ししんそうおう》によって考えられたものが多い。四神相応とは、天上の四方を司《つかさど》る神、東の青龍《せいりゅう》、西の白虎《びゃっこ》、南の朱雀《すざく》、北の玄武《げんぶ》になる。これを地形に当てはめると、東に流水、西に大道、南に窪地、北に丘陵がある所が城造りに適した土地であるとの考え方である。

そのため、四神の方向に櫓を置くことで、城を守るとの考え方もあった。また、もともと方位を表す十二支が付けられている場合も多い。名古屋城の現在の西北隅櫓は、戌亥《いぬい》櫓と呼ばれていたし、西南隅櫓は、未申《ひつじさる》櫓と言われていた。

【主な方位、位置の櫓】

東西南北	東櫓、西櫓、南櫓、北櫓(宇和島城など)、東北隅櫓、東南隅櫓、西南隅櫓、西北隅櫓(高取城)など
十二支	戌亥櫓、未申櫓など(名古屋城など)、丑寅櫓、辰巳櫓など(日出城)、艮櫓(高松城)など
その他	右櫓、左櫓(宇和島城)、山里櫓(今治城)、鬼門櫓(日出城)など

「由来」には、姫路城の化粧櫓、大坂城の馬《ば》印《いん》櫓、松江城の祈祷《きとう》櫓などがある。

化粧櫓は、本多忠刻《ほんだただとき》と結婚した徳川秀忠の娘・千姫が輿入《こしい》れの際に10万石の化粧料を与えられていたと言う。この10万石で1618(元和4)年に建てたため化粧櫓と言われる。

姫路城の化粧櫓。内部は畳敷きの座敷になっている

大坂城の馬印櫓の由来は、戦陣で大将の所在を示す印を徳川家康《とくがわいえやす》が天守に納めていたが、天守が落雷で炎上。家臣が馬印を持ち出し天守の東側の櫓に納めたため、この櫓を馬印櫓と呼ぶようになった。

松江城の祈祷櫓の由来は、築城の際に東側の石垣が崩れた。これは荒神を祀った榎《えのき》を切ったことが原因だとして、築城の安全はもちろんのこと、城内安全を祈祷したためと言われる。

「地名」は、櫓《やぐら》の位置する地名（住所）の名を付けたもの。

江戸城の桜田櫓、日比谷櫓、和田倉櫓、駿府城の清水櫓、和歌山城の駿府櫓、松山城の野原櫓、天神櫓など、数多くの櫓がある。

【主な地名の櫓】

江戸城	和田倉櫓、桜田櫓、蓮池櫓、日比谷櫓など
駿府城	清水櫓
亀山城	神戸櫓、関見櫓、江ッ堂櫓
松山城	野原櫓、天神櫓
高取城	壺坂口櫓、宇陀櫓
津城	伊賀櫓
和歌山城	駿府櫓
淀城	丹波櫓、伯耆櫓
津山城	備中櫓
丸亀城	長崎櫓（表門）

望楼型二重櫓の松山城の「野原櫓」。人が馬に乗っているように見えるため、「騎馬櫓」とも呼ばれる

櫓の構造・望楼《ぼうろう》型と層塔《そうとう》型

櫓は、物見櫓が進化したものであることは、先に紹介した。奈良・平安時代になると外郭線の版築城壁や、瓦葺の屋根がかけられた城壁の上に矢倉（矢蔵）が設けられた。この当時矢倉は屋根のない囲みのものが主流で、まだ物見、遠見の役割の方が強かった。

戦国時代には櫓に板壁や土壁と屋根が取り付けられ、より堅固なものになり、敵が攻めて来るのに対して身を守りながら弓や鉄砲で反撃する役割が強くなっている。

戦国時代中期から後期になると、2階建ての櫓が登場する。当初は小さな2階をのせた櫓だったが、城が大きくなるにつれ、さらに重厚な二重櫓や三重櫓などが造られるようになる。この頃になると天守と構造上の大差がなくなり、天守同様、望楼《ぼうろう》型と層塔《そうとう》型が見られるようになる。この望楼型の現存は、松山城の野原櫓《のはらやぐら》になる。

望楼型は、入母屋《いりもや》造りの櫓の上に物見櫓（小型の望楼）を載せたもので、一体型ではない構造をしている。初期のものは屋根の扁平率が大きく、望楼部分が小さい。

層塔型は上下層が一体になっている。望楼型の初期の物とは異なり、上層にいくに従って層面積が小さくなっている。

【奈良・平安時代の矢倉（矢蔵）】

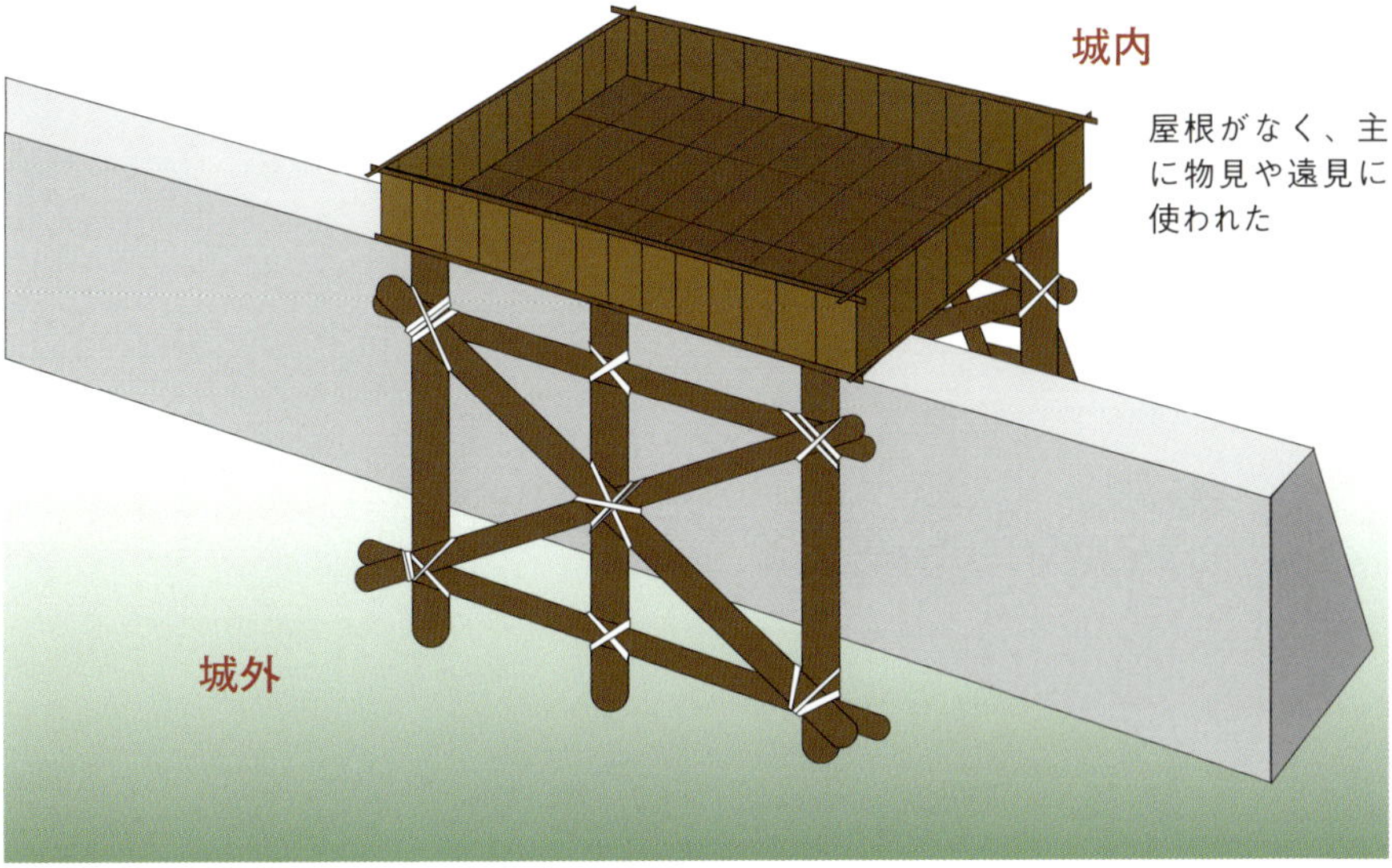
城内
屋根がなく、主に物見や遠見に使われた
城外

外郭線（城壁）の各所に設けられていた。屋根がなく、周りを囲んだ形状になっている。主に物見、遠見に使われた

【戦国時代初期の櫓】

櫓は壁と屋根で囲まれ、より防御性の高いものになっている
弓矢や鉄砲で射撃できるように狭間が付けられるようになった

櫓は壁と屋根で囲まれ、より防御性がアップしている。また、敵が攻めてきた時に弓矢や鉄砲が射撃できるように狭間が付けられていた

【戦国時代中期・後期の櫓】

物見台としてはもちろんのこと、防御的にも優れたものになっている。一階部分は弓などを保管する倉庫として使われた
上層部分を下層部分にのせたようなタイプ

下層と上層がほぼ同じ重箱形式や、小さい上重部分を下重にのせたタイプや、下重部分と上重が一体化した二重櫓が出現する

【層塔型三重櫓】

層塔型天守の出現によって発展した層塔型櫓。規模が大きくより堅固になっており、天守と同じ構造で造られているものが多い

【宇《う》土《と》櫓の構造】

熊本城の宇土櫓は、現存する天守14城のひとつに数えられ、重要文化財のひとつである。五基あった櫓のなかでも最大規模で、高さは約19mを誇っている

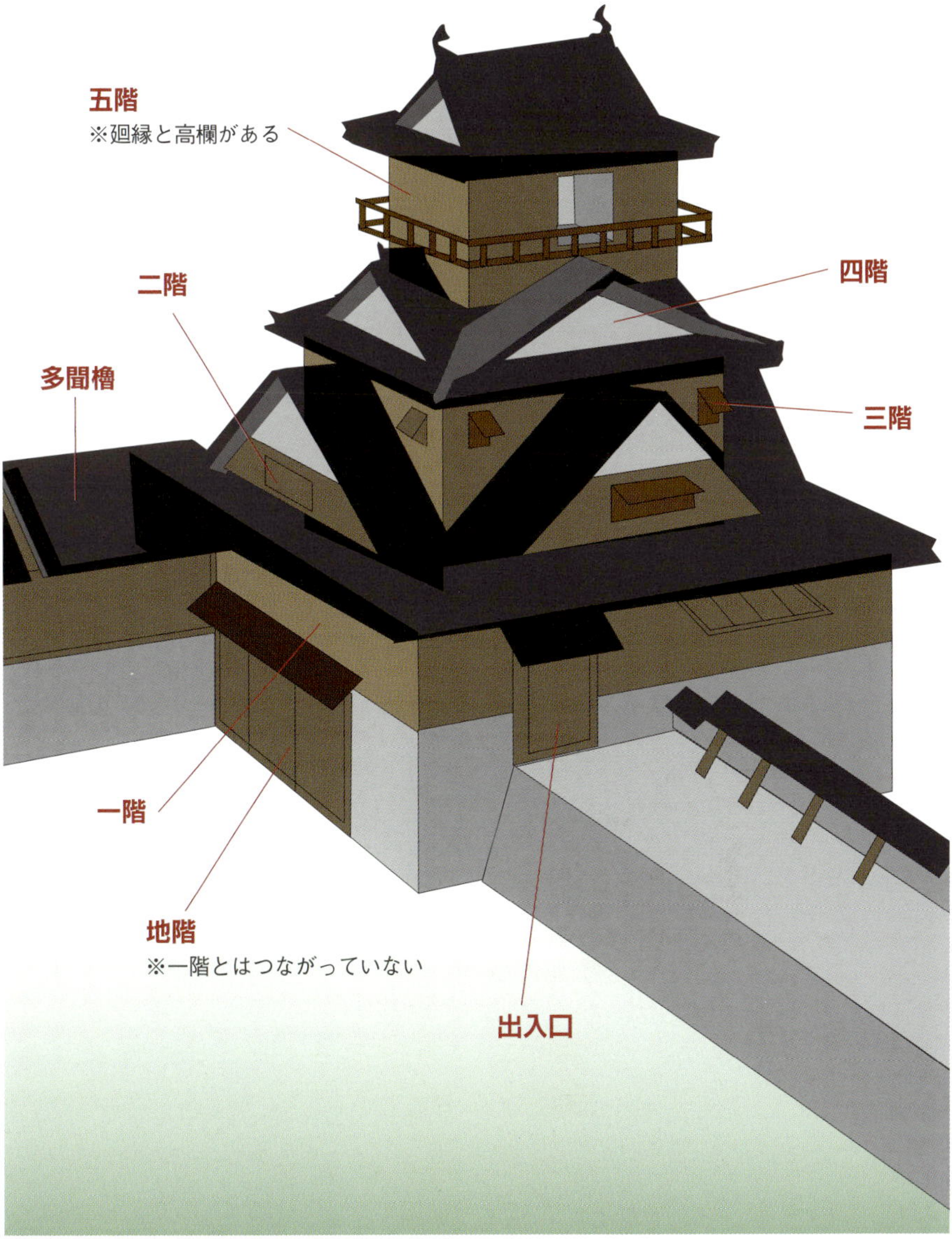

熊本城に現存する宇土櫓は、重要文化財に指定されている。小西行長の宇土城が廃城になった時に移したとの説もある。三層五階地下一階の天守に匹敵する構造と大きさがある

門《もん》

城の出入口である門。さらに侵入者を防ぐための最後の防御施設と言ってもよい。そんな門は、戦の規模や戦術、城郭《じょうかく》の大きさによって大きく変化している。ここでは、門の種類と構造、役割を詳しく紹介している。

門の種類と構造、役割

和歌山城

一の橋を越えた先に、和歌山城の正面玄関「大手門」がある

門は主に城内に敵が侵入できないよう、虎口《こぐち》を守備するための防御施設である。この門を突破されると、敵兵が一気に城内に侵入し、落城する可能性があるため、とても重要な建物で厳重に構えられている。

城の正面にあるのが「大手門《おおてもん》」で、別名「追手門《おうてもん》」とも言われる。裏口にあるのが「搦手門《からめてもん》」と呼ばれる。また、大手門などは「櫓門《やぐらもん》」になっている。さらに城には様々な門が造られている。

門を構造で分類すると、屋根がなく、2本の柱に開閉する扉を付けた「塀重《へいじゅう》門《もん》」「冠木門《かぶきもん》」がある。これは古代の城や平安、鎌倉時代によく見られる門である。

屋根が付いた門の初期は、「棟門《むねもん》」になる。この門は2本の親柱に切妻屋根をかけただけのもの。さらに進化した「薬医門《やくいもん》」「高麗門《こうらいもん》」が登場する。

薬医門は、屋根の端を突出させた切妻屋根をかけたもので、屋根が大きいので忍びなどが隠れやすかった。多少アンバランスに見える。

高麗門は、親柱の背後に控柱を立て本屋根より一段低い位置に左右に小さい屋根を付けたもの。本屋根は薬医門に較べて小さくなっており、忍びなどが隠れることができなくなっている。

他には、石垣を小さくくり抜いた所に門をはめ込んだ「埋門《うずみもん》」がある。これは小さな門で発見されにくいため、非常時の脱出用などに使用された。

【門の種類と構造】

薬医門

6本の親柱に屋根の端を突き出させた切妻屋根を付けたもの。扉が2箇所ある。屋根が大きい

（写真提供：水戸市立博物館）

塀重門

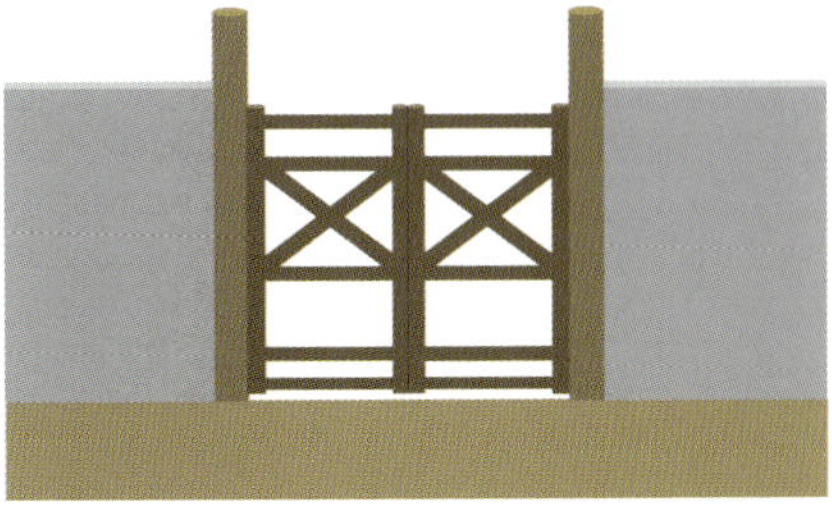

2本の柱に開閉する扉を付けた門。屋根がないのが特徴

高麗門

親柱の後方に本屋根より一段低い位置に、左右に小屋根を付けている。扉が2箇所にある。本屋根は薬医門より小さい

冠木門

塀重門同様屋根がなく、2本の柱に開閉する扉を付けたもの

（写真提供：彦根市教育委員会）

埋門

石垣を小さくくり抜き、そこにはめ込んだ小さな門。敵から発見されにくく、非常時の脱出用などに使用した

棟門

2本の親柱に小さな切妻屋根をかけたもので、屋根の付いた門の初期のもの

門をより重厚にし、堅固にした「櫓門《やぐらもん》」

「櫓門」とは、石垣の上に櫓を築いた門のこと。門の中で最も堅固な造りで、城の中で最も重要な出入口に設けられている。基本的には太い鏡柱を2本ないし4本立て、中央に両開きの大きな扉を設けている。また、脇間を取り、片開きか出格子を設けている。

この櫓門は形式によって「渡櫓《わたりやぐら》形式」「多聞《たもん》形式」「隅櫓付《すみやぐらつき》形式」「物見櫓《ものみやぐら》形式」「楼門《ろうもん》（二重《にじゅう》）形式」に分類することができる。

「渡櫓形式」は、門の両側を石垣で挟み、渡櫓の下に門戸を構えたもの。つまり、門の上に櫓を構えた構造をしている。

「多聞形式」は、桁行《けたゆき》を長くした長屋状の櫓のことで、櫓と櫓を結んだ構造のものもある。別名「続櫓」とも呼ばれた。この多聞櫓が築かれているのが、多聞形式の門である。これも両側を、石垣で挟んでいる構造になっている。

「隅櫓付形式」の隅櫓とは、名のごとく城の囲いのコーナー部（角部分）に建てられている櫓のことで、門脇に隅櫓を付けた構造になっている。

「物見櫓形式」は、名のごとく見張りに使用する物見櫓を門の上にのせた構造で、両側を石垣で挟んでいるものが多い。

「楼門（二重）形式」は、他の門と異なり、両側を石垣で挟まれることなく、平地に二重二階の門を築いたもの。

二条城

二条城の玄関口「東大手門」。どっしりとした櫓門で、この門の通行は東南隅櫓が見張る構造になっている

（写真提供：元離宮二条城事務所）

【櫓門の形式での分類】

物見櫓形式

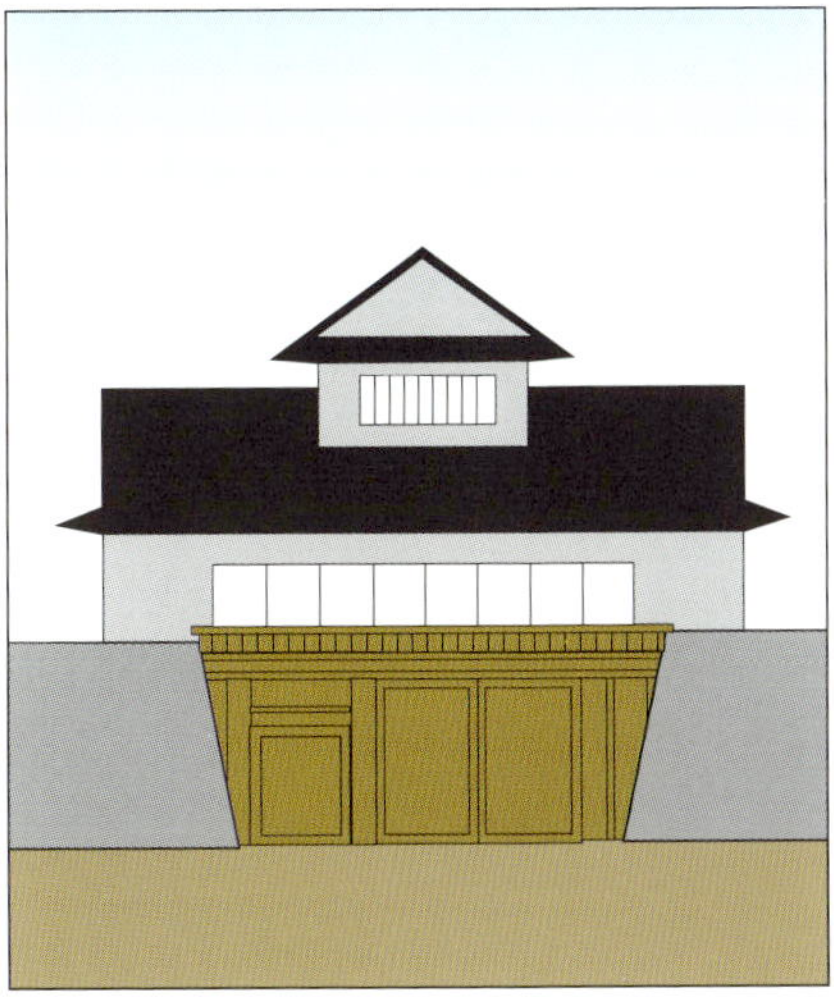

門の上に見張、監視に使用する物見櫓をのせた構造になっている

多聞形式

長屋状の櫓に築かれた門のこと。両側は石垣に挟まれている

楼門（二重）形式

平地に二重二階の門を築いたもの。両側を石垣で挟んでいないので、他に較べると重厚感がない

隅櫓付形式

門の脇に隅櫓を付けた構造になっている

より複雑で堅固になった「桝形《ますがた》門」

城内に敵の兵を侵入させないために門の前に虎口《こぐち》（詳しくは146～151ページ参照）を設けている城が多いが、中でも桝形は複雑な構造になっている。

その基本的な構造を紹介すると、一番外側正面が一の門として「高麗《こうらい》門」、外から見て右側が「櫓《やぐら》門」、左側に「二重櫓」があり、それを囲むように「多聞《たもん》櫓」で構成されている。ただし、これは城によって異なってくる。

高知城

高知城の正門、追手門は門前が桝形になっている。櫓門から続く城壁が門の向かい側までコの字に続いており、門をくぐる敵兵を背後から射撃できる

姫路城

二の丸へ続く大手門「菱の門」。門前は櫓門からコの字形に城壁が続き、この門をくぐるとすぐにプールのような四角い水堀がある。背後から敵の兵を追い込み、水堀に落とす仕掛けになっている

彦根城の「天秤櫓内桝形虎口」。天秤櫓門を越えた先に、敵兵を集中攻撃できる桝形が造られている
（写真提供：彦根市教育委員会）

小田原城の「銅門の桝形」。城外から枡形に入ってくるところに常磐木門があり、門の内部に入ると渡櫓門が囲み、三方向から攻撃ができるようになっており、一斉に敵兵に対して弓や鉄砲で攻撃できるようになっている。堀の向こうにいる敵兵を攻撃するための武者走りが備えられている

御殿《ごてん》

城内最大の床面積を誇る建造物の「御殿」。城主の居室はもちろんのこと、執務室《しつむ》、藩政の庁舎でもあった。家臣との対面儀式、台所など、まさに藩の政治、経済を司《つかさど》る心臓部と言ってもよい。

近世城郭特有の建造物「御殿」

「御殿」は、基本的に城主の住居であるが、かつては城郭《じょうかく》内に御殿は設けず、近くに置いていた。それが近世城郭になってから城内に御殿を築くようになった。そのことで、家臣はもちろんのこと領地の統治もしやすくなった。この御殿は、城主の住居、藩政のための庁舎、家臣などとの対面儀式などにも使われた。

この御殿には、本丸に築かれた「本丸御殿」、二の丸に築かれた「二の丸御殿」などがあり、対面の儀礼を行う「表向」、城主の住居で、執務などを行う「中奥」、城主が休息をとる「奥向」をはじめ、台所、大広間などで構成されている。大城郭だと100棟以上もの殿舎があり、それらが廊下によってつながっていた。

二条城

二の丸庭園と二の丸御殿。将軍が上洛した時の宿泊所であった

（写真提供：元離宮二条城事務所）

名古屋城

かつての名古屋城の姿を復元した模型。天守閣の麓に本丸御殿が建っていた。2018（平成30）年の公開予定に向けて、現在（2010年）復元工事中である

第二章

城ができるまで

城ができるまで（選地から天守建築）

城ができるまで（選地《せんち》から天守建築）

城には天守、櫓《やぐら》などの数多くの建造物があり、それらを支える石垣がある。城郭《じょうかく》の周りには堀がはりめぐらされている。これだけのものを造るのに、一体どれだけの工程があるのだろうか。ここでは抜粋ではあるが、城ができるまでの工程を詳しく紹介していく。

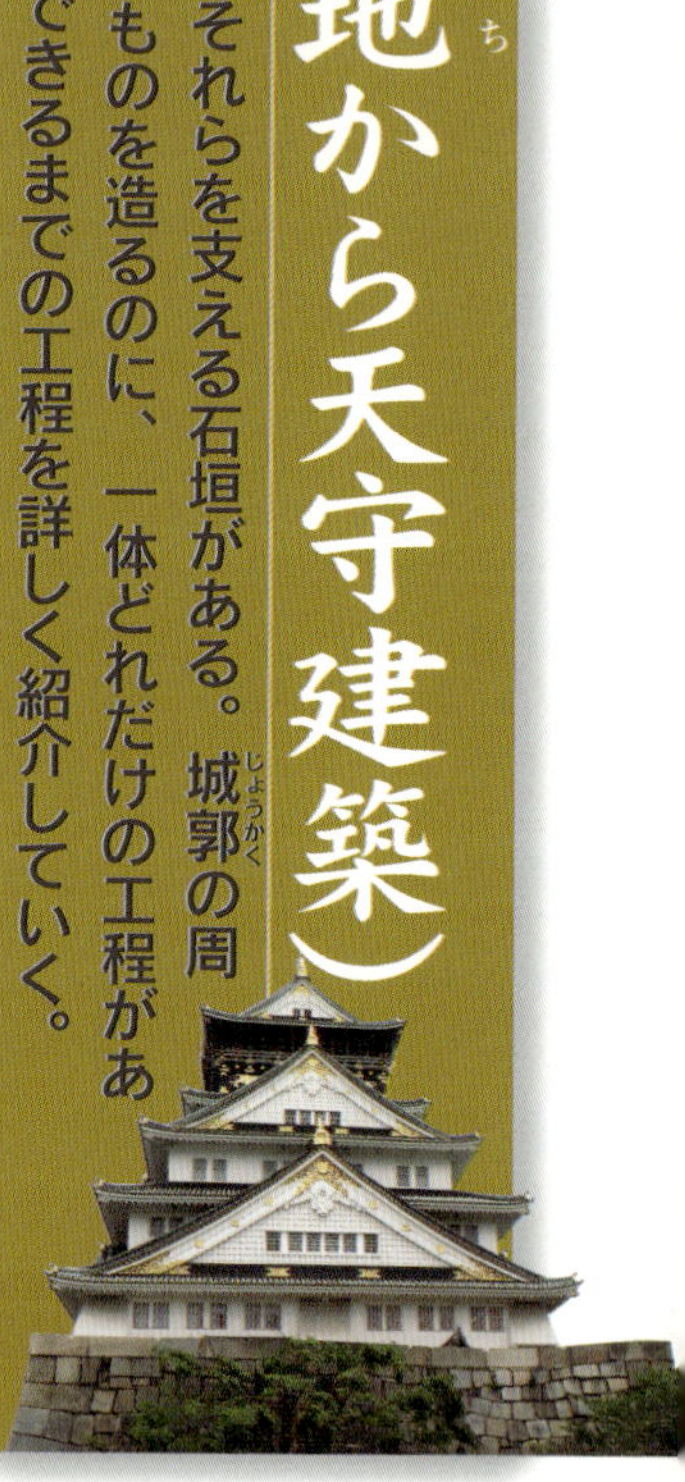

選地から始まる城造り

城ができるまでの工程と簡単に言ってしまうが、城郭内には天守、本丸御殿、二の丸、三の丸、櫓など数多くの建造物があり、それらを支える石垣などで造られた台座がある。また、曲輪《くるわ》を石垣で囲み、さらに堀を掘り、橋をかけるなど、城を造るまでには気が遠くなるほどの工程と日数、人数が必要になってくる。

城を造る上で最も重要なのが、「縄張《なわばり》」である。縄張とは、土塁、堀、石垣などをどのように配置し、城をどのように構成するかを決定することである。

この縄張りを決定する上で重要になってくるのが、地形である。この地形を決定する上でも、決まりごとがある。ここでは、そんな城造りの基本工程を見ていこう。

【基本的な城造りの工程（抜粋）】

1. 選地《せんち》（場所選び）
2. 縄張《なわばり》の決定（城郭の全体設計）
3. 曲輪《くるわ》の決定（建造物などの設計）
4. 地均《ちならし》（基本工事）（普請《ふしん》）
5. 土台造り（石垣の積み上げ）（普請）
6. 天守の設計と建築（作事）

城をどこに造るかの「選地」

『礼記《らいき》』という中国の儒書《じゅしょ》で都城の理想地を決定する場合に、四神相応を用いていた。この礼記によると、四神に囲まれた地が都城の理想の地であると言っている。

四神とは天上の四方（東西南北）を司る神のことで、東の青龍《せいりゅう》、西の白虎《びゃっこ》、南の朱雀《すざく》、北の玄武《げんぶ》を表す。これは東に流水（川）、西に大道（大きな道）、南に窪地《くぼち》（池、湿地など）、北に丘陵がある地が都城に適しているという考え方である。下の写真は、四神相応に基づいて考えられたと思われる「岡崎城」の城郭古地図である。東に流水（川）、西に大道、南に窪地が、北に丘陵を見ることができる。

また、江戸期の軍学書の『武教全書講義《ぶきょうぜんしょこうぎ》』では、〝繁栄の勝地〟を紹介している。この考え方は、礼記の四神相応とほぼ同じ考えである。

岡崎城の城郭古地図

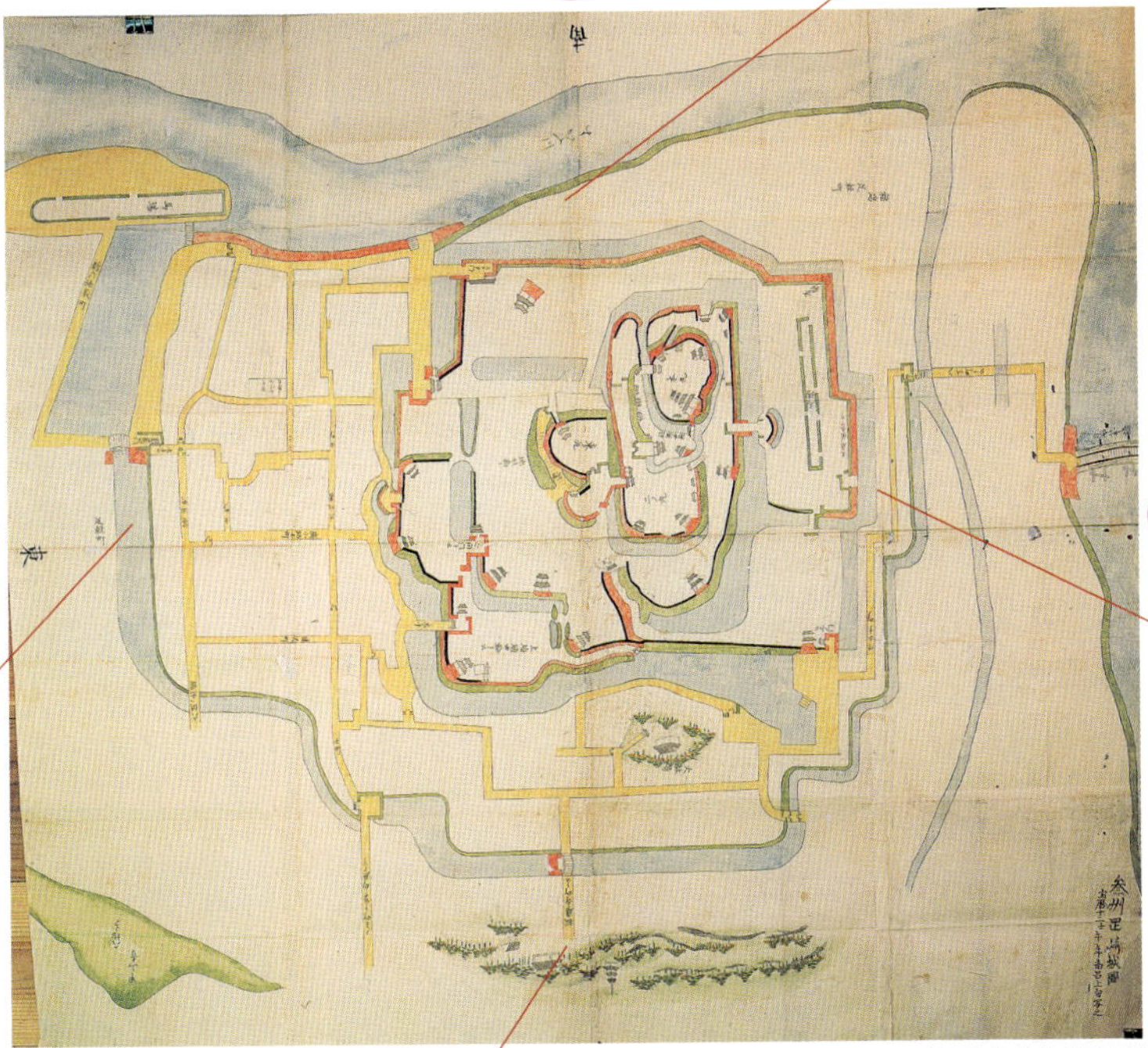

（岡崎市美術館所蔵）

高知城の城郭古地図

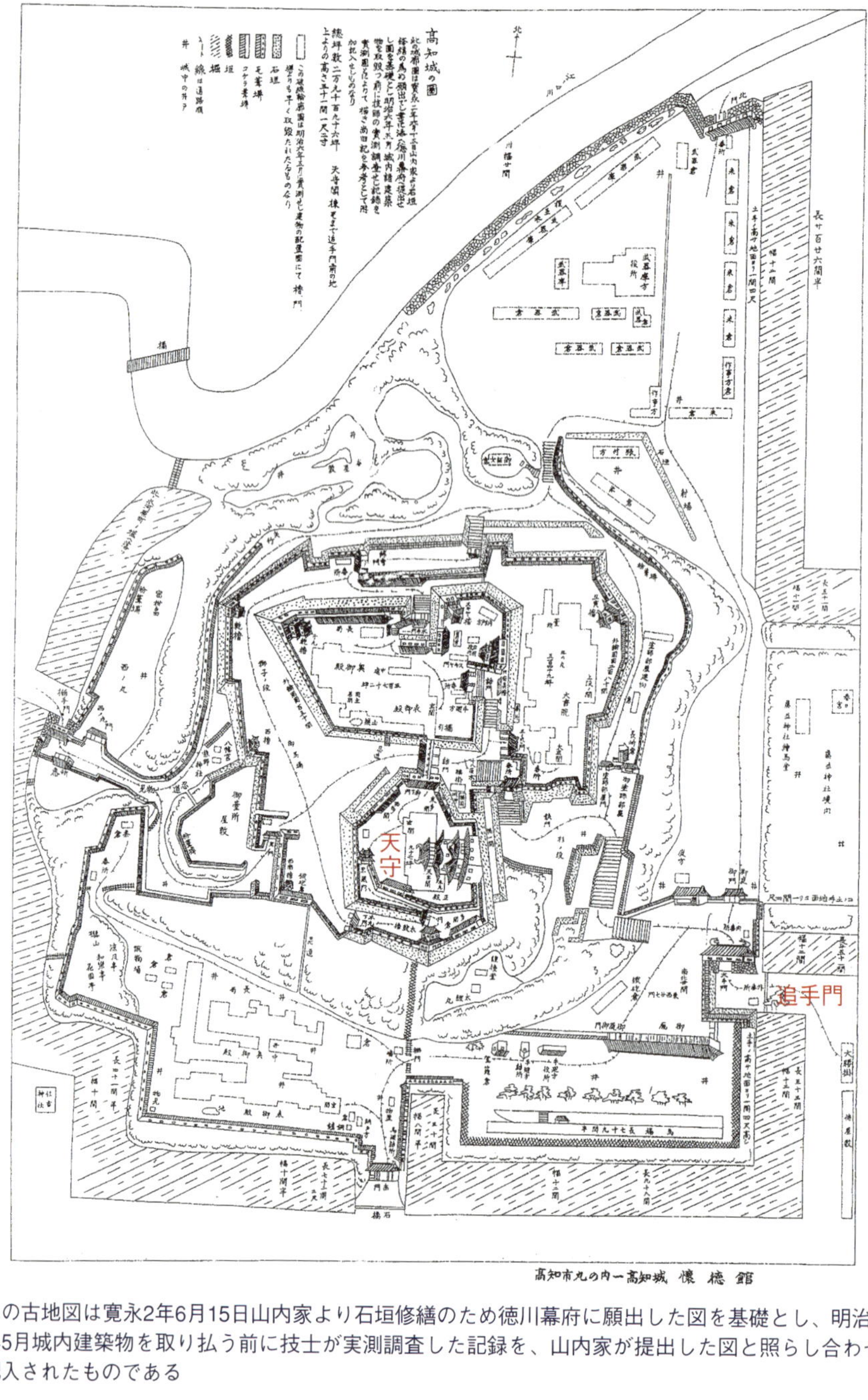

高知市丸の内一高知城 懐徳館

この古地図は寛永2年6月15日山内家より石垣修繕のため徳川幕府に願出した図を基礎とし、明治6年5月城内建築物を取り払う前に技士が実測調査した記録を、山内家が提出した図と照らし合わせ記入されたものである

古地図をもとに造られた高知城模型

古地図をもとに造られた追手門から天守周辺の模型。高知城も四神相応や繁栄の勝地などを考えて選地された地に建ってることだろう

高知城

追手門

高知城の天守は、現存天守14城のひとつで、重要文化財にも指定されている。山内一豊が築いた四重五階(外観)、内部が三層六階の天守は、1749(寛延2)年に復元されたものである

『礼記《らいき》』や『武教全書講義《ぶきょうぜんしょこうぎ》』などの考え方を陰陽道《おんみょうどう》の風水思想に当てはめたのが、戦国時代の軍師である。軍師たちは城を造る際に鬼門《きもん》（鬼が出入りする方向）に気を使った。丑寅《うしとら》の北東は鬼門、未申《ひつじさる》の南西は裏鬼門として嫌い、その方面に寺社を建てて鬼門除けにした。このように城郭の選地には、十分気をつかった。

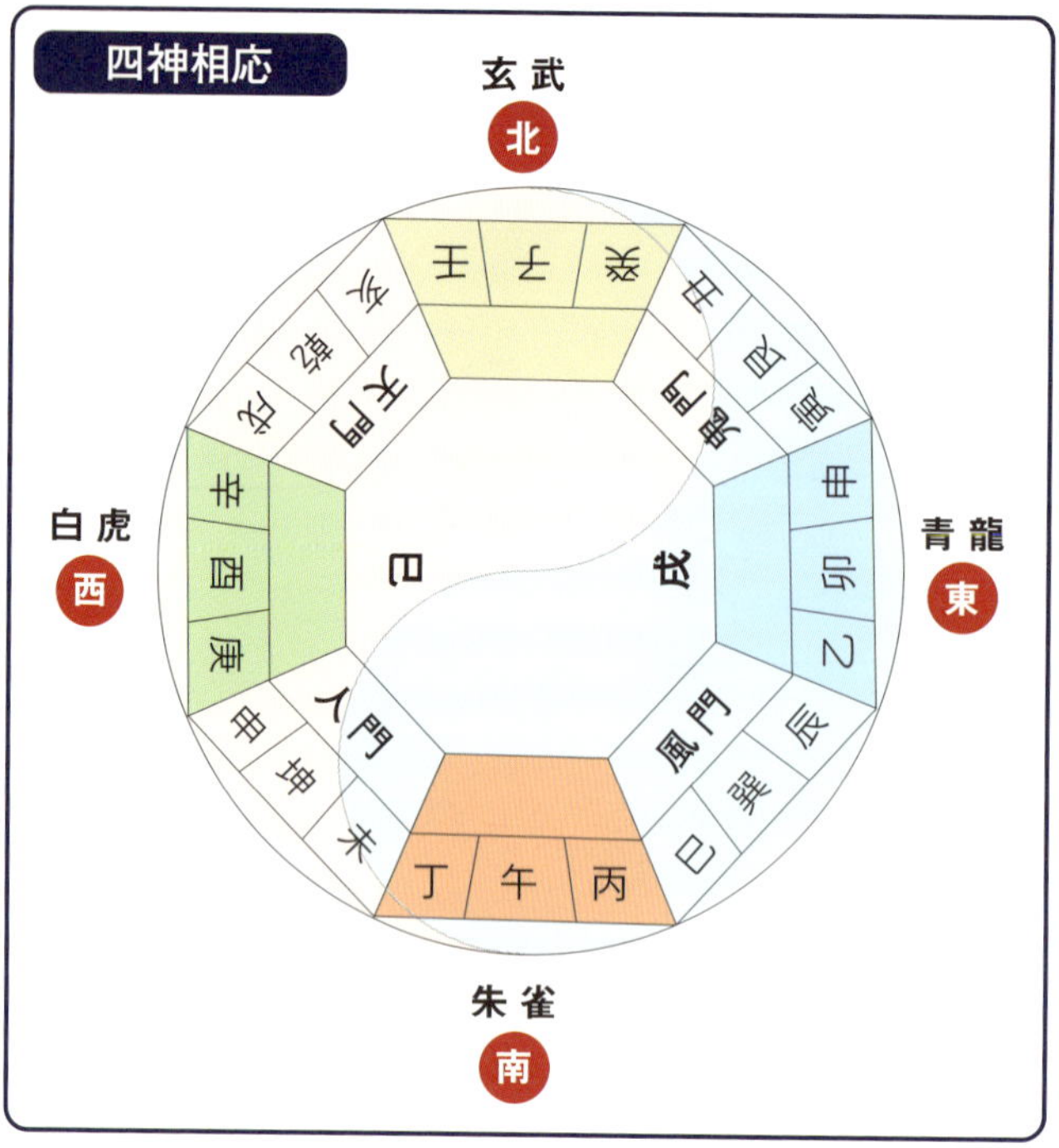

選地の後に縄張（設計）を決定する

縄張は、曲輪《くるわ》をどうするかを考えること。基本的に主郭になる本丸を中心に考えられ、二の丸、三の丸をどのように配置するかを考えていく。

曲輪は配置によって「輪郭《りんかく》式」「梯郭《ていかく》式」「連郭《れんかく》式」「複合式」などが決められる。

梯郭式

三の丸の上に二の丸、その上に本丸が建つ

輪郭式

本丸を中心にそれを二の丸、三の丸が順に囲む

複合式

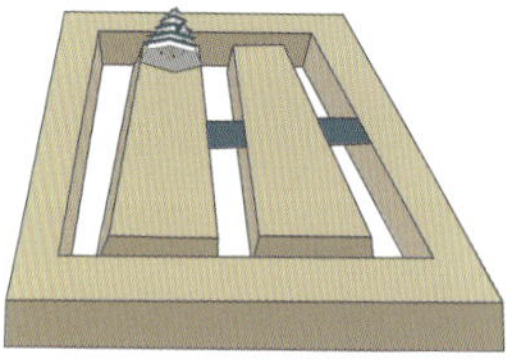

連郭や梯郭を取り合わせたもの

連郭式

本丸、二の丸、三の丸が直線上に並立に並ぶ

この縄張を決めるのは、軍学者と言われる軍師である。武田信玄《たけだしんげん》が北信濃攻略の拠点とした、長野県の松代城は、軍師としても活躍した山本勘助《やまもとかんすけ》の縄張として有名である。また、北海道の松前城は、当時三大軍学者の一人と言われた長沼流の市川一学《いちかわいちがく》によるものである。江戸時代には北条流、甲州流、山鹿《やまが》流、越後流、長沼流の五大流派があった。その中でも甲州流は将軍家の御家流として栄えた。

縄張り決定時に防御施設も考えられた

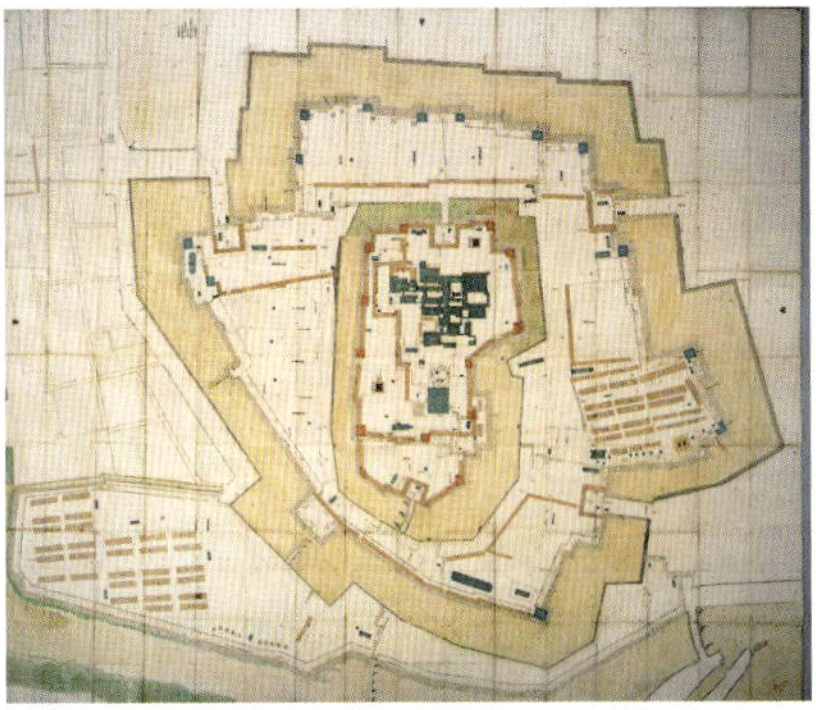
大坂城の城郭図。軍学に基づいて、設備が決定されている
（国立国会図書館ホームページより転載）

縄張を決定する際に重要になってくるひとつが、戦のための防御施設である。虎口（146ページ参照）、土塁（84ページ参照）、石垣（86ページ参照）、堀（76ページ参照）、橋（82ページ参照）、櫓《やぐら》（104ページ参照）、門（112ページ参照）なども詳細に決められていく。

「櫓」はもともと物見台や遠見台が発展したものである。その後、矢蔵とも呼ばれ弓や矢を保管する倉庫になった。やがて城郭が広くなると、四隅などに城壁が造られ、物見台、武器の保管としての役割はもちろんのこと、攻めてきた敵に対して弓矢や鉄砲によって攻撃する施設に発展していく。櫓と櫓を結ぶ多聞櫓や二重櫓、三重櫓などと、多くの櫓が誕生する。

「虎口」とは、城郭の出入口のことを指し、危険な場所とか、戦闘の意味がある。この虎口に土塁、石垣、堀を使って障害物を造り、敵が攻めてきた時に侵入を防いだり、挟み撃ちにして撃退するためのもの。

「狭間」とは、城内から攻めてくる敵に対して塀や土塁などに内側は広く、外側が狭い穴から弓矢や鉄砲を射撃できるもの。石落は櫓や天守二階部分などに造られた防御施設。実際に石も落としたが、弓矢や鉄砲で敵を狙う狭間的な役割もしていた。

縄張や天守を設計する時には、このような城を守る防御施設も、どこに何を設置するかなども考えられていた。また、織田信長《おだのぶなが》が安土城を築城後、戦のための城プラス見せる城、つまり視覚的な効果も考えなければならなかった。名古屋城の金鯱などが代表である。

曲輪《くるわ》が決定すると地均《じならし》が始まる

築城の場所が選地《せんち》され、縄張《なわばり》が決定し、曲輪が決定すると、築城予定地の地均がされる。地均とは建造物を建てるために地面を均し、固める基礎工事のことである。これは選地（平地、丘陵、山）によって加工率も異なり、地均の方法も違ってくる。

平地に築く平城は、切土（土を掘る）と盛土部を決定し、地均をしていく。丘陵に築く平山城の場合は、事前に切土と盛土をする場所を決定し、頂部から順番に斜面を崩して平地にしていった。山城の場合は、曲輪を造るために斜面を削り、その土を盛って平坦な場所を造るのだが、土を盛った土台を崩れないように突き固める作業が最も重要だった。土塁や堀は、自然地形を利用したものが多い。

土台になる場所を板で囲み、土を少しずつ入れて突き固める。土台ができたら板をはずす

土台造りと石垣の積み上げ

地均《じならし》が終了すると、次は天守などの建造物を築く、石垣の土台造りが行われる。

まず最初に石垣になる大量の石材を集めなければいけない。領内に石山や石切丁場があればよいが、ない場合は、産地から船などを使って運ばなくてはならなかった。しかし、将軍家の城は、天下普請《てんかふしん》で行われたため、割り当てられた大名が石垣の調達をした。その証拠となるのが、今なお残る大名の家紋が刻まれた石垣である。

名古屋城
大名たちは普請の証に家紋を刻み残した

名古屋城
島津藩と思われる家紋の刻印

城造りに使用される石は、石切丁場や石山で、石垣用の大きさに粗割《あらわり》されて切り出される。それに使用されたのが、鉄製の矢、たがね、たたき、刀づる、玄能づる、両づるなどである。

城内に運び込まれた石材は、利用する箇所に修《しゅ》羅《ら》と言われる木製のソリにのせて運ばれ、使用する大きさ、角度などによって、仕上げづるなどによって加工される。

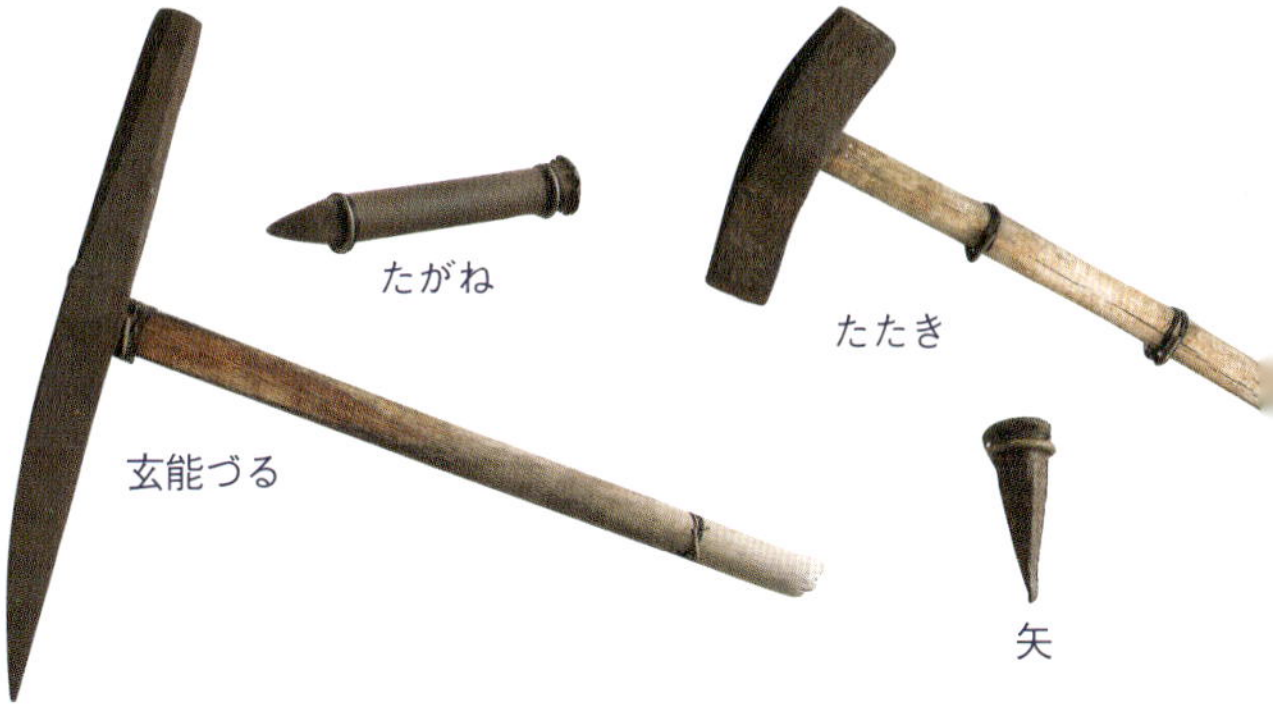

加工された石垣は、石垣造りのプロ集団の石工衆によって積み上げられていくが、その前に土によって土台が造られる。版築のパネル版で土台になる場所を囲み、そこに土を少しずつ入れ、突き固めていく。土を入れ終わったらパネル版を取り外して土台は完成する。

次に、地盤が緩い場所では、地面に胴木と土止め杭を打ち、そこに石垣の根石を置いていく。そうして、

石垣の材料となる石を修羅と言われる木製のソリで運ぶ様子の模型（名古屋城）

根石の上に築石《ちくいし》（積石《つみいし》）を積んでいく。積方は、88・89ページで紹介しているように「乱積《らんづみ》」「布積《ぬのづみ》」「谷積《たにづみ》（落し積）」「亀甲積《きっこうづみ》」の4種類が基本となる。

石材と石材の隙間を詰め石で埋め、石材の後方の隙間を飼石《かいいし》で固定する。飼石の後方を裏込石（栗石）と呼ばれる小石を敷き詰める。これは水によって石垣の土台が崩れないよう排水のために用いられている。

積み上げられた石垣は、鉄製ののみと玄能で表面を削ったり、打ち欠いて仕上げをする。これは見た目の美しさもあるが、より登りにくくするためである。

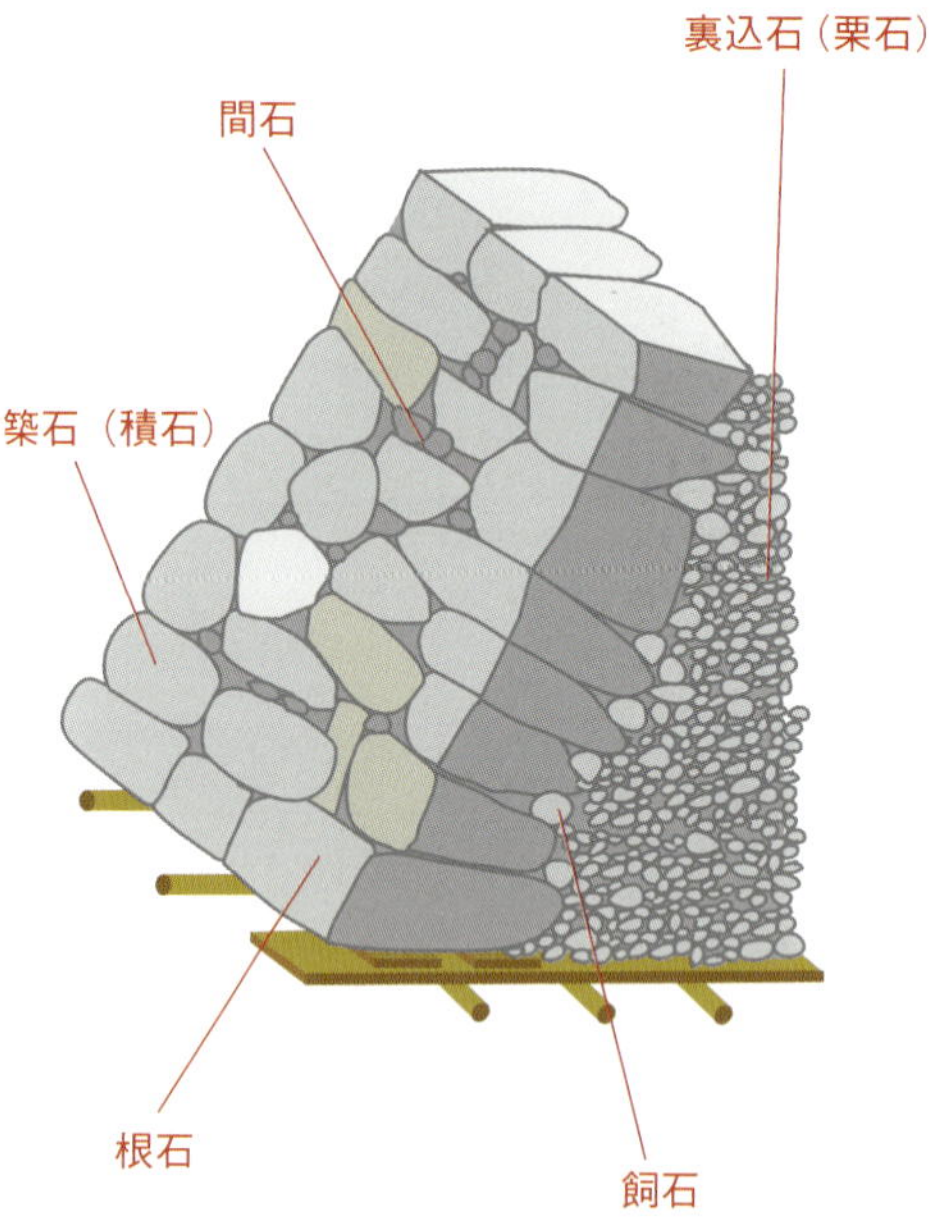

天守の設計と建築（作事《さくじ》）

天守の構造は57ページでも紹介したが、基本的には望楼型と層塔型になる。このどちらかに決め、天守の平面設計を行う。これを指図《さしず》と言う。

平面図ができると、次は断面と立面を描いた建地割図《たてじわりず》が作成された。さらにこれをもとに雛型《ひながた》（木で造られた模型）を作成し、天守を立体的に見て検討するものだった。現代の建築者が建物の出来上がりの模型を造るのと同じである。

天守を建てることを作事と言う。順番は、次のようになる。

【天守の建築（作事）の順番】

1. 土台を敷く
↓
2. 柱を立てる
↓
3. 梁をかける
↓
4. 屋根の瓦葺き
↓
5. 天守の壁を塗る

※上記の工程は代表的なものであり、間には様々な細かい工程がある

弘前城天守閣の設計図

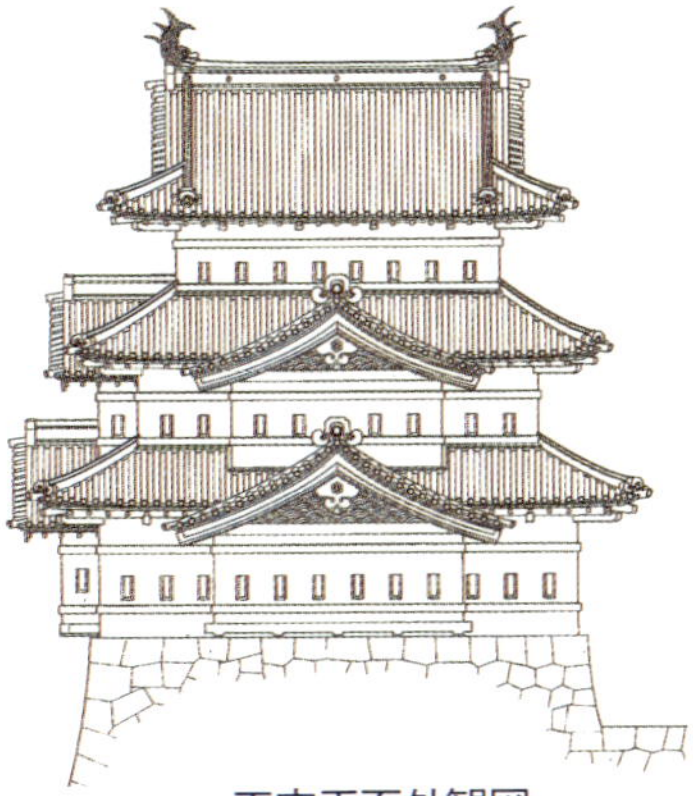
天守正面外観図

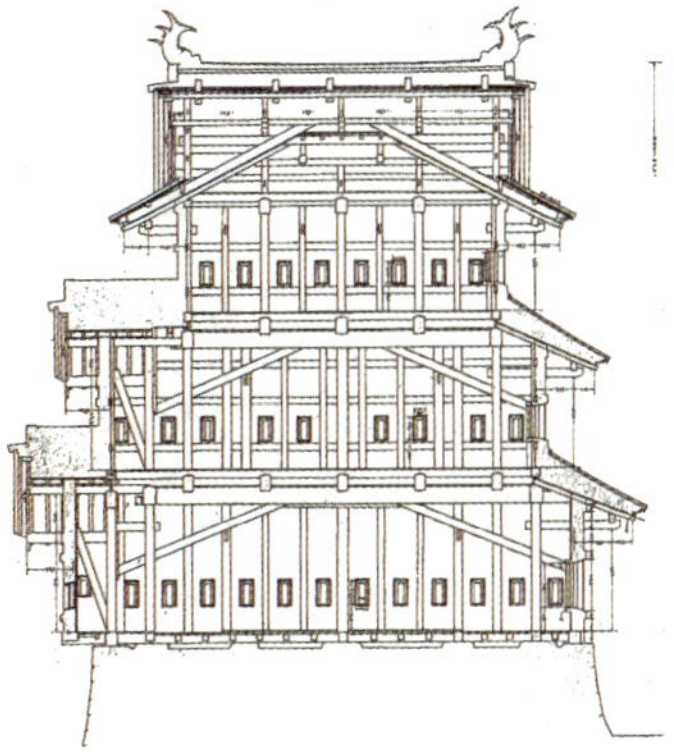
天守正面断面図

天守側面外観図

天守側面断面図

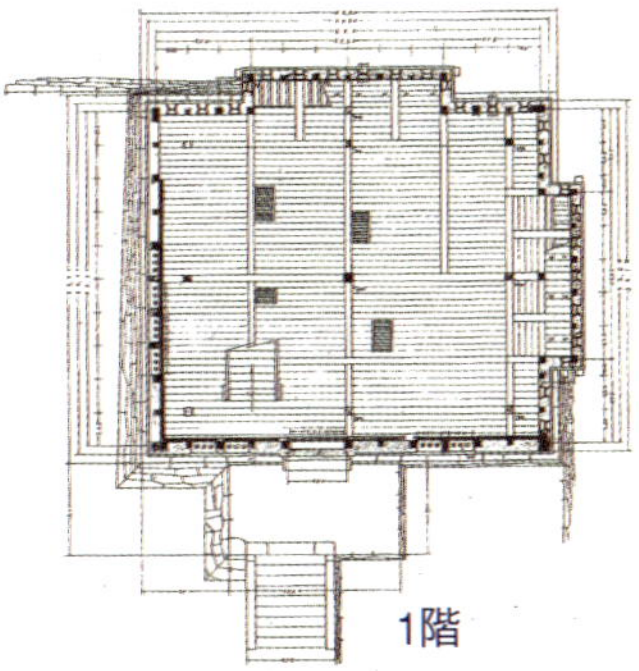
1階

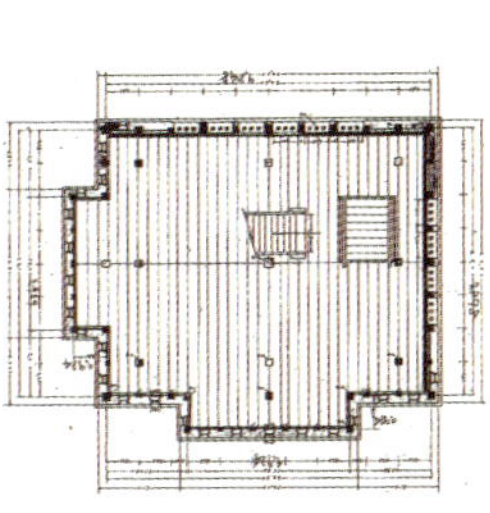
2階

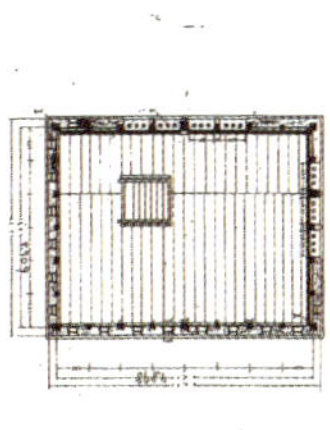
3階

大洲城の天守閣が造られる際に制作された雛型。この模型で天守閣の全体像がよくわかる。これは現代の建築家も、設計図を書き上げた後に行う大切な工程のひとつである

復元された大洲城大天守の内部。白漆喰の真壁造である

始めに石垣の上に土台を敷く。土台は太い横材、四周の石垣上には角材、石垣の内側は角材もしくは丸大を基盤の目状に組んで土台を造る。

次に土台に柱を立てる。柱に使用する材木は堅固で丈夫なヒノキ、ケヤキ、マツなどが使われた。姫路城の天守（木造五層六階 地下一階）は、直径1mもある「心柱」と言われる大柱で支えられている。

柱の上に梁《はり》（柱と柱を結ぶ水平材のこと）を掛《か》け、梁の下部に枘穴《ほぞあな》をあけ、柱の先端に造った枘を差し込み固定する。釘は一切使用されていない。側柱は貫《ぬき》（柱を貫くように差し込み、柱と柱をつなぐ横木のこと）と桁《けた》（梁《はり》の上に直交して置き、上部の構造を支える役割をする）を渡して結《むす》び、屋根を支える垂木《たるき》を受ける。

このように天守は一階ごとに土台、柱、梁、桁を組み立てていく構造になっているが、上階の柱を立てる位置に一階の梁がこない場合がある。こんな場合は、柱を受ける柱盤《ちゅうばん》（上に柱を立てるための水平材で、梁の上に直交させて渡す）を梁の上に直交して渡し、上階の土台にした。

姫路城の直径1mもある「心柱」と言われる大柱

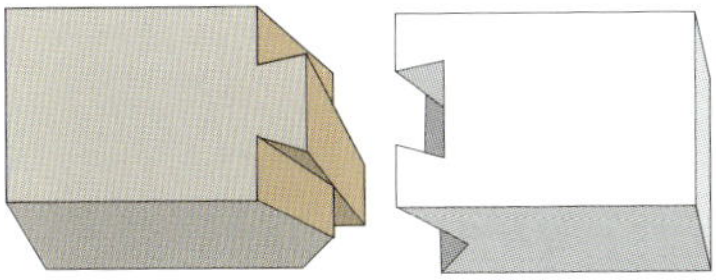
イラストのように、互いが噛み合うように凹凸を付けて、柱と柱をつないだ

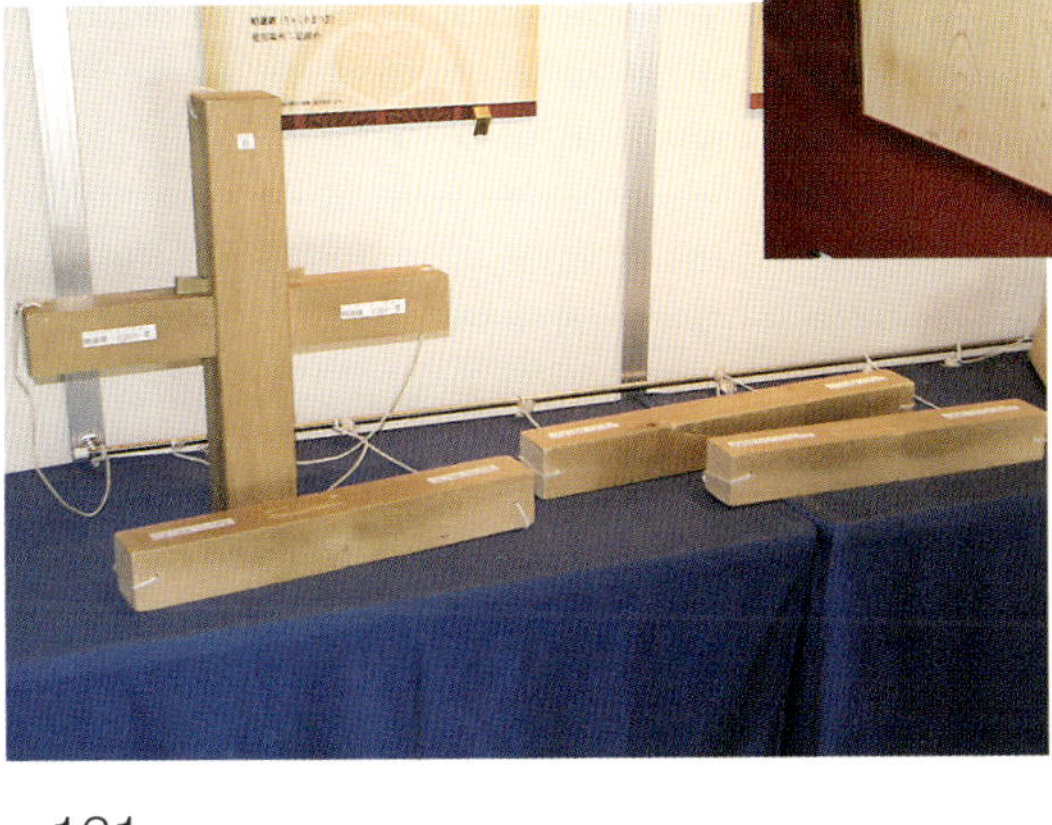
天守などを築くために様々な継手が使用されて組み立てられる。釘は使わない

天守の窓と配置を決める

天守の窓の役割は、外を見るための物見《ものみ》と、採光《さいこう》を取り入れるため、また、攻めてきた敵に対して迎撃をする役割ももっていた。

そんな役割のある窓の種類には、板戸の「突上戸《つきあげど》」と「土戸《つちど》の引戸《ひきど》」などがある。突上戸は軽い板戸を窓の外に金具で吊り、棒で外側に突き上げて開く使い方をする。土戸は外側を漆喰で塗りこんでいるため重いので、引戸にされる。防火に優れている。

窓の配置は1本の柱を挟むように両側に配置する場合が多かった。また、天守の出窓は入母屋屋根の平側尾根面に張り出すように造るものと、一階の壁面に造られるものがあった。

彦根城隅櫓の土戸の引き戸
（写真ともに提供：彦根市教育委員会）

彦根城天守の突上戸

天守の廻縁《まわりえん》と高欄《こうらん》

「廻縁」とは、格式の高い建物の周囲に廻された縁のことで、天守の最上階の周囲や、三階などを回る板敷のことである。

外に出られるタイプと外に出られないタイプ、室内に取り込んだタイプとがある。外に出られるタイプは、見張りのために使われたが、外に出られないタイプや室内に取り込んだタイプは、天守を飾り立てるものと考えてよいだろう。

「高欄」とは、廻縁に付ける手摺《てすり》のこと。廻縁から転落するのを防ぐためのものだが、この高欄も天守を飾り立てるひとつで、格式が決められている。

格式の高い順から紹介すると「擬宝珠《ぎぼし》高欄」「刎《はね》高欄」「猿頭《さるがしら》高欄」になる。安土城の高欄は擬宝珠高欄だったらしい。

犬山城天守の廻縁は外に出られるタイプ

雨漏り防止の屋根の瓦《かわら》葺《ぶ》きをする

天守の最後の階が組み上げられると、屋根が取り付けられる。この屋根の構造形式は、基本的に入母屋《いりもや》破風か千鳥破風《ちどりはふ》になる。

入母屋破風は、上の屋根が平側に接続（取り付けられている）しているタイプで、千鳥破風は本体の屋根と一体になっている。

屋根が完成すると破風を飾る懸魚《げぎょ》などが取り付けられる。この懸魚とは、屋根を美しく見せるための装飾品のひとつで、破風の頂部に合わせ目に垂れ下がり、大棟と直交する位置に取り付けられる。様々な懸魚があるが、「梅鉢《うめばち》懸魚」や「蕪《かぶら》懸魚」「三花《みつはな》懸魚」が基本となる。このように天守本体が組み上がると屋根の瓦を葺く作業になる。

屋根を支えている垂木《たるき》の上に野地板《のじいた》を横方向に張る。この上に薄い木板を縦に少しずつずらしながら並べて、雨漏《も》れしないようにする。これを土居葺《どいぶき》と言う。さらにこの上に接着のために葺土（粘土）をのせ、瓦を置いていく。

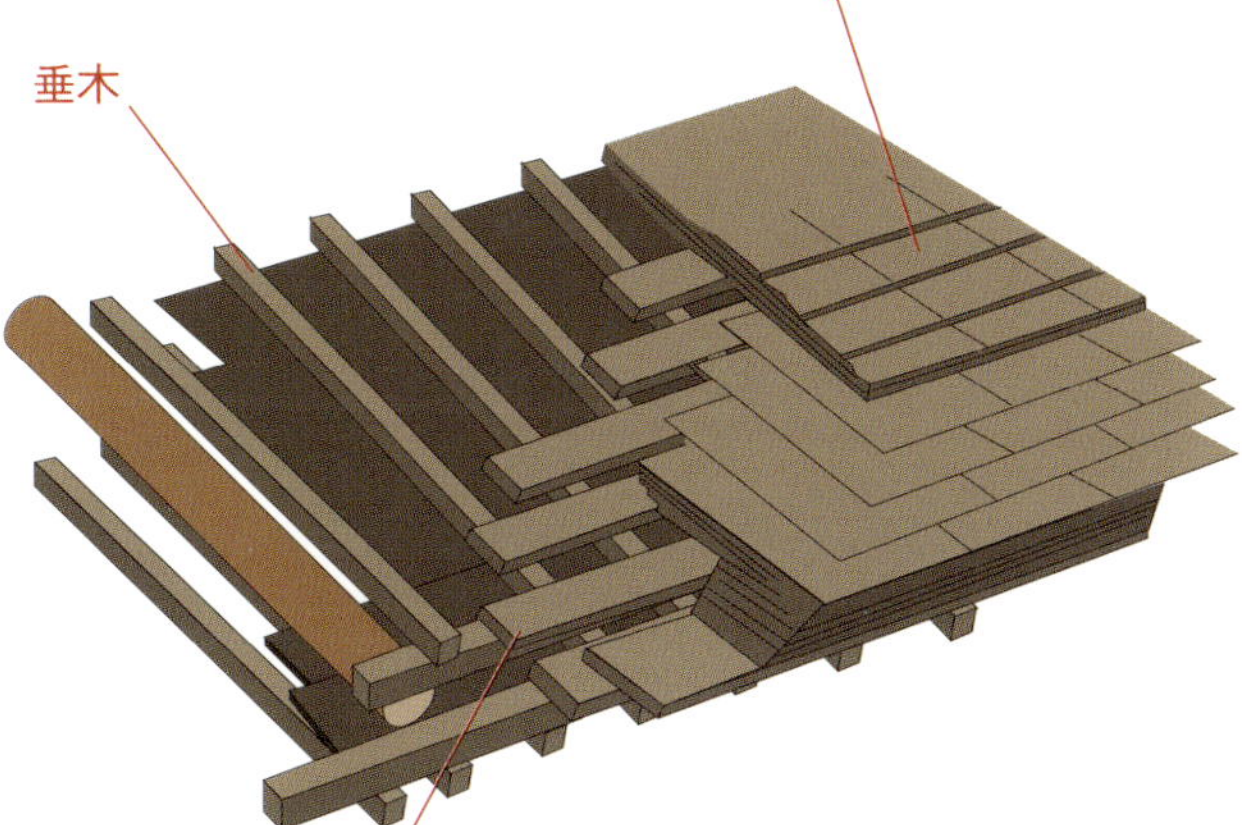

瓦葺きをする前に、雨漏れをしないように、図のように薄い木板を縦に少しずつずらしながら並べていく作業がされる

最初に平瓦を軒先から上に向かって、瓦がたがいに重なるように少しずつずらしながら一列に並べていく。平瓦が終了したら、平瓦の列の隙間に丸瓦をかぶせ、軒先の丸瓦の上から瓦釘を打ち固定する。大棟《おおむね》部分に瓦積をのせ、両端に鯱《しゃち》瓦を上げる。

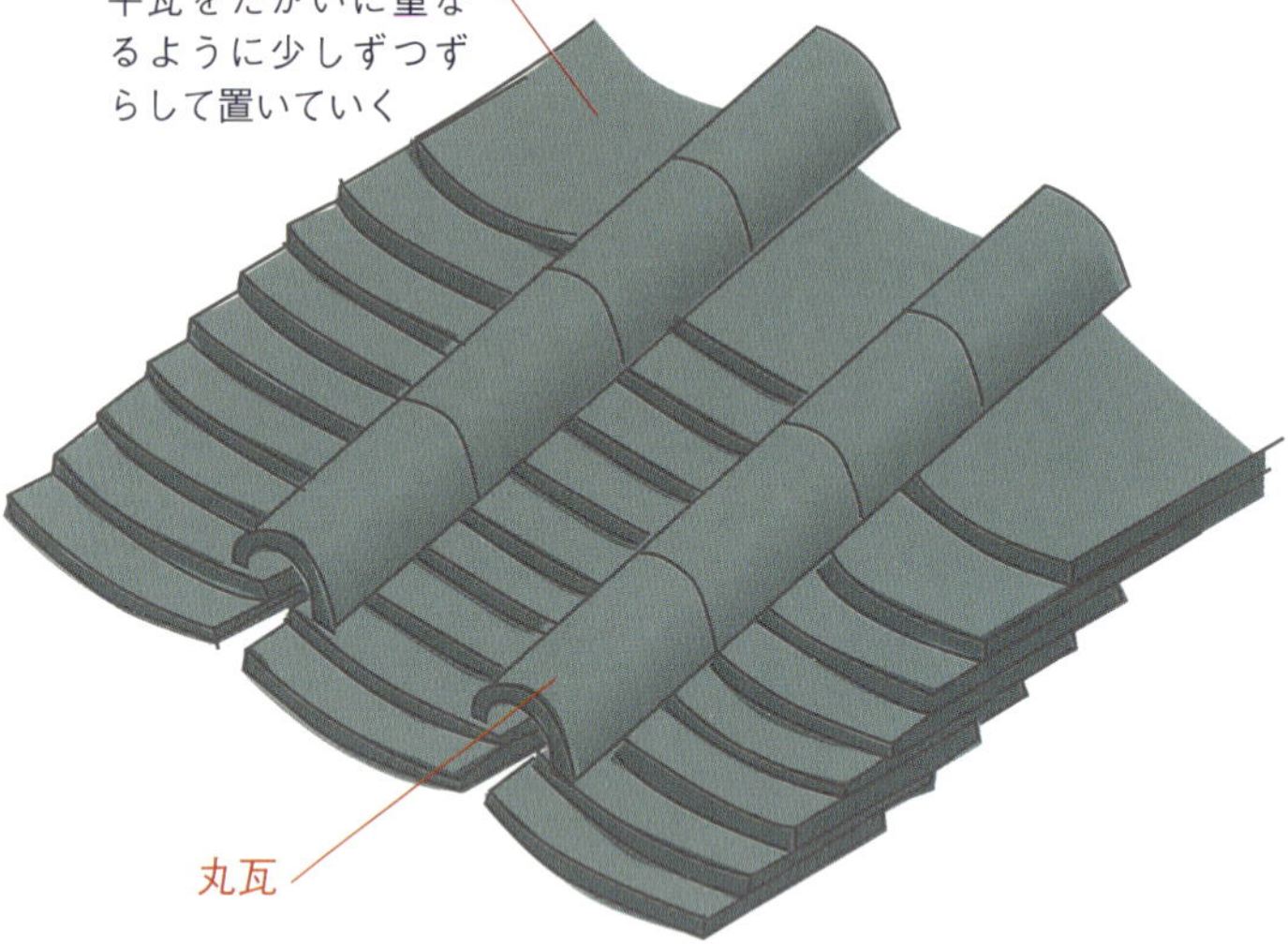

瓦葺きは、平瓦をたがいに重なるように少しずつずらしながら一列に並べ、その列に丸瓦をかぶせて行うのが本瓦である

姫路城の鯱瓦

軒先の丸瓦を瓦釘で固定し、大棟に瓦積をのせたら、最後の仕上げに鯱瓦を両端にのせる

天守の膨大な壁を塗る

天守の壁は、基本的に竹を縦横に組んで格子状に組んだものを骨組みとして荒壁を造り、土壁を数回に分けて塗り重ねていく。内部の壁は、柱を見せ白漆喰を塗った真《しん》壁造が基本である。壁の外側は、柱を完全に見えなく塗る大壁造、壁全体を白漆喰で塗った塗籠《ぬりごめ》、雨のかかる壁面下部に板を張った下見板張になる。

壁塗りの手順と種類を簡単に説明したが、実はいくつもの工程がある。荒壁塗、裏返し壁、チリ廻り塗り、底埋め塗り、中塗り、上塗りと6回もの塗り工程があるのだ。

松本城の壁は下見板張りで、寒地に対応するために黒漆を塗ったものだ

大天守、小天守からなる連立天守の姫路城だが、壁はきれいな白漆喰で塗られている。塗籠だということがわかる

竣工した天守に畳を敷く

慶長年間（１５９６〜１６１５年）の天守は、すべての階を畳敷きにしている。しかし、１６６０年以降になると畳敷きは少なくなり板敷きになってくる。

なぜ畳を敷くのか…。城をめぐる戦では、籠城《ろうじょう》という戦略があった。籠城になると数ヶ月にも及ぶ。また、籠城になると数多くの家臣や兵が寝泊まりするため、体を休めるためにも畳にする必要があったのだ。

ではなぜ、畳敷きをやめて板敷きにしたのか…。戦国時代も徳川家康の天下統一、江戸幕府の成立、大坂夏の陣による豊臣家の滅亡などによって、戦のない泰平の時代になった。また、参勤交代などによる膨大な出費が強いられ、藩財政に大きな影響を与えたことによって、天守の階すべてに畳を敷くことは、大きな財政負担となったため、板敷きにしたと言われている。

熊本城

加藤清正が築城した熊本城は、籠城戦になった場合の食糧となるように、畳の芯をずいき（芋の茎）で編んだものを使っていたと言われている

築城に関わった大名と職人たち

天下統一をはたした豊臣秀吉《とよとみひでよし》や徳川家康《とくがわいえやす》が城を築城する場合は、天下普請《てんかふしん》によって造られた。つまり、大名たちに普請（主に土木工事のこと）を分担させた。

熊本城を築城した加藤清正《かとうきよまさ》は、戦国三大築城名人の一人で熊本城や名古屋城、江戸城の築城に関わっている。特に名古屋城と江戸城の石垣普請奉行を務めている。

ちなみに戦国三大築城名人の二人は、武田家に仕え、山本勘助に築城術を学び、諏訪原城、田中城を築いた馬場信房《ばばのぶふさ》と、和歌山城や大坂城などの巨城を築いた藤堂高虎《とうどうたかとら》である。

名古屋城には、清正が石垣の石曳きの音頭をとったという逸話が残っている

土木工事は大名たちが行ったが、天守、櫓などの建築工事（作事）は、各専門家たちが行った。建物本体を造る木工事、瓦を葺く屋根工事、土壁を塗る左官工事、金具類の製作などの職人がいた。それらを統轄したのが作事奉行である。

木工事の職人は「番匠《ばんしょう》」と言われた。その番匠を従え、施工の総責任者で指導をする人を「大工頭《だいくがしら》」と言った。これは現在の棟梁《とうりょう》に当たる。

この大工頭を代表するのが、織田信長の「安土城」の天守を建てた岡《おか》部又右衛門《べまたえもん》である。岡部家は代々熱田《あつた》神宮の宮大工を務めている名門だった。また、岡部宗光《むねみつ》は徳川家康の命で名古屋城築城の御大工頭を務めた。

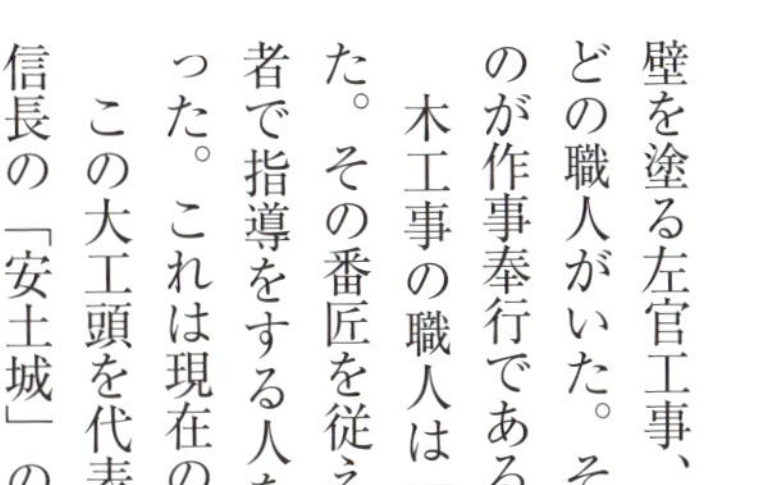
築城名人の藤堂高虎築城の今治城

信長がはたせなかった天下統一をはたした豊臣秀吉に仕えていたのが、中井正吉《なかいまさきち》である。正吉は大坂城築城にも参加している。また、その子、正清《まさきよ》は徳川家康に仕え、駿府城天守、名古屋城天守、二条城、大坂城（大阪夏の陣以降）などの作事を行い、伏見城築城で最高責任者となり、知恩院の造営で家康の御大工として任されている。

江戸幕府の作事奉行の配下の幕府大棟梁として活躍したのが、甲良《こうら》家である。主に日光東照宮造営、修理と、安政大地震によって崩壊した江戸城の修復も行っている十一代も続いた名門である。

Column

名古屋城のシンボル

金鯱《きんしゃち》のエピソード

名古屋城のシンボルと言われている天守閣の両端に飾られている金鯱に、雄と雌の区別があることを知っているだろうか……。天守閣の北側に位置するやや大きい鯱が雄で、南側に位置しているのが雌である。

従来鯱鉾《しゃちほこ》は、火除けのために付けられていたものだが、やがて城主の権威の象徴として飾られるようになった。江戸時代の宝暦年間（1751〜1764年）、大泥棒の柿本金助が、夜、大凧を使って天守閣屋上に忍び込み、金鯱の鱗2枚を盗んだという話が言い伝えられている。

名古屋城の金鯱は、大判、小判を約1万8000両（約266kg）を延ばし張られたもので、1945（昭和20）年の戦災で天守閣が焼失。雄の鯱が行方不明になったが、雌は事前に保管していたため、焼け跡から金塊となって発見された。

雄の方がやや大きい

第三章

戦いのための城

堀と土塁／石垣／虎口／狭間／石落／枡形／馬出／横矢／剣塀／戦い方・攻め方／羽柴秀吉の備中高松城水攻め／豊臣秀吉の小田原城攻め／徳川幕府対豊臣家の大坂の陣／新政府軍対会津藩の会津若松城の戦い／旧幕府軍対新政府軍最期の戦い・箱館戦争

戦《いくさ》での「堀《ほり》」と「土塁《どるい》」の役割《やくわり》

堀とひとことで言ってしまうが、様々なタイプがあり、城を攻めて来た敵をいかに城内に入れず撃退するかの知恵が隠れている。土塁は当初土を盛っただけのものだったが、やがて戦のために杭や板が打たれ、塀が築かれていく。

堀の種類と戦での堀の使い方

堀に関しての形状や役割に関しては、76～81ページで紹介したが、ここでは戦のための使い方などを紹介する。

堀には水が入っていない「空堀」と、水を入れた「水堀」とがある。水堀は名のごとく川の水や海水を入れたもので、安土桃山時代以降の平山城や平城に多く見られる。

空堀は中世以前に造られた山城に多く見られ、形状によって箱堀《はこぼり》、薬研堀《やげんぼり》、片《かた》薬研堀、毛抜堀《けぬきぼり》の４タイプがある。この堀を使ってどのように戦っていたかを解説していく。

「箱堀」は、堀底を平面にし箱型に掘ったもの。断面が箱型をしているので、この名がついた。敵が通路として使い攻めてきた時、両側の高くなった土塁部分から弓矢や槍で挟み撃ちで攻め打つことができた。

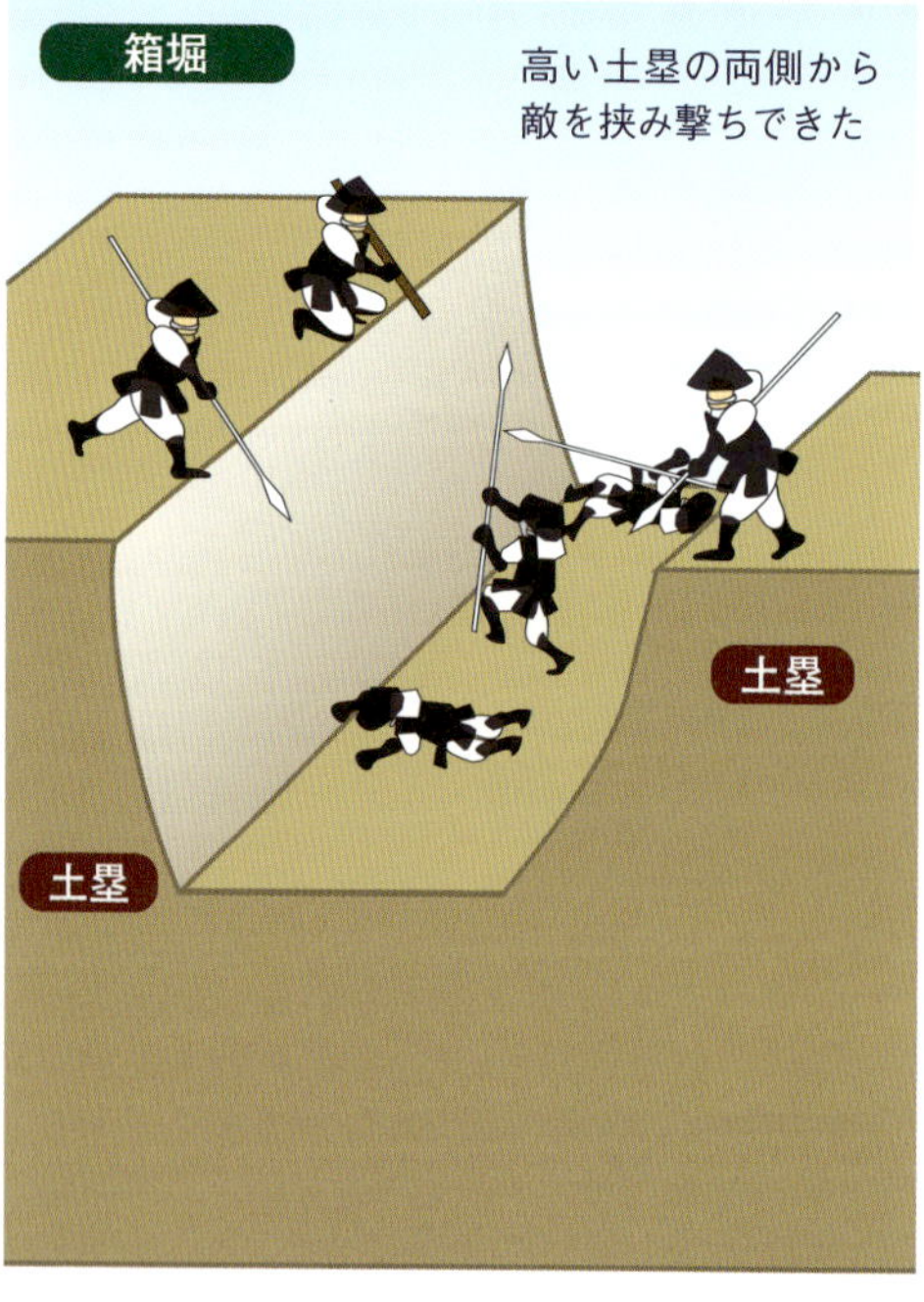

「毛抜堀」は、堀の型を半円形に掘っており、周辺と異なり毛抜きしたみたいに見えるため、この名がついたとも言われる。両側が小高くなっていたり、木々などで姿を隠すことができるため、箱堀のように攻め打つことができた。

「薬研堀」は、V字状に掘った堀で、漢方薬を粉末にするために使われる薬研の断面ににていることからついた名。堀底の通行が困難ですべりやすく、もし落ちると幅が狭いため自由が利かなかったり、登りにくく体力を消耗した。また、登った時に狙い撃ちをされた。

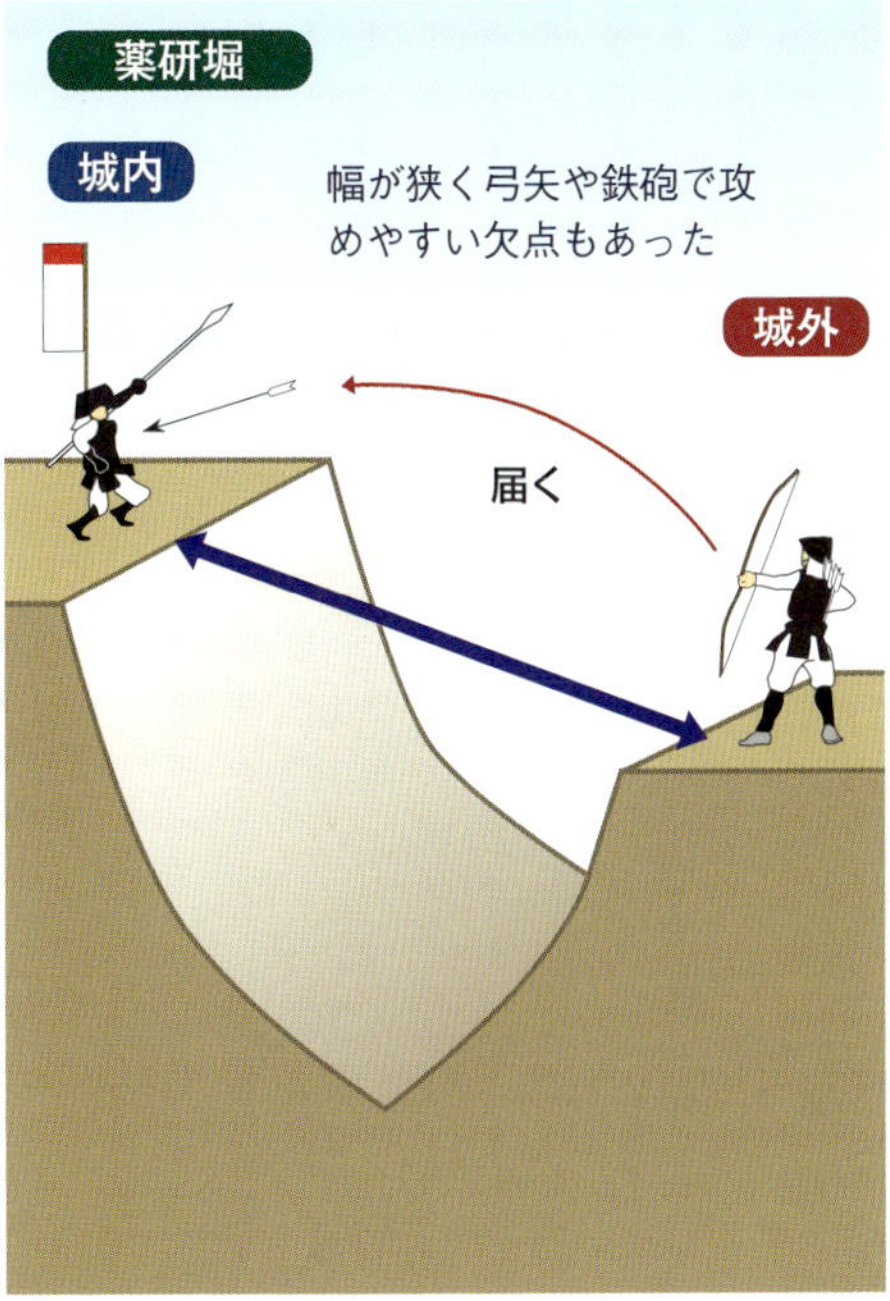
薬研堀
城内
幅が狭く弓矢や鉄砲で攻めやすい欠点もあった
城外
届く

「片薬研堀」は、城側は急な角度を付け、城外は角度を緩やかにし、堀幅を広くしたもの。これは、薬研堀の弱点であった幅が狭くて橋を容易に掛けられることを防ぎ、幅を広くして弓矢や鉄砲から守るために考えられたものである。

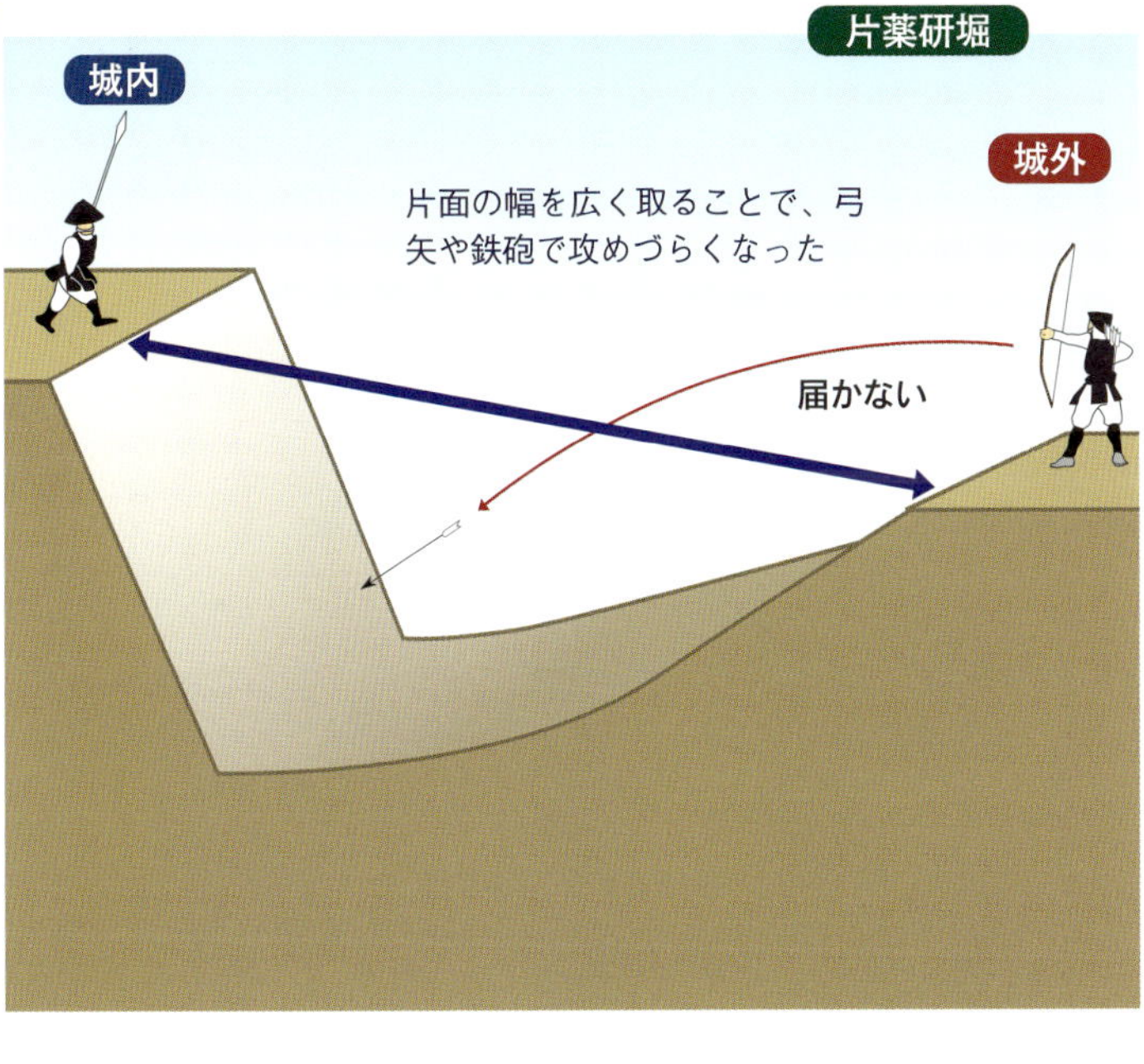
片薬研堀
城内
城外
片面の幅を広く取ることで、弓矢や鉄砲で攻めづらくなった
届かない

また、「畝堀《うねぼり》」がある。畝堀は、堀底を畝状に掘ることで、敵側はたて一列でしか攻められないため、攻撃が困難だった。

さらに「堀障子」がある。これは、まるで障子の桟のように土塁を造ったり、堀を造る際に堀を残して造られたもの。敵はこれを乗り越えるのに体力を消耗するし、移動が制限されるため、城内からの攻撃が容易だった。

イラストのように、敵の兵士を行動範囲を制限するための堀である

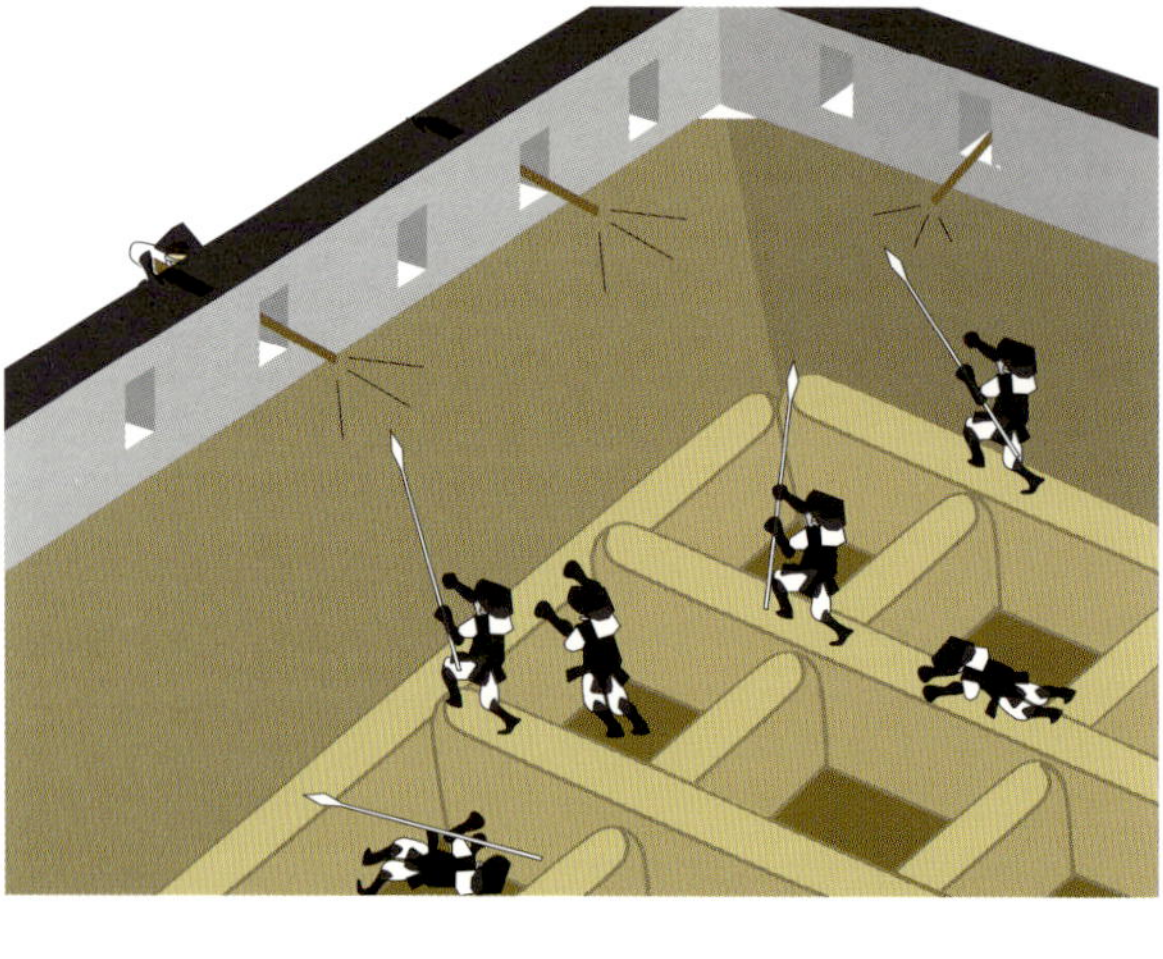

堀障子も、城へ攻め寄せる敵の足元を不安定にすることで行動を制限し、弓矢や鉄砲で標的を定めやすくしている

土塁の役割と戦での使い方

「土塁」は、敵や動物などの侵入を防ぐために造られた土盛のこと。堀を造るために掘られて残った土を固めたもの。この土塁は、石垣に較べると崩れやすいため、直接その上に重厚な建物を建てるのは難しかったが、敵の侵入を防ぐための塀は築かれている。

この塀の内側の土塁の幅は広くなっており、敵が攻めてきた時に塀づたいに走ることができるため、〝武者走り〟と言う。逆に塀の外側の土塁幅は狭く〝犬走り〟と言う。これも城を守るための、ひとつの知恵である。

徳川軍の猛攻を2度に渡って防いだ上田城に残る、土塁。下は水堀になっている

戦《いくさ》での「石垣」の役割

土塁《どるい》から石を積み上げた石垣によって、重厚な天守閣などが築かれるようになった。さらに織田信長《おだのぶなが》の「安土城」築城によって、城の石垣は大きく進化する。石垣は城郭の形状を変え、戦でも大きな役割をすることになる。

織田信長によって進化した石垣

古代から鎌倉、南北朝、室町、戦国時代初期から中期にかけてよく見られる土塁。その当時は地形をうまく利用して山を削り、平地になった部分に館や城を築き、その土で土塁や曲輪《くるわ》を造っていたが、土塁では崩れやすく、重厚な巨城は築けなかった。

しかし、天下統一を目前にしていた戦の天才と言われる織田信長が、琵琶湖に突き出ている半島の安土山に「安土城」を築いたことによって、これ以降城の造りは大きく変化することになる。

信長は、安土城に高石垣を初めて用いている。この高石垣が重厚な天守閣や本丸御殿などの建物に堪えられるものだった。石垣がより高くなり、堅固なものになったことで、高層の天守閣が造られ、籠城してもなかなか攻め落とすことは難しくなった。

江戸城

江戸城の田安門。土台の石垣は隙間なく積まれている

（写真提供：千代田区観光協会）

また、石垣を用いることによって城郭《じょうかく》そのものを大きく堅固なものにでき、城郭内に家臣の館も造られたため、戦になっても意思統一をとりやすかった。

さらに、石材加工の技術が発達し、石垣の構造が複雑になっていく。石の積み方ひとつとっても、より隙間のないものになり、忍びの者が登れないように反った石垣も登場する。

〝武者返し〟と言われる反りのある石垣

反《そ》りとは、石垣の勾配《こうばい》が上に行くことによってきつくなり、反り返っていること。容易に登ることができないために、別名〝武者返し〟とも呼ばれる。この反りの石垣によって、城内や天守閣などの侵入を防ぐ役割がある。

この反りを取り入れた城には、島根県の「津和野城」、大分県の「岡城」、熊本県の「人吉城」などがあるが、なかでも熊本県の「熊本城」の反りが有名である。

熊本城は、城造りの名人と言われた加藤清正が築城したもので、武者返しの石垣はもちろんのこと、難攻不落の仕掛けが施されていた。

姫路城

曲線を描いている姫路城の石垣。これは「扇の勾配」というもので、石垣を高く積み上げても崩れにくくする仕組みであり、敵が登りにくいという利点もある

熊本城

熊本城の石垣。清正流ともいわれる熊本城の石垣は、打込接で組まれているためよじ登る手がかりが少なく、その上、勾配がきつくなっている

戦《いくさ》での「虎口《こぐち》」の役割と使い方

虎口は、城門の前に造られた城の防御施設の最前線と言える。この虎口は時代の城造りの流れによって複雑になり「枡形《ますがた》」や「馬出《うまだし》」と言った防御しやすく、なおかつ攻められるものも出現する。ここでは虎口の役割と戦での使い方を紹介する。

曲輪《くるわ》の出入口「虎口」の基本形

「虎口」とは、曲輪の出入口のことで、城内を攻める場合のほとんどは、この虎口に敵の兵が押し寄せる。この虎口を打ち破られると、城内に敵の兵が一気に入り込み、落城の可能性が高くなるため、虎口の構造は、より戦うために考えられてきた。まずここでは、虎口の種類を紹介する。

この虎口の基本的なものに「平《ひら》虎口」「坂《さか》虎口」「一文《いちもん》字《じ》虎口」「折坂《おりさか》虎口」「喰違《くいちがい》虎口」がある。

「平虎口」は、出入口を小さく造り、攻めてくる相手の兵の数を少なくする役割がある。

「坂虎口」は、虎口前面部分を勾配のある坂にして、敵の攻撃の勢いをそぐための構造。

「一文字虎口」は、虎口前面に土塁などを一文字に配置し、敵の兵が直進で城内には入れないようにしたもので、別名「蔀《しとみ》の土塁」とも言われる。

「折坂虎口」は、出入口の坂道の途中に障害を造ることで、相手の兵が折れて入らなければいけないため、勢いをそぐことができる。

「喰違虎口」は、虎口部分に土塁を築いて喰い違いにしたり、虎口内の通路を屈曲することによって敵の兵が直進できないようにして、勢いをそぐ役割をする。

犬山城

犬山城の虎口には櫓門がある（写真は城内から見たもの）。門の幅は狭く、敵兵の数をここでそぎつつ、櫓門から射撃ができるようになっていたことがわかる

坂虎口

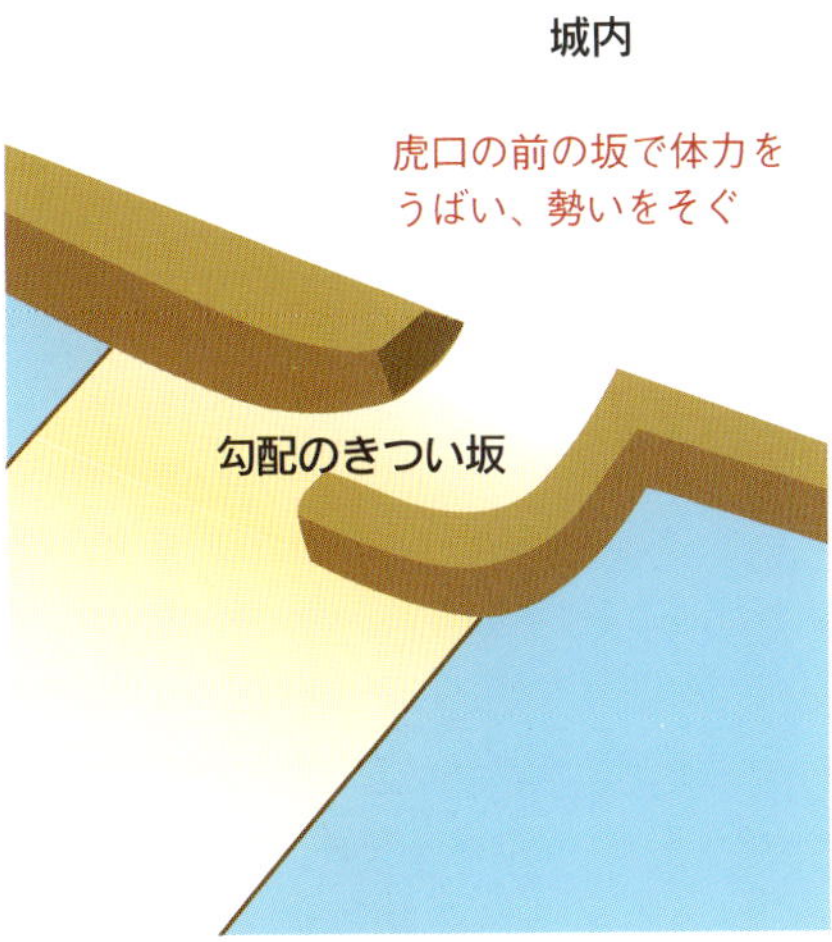
城内
虎口の前の坂で体力を
うばい、勢いをそぐ
勾配のきつい坂

虎口前面部分の坂を勾配のきつい坂にすることで体力をうばい、敵の攻撃の勢いをそぐことができる

平虎口

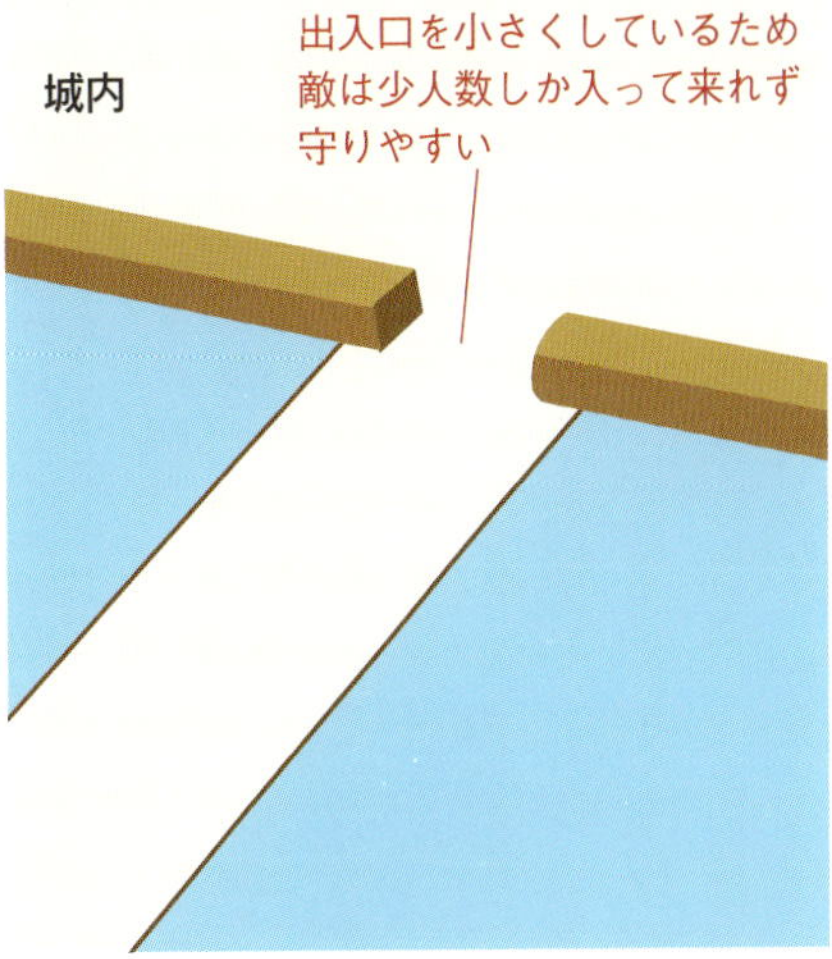
城内
出入口を小さくしているため
敵は少人数しか入って来れず
守りやすい

出入口を小さくした構造で、入ってこれる相手の兵の数が少なくなり、守りやすい。虎口では初期のもの

折坂虎口

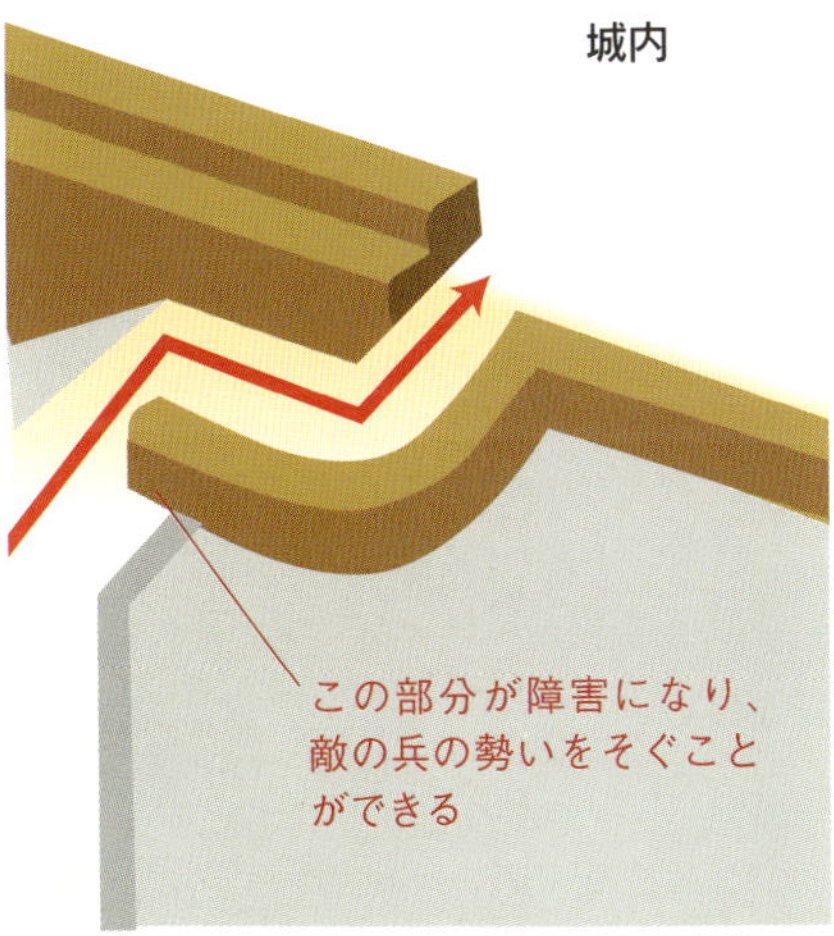
城内
この部分が障害になり、
敵の兵の勢いをそぐこと
ができる

虎口の途中に障害を造り、相手の兵が直進できず、折れて入らなければいけないため、勢いをそぐことができる

一文字虎口

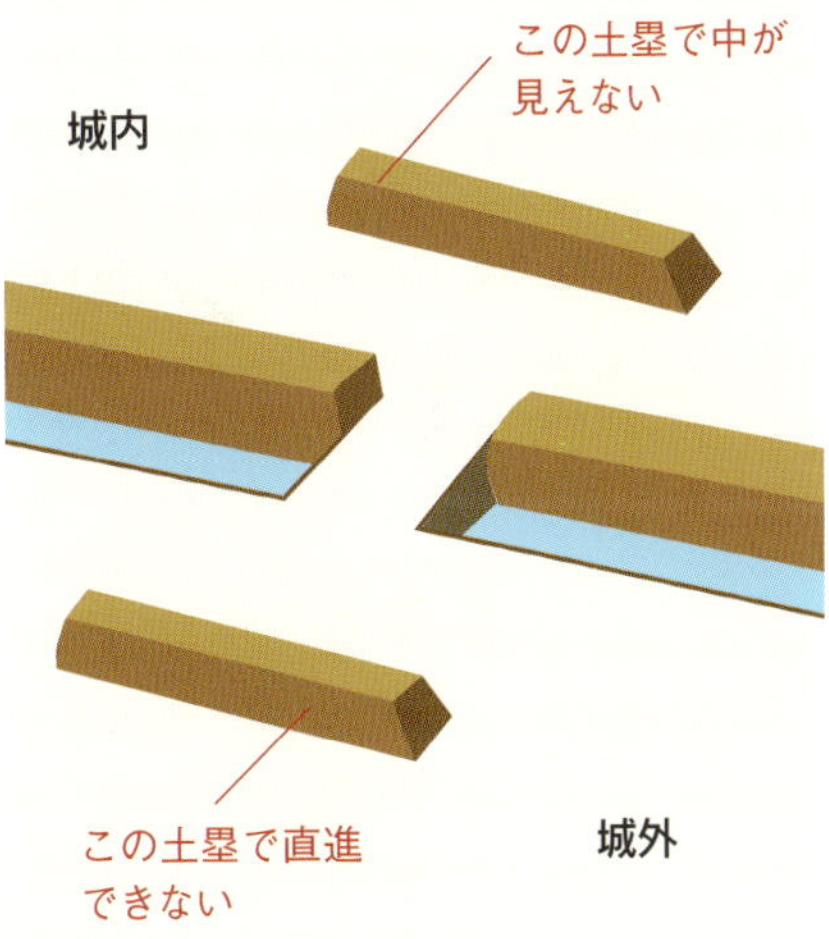
この土塁で中が
見えない
城内
この土塁で直進
できない
城外

虎口前面に土塁などを一文字に築き、相手の兵が直接進入できないようにしている。また城内が見えないようにしている

基本虎口の発展「枡形《ますがた》虎口」

虎口は城内、主に喰違虎口から発展したのが、「枡形虎口」である。枡とは、米、油、醤油、酒などの量を計る器のことで、その枡の形に似ていることから枡形と言われる。

この枡形虎口には、「外枡形」と「内枡形」の2種類がある。外枡形は、虎口部分の外側に枡形（四角）を設け、2箇所に城門を築いたもの。内枡形は、枡形（四角）を城内に設け、2箇所の城門を直角にずらした構造のことである。

喰違虎口

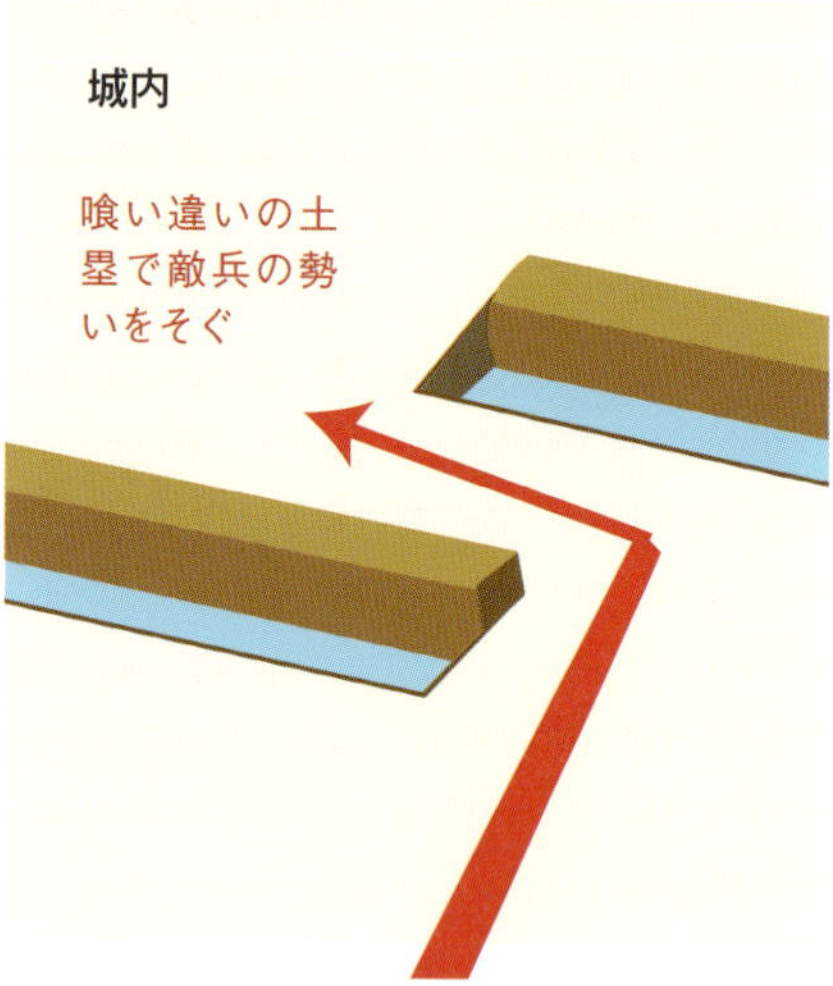

虎口部分に土塁を築いて喰い違いにして、通路を屈曲することで相手の兵は直進できず、勢いがそがれる

小田原城の銅門前の枡形。門の外にある外枡形であり、兵の行動を制限するように不規則に段差をつけている

内枡形

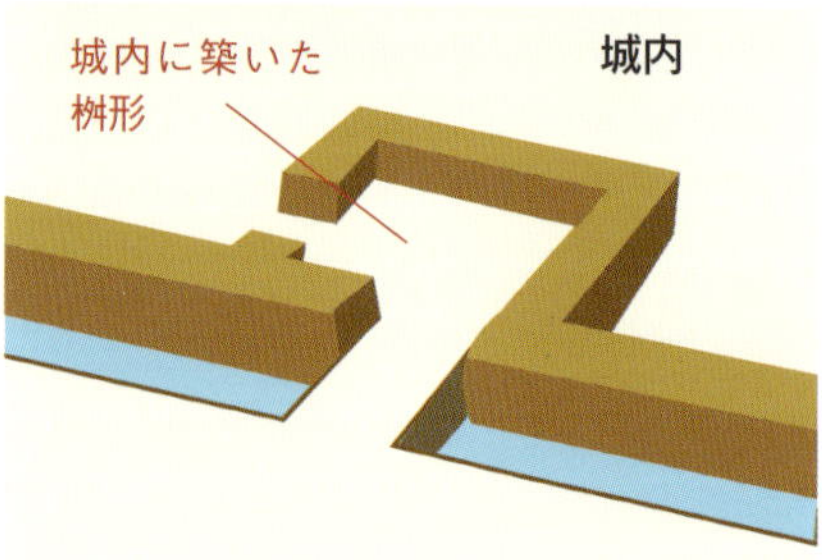

城内に四角い枡形を設け、2箇所の城門を直角にずらした構造

外枡形

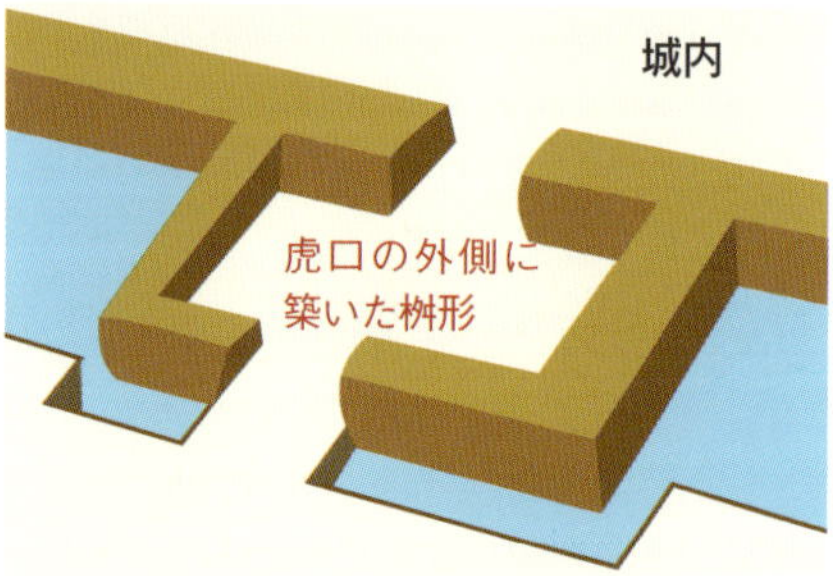

虎口の外側に四角い枡形を設け、2箇所に城門を築いたもの

虎口（枡形）での戦い方

城の出入口である虎口は、籠城《ろうじょう》して戦う時の城内防御の最大の要《かなめ》である。この虎口を突破されると、一気に敵の兵が城内に入り込み、戦況が一変する可能性が出てくる。そのため、虎口をより複雑にすることによって、籠城側が防御しながら戦いやすくなっている。

基本形の虎口の場合は、虎口近くの壁（塀）に狭間（敵の射撃を防ぎ、城内から射撃ができる小窓）が造られており、攻めてくる敵の正面から射撃ができた。しかし、これでは狭間から狙える範囲を兵が過ぎてしまえば、射撃することができない。つまり、角度が狭いことになる。

枡形虎口は、虎口前からの攻撃、枡形に造られている渡り櫓門の三方向からの攻撃ができるようになった。

姫路城
菱の門
（正面玄関）
狭間
いの門

姫路城「いの門」付近。門前は枡形で、囲む塀には狭間があり、集中射撃できる設備になっている

「枡形虎口」の戦い方

三方向から
攻撃できる

枡形（四角）になっており、それを渡櫓門が囲み、三方向の狭間（小窓）から相手を狙え、虎口前でも攻撃ができる。門は2箇所にあり、直角にずらしている

「基本虎口」の戦い方

虎口の近くの壁の狭
間から攻撃をする

城門前の虎口近くの壁（塀）の狭間（小窓）からの弓、鉄砲によって攻撃をする。狭間から相手の兵の姿が見えなくなると、攻撃ができない欠点がある

防御プラス攻撃ができる「馬出」

「馬出」も、虎口のひとつである。虎口前面に小曲輪《くるわ》（弧状または、コの字型に土塁や石垣を積み、出入りできる部分を残したもの）を設けて虎口を防御する役割をする。この馬出には、弧状（半円形）の「丸馬出」と、コの字型の「角馬出」の2種類がある。両方とも前面と虎口左右が空堀か水堀になっている。

丸馬出は、甲斐《かい》の武田晴信《はるのぶ》（信玄《しんげん》）、徳川家康《いえやす》がよく用い、角馬出は北条氏政《ほうじょううじまさ》が用いている。

馬出を使った戦い方は、虎口前に出て馬出の土塁や石垣で相手からの攻撃を防ぎながら、攻撃できる利点がある。また、馬出の後方の壁（塀）の狭間（小窓）から援護射撃が可能だし、戦況が悪くなったら馬出から後退し、城内に入ることができる。

小田原城の角馬出。塀には狭間、周囲は水堀にして防備を固めている

角馬出

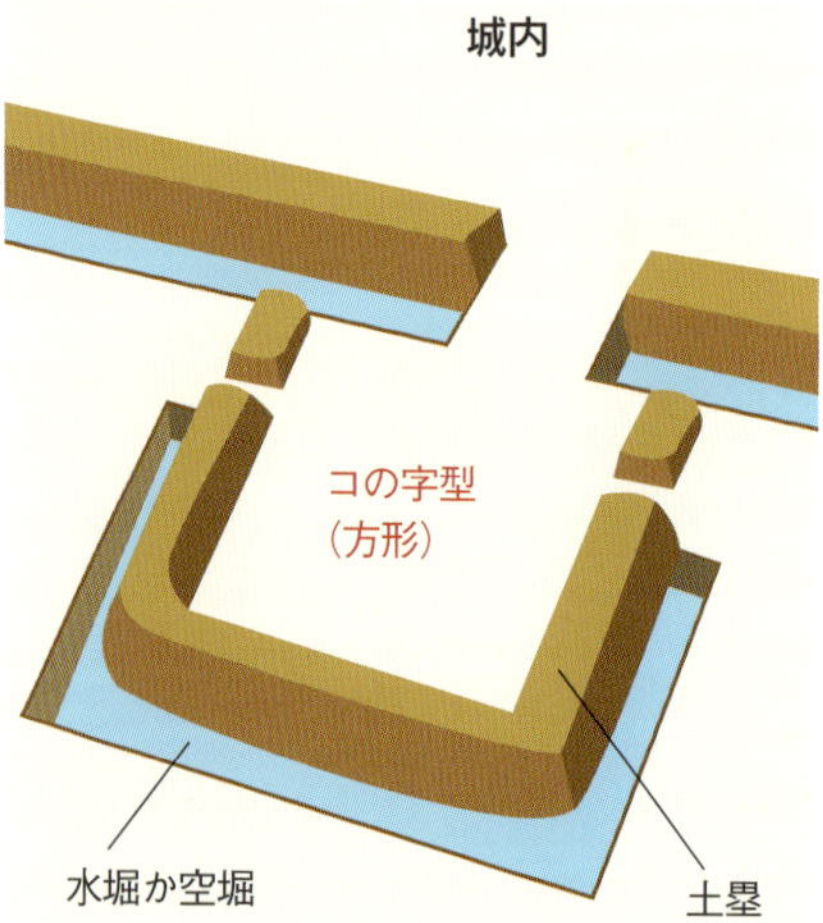

コの字型（方形）をした馬出。北条氏政がよく用いた

丸馬出

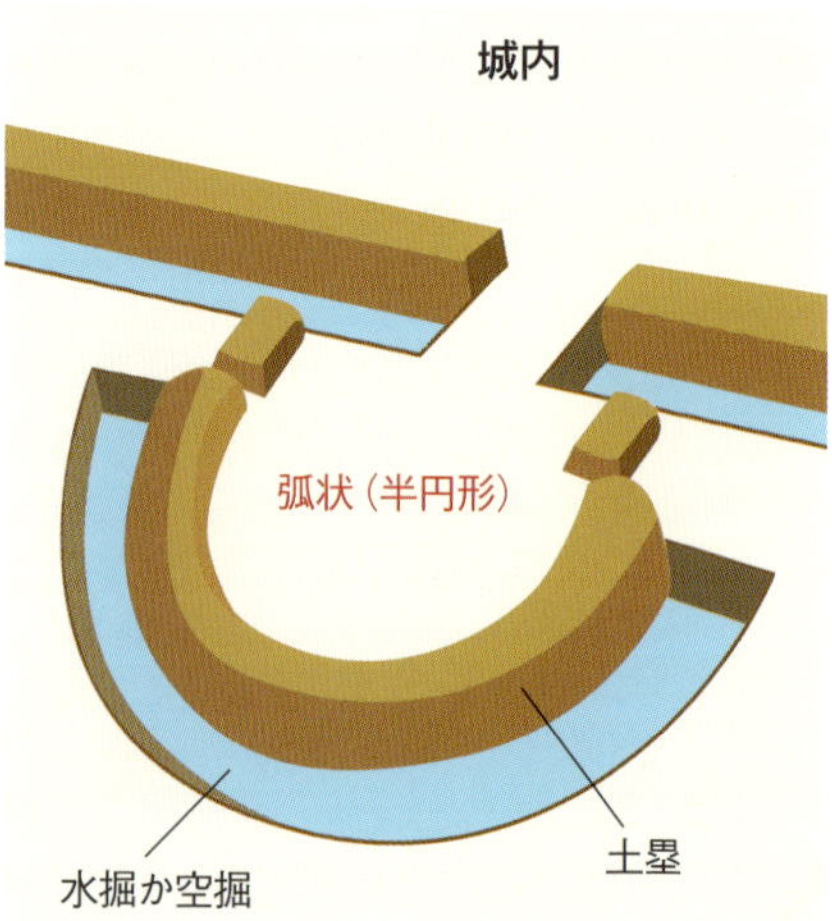

形が弧状（半円形）になっているのが特徴。甲斐の武田氏、徳川家康が用いた

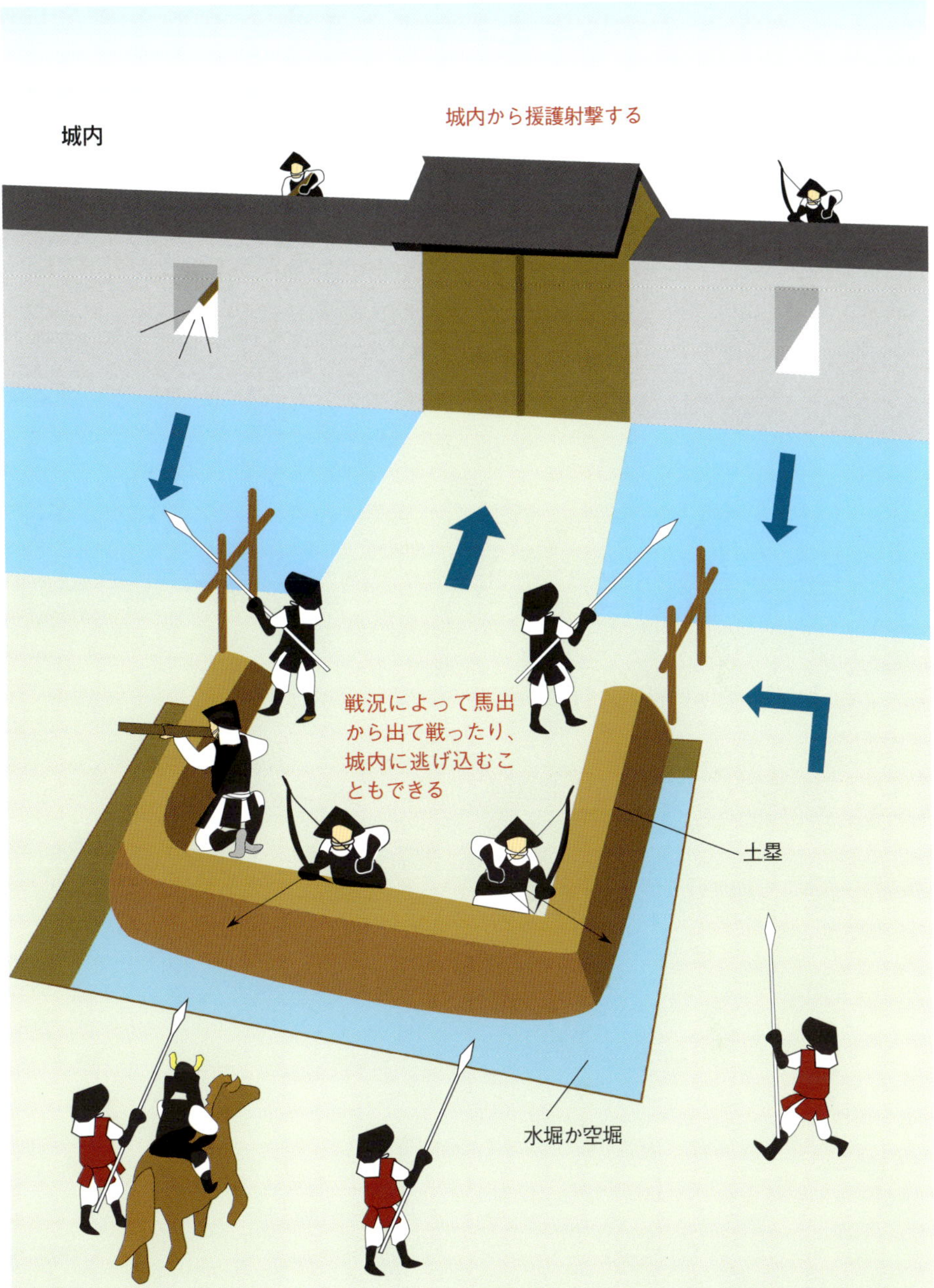
城内
城内から援護射撃する
戦況によって馬出から出て戦ったり、城内に逃げ込むこともできる
土塁
水堀か空堀

「馬出」は、虎口前方に突き出して造られているため、虎口が攻められる前に敵兵と戦うことができる。また、土塁、石垣などで前面を囲っているため、防御にも優れていた。戦況によっては、馬出から出て戦ったり、城内に逃げることもできた。さらに、城内からの援護射撃を受けることもできる構造になっている

「横矢《よこや》」の構造と攻撃の仕方

横矢は、塁線や堀の屈曲をうまく利用して、攻めて来た相手の兵を横から射撃する戦術や曲輪の構造のこと。隅部の頂点周辺は死角になるため、この横矢も時代に伴っていろいろな形状が考えられている。

場内侵入を防御する「横矢」

「横矢」とは、虎口などに近づいた敵を横や多方面から弓や鉄砲で射撃することや、そのための曲輪の構造のことである。基本的に隅角部を外側に突出させた「出《で》隅《すみ》」と、隅角部を内側に折り曲げた「入隅《いりすみ》」がある。さらに横矢には、塁線や堀の屈曲によって「横矢斜《ななめ》」「横矢屏《びょう》風《ぶ》折《おり》」「横矢桝形《ますがた》」「合《あい》横矢」「横矢塵《ちり》落《お》とし」などがある。

「横矢斜」は、塁線を斜めにしたもので、「横矢屏風折」は、塁線を屏風のように折り曲げたもの。この屏風折は出隅（塁線を飛び出させる）と、入隅（へこませた塁線）を交互に折り返したもので、隅部の頂点の死角をカバーできるため、相手の兵に対する射撃の範囲が広がる利点がある。

「横矢桝形」は、曲輪の隅部を長方形や正方形に張り出させ、横矢の拠点にする。「合横矢」は、虎口横の一方を直角に張り出させ、もう一方を斜めに張り出させ、3方面から射撃ができるようにしたもの。「横矢塵落とし」は、城内と堀をつなぐ階段の横、後方に土塁や壁が造られ、その階段を登ってくる敵の兵を後方から狙い撃ちすることができる。

横矢桝形

曲輪の隅部を張り出させ、これに対している塁面を射撃する

合横矢

虎口の両側を張り（一方は直角、一方は斜めに）出させたもの

合横矢の構造の姫路城・「はの門」

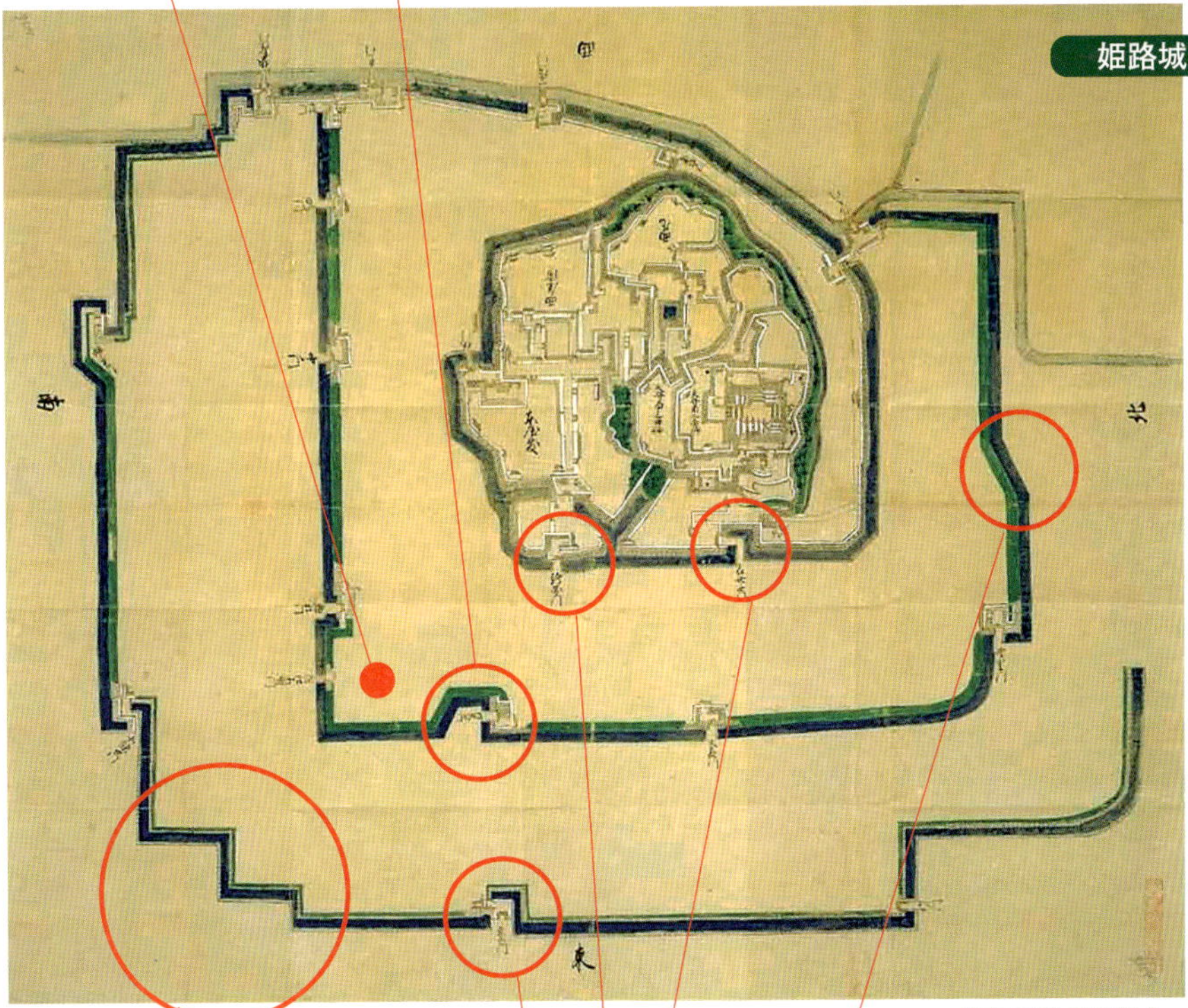

（国立国会図書館ホームページより転載）

横矢屏風折

屏風のように出隅と入隅を交互に繰り返したもの。隅部頂点の死角がなくなり、射撃の範囲が広がる

横矢塵落とし

城内と堀をつなぐ階段の後方の土塁の上から、階段を登る敵の兵を後方から射撃をする

横矢斜

塁線を斜めにしている横矢。侵入して来た敵の兵を上から射撃する

姫路城の内堀。ゆるかにカーブしている「横矢斜」

入隅

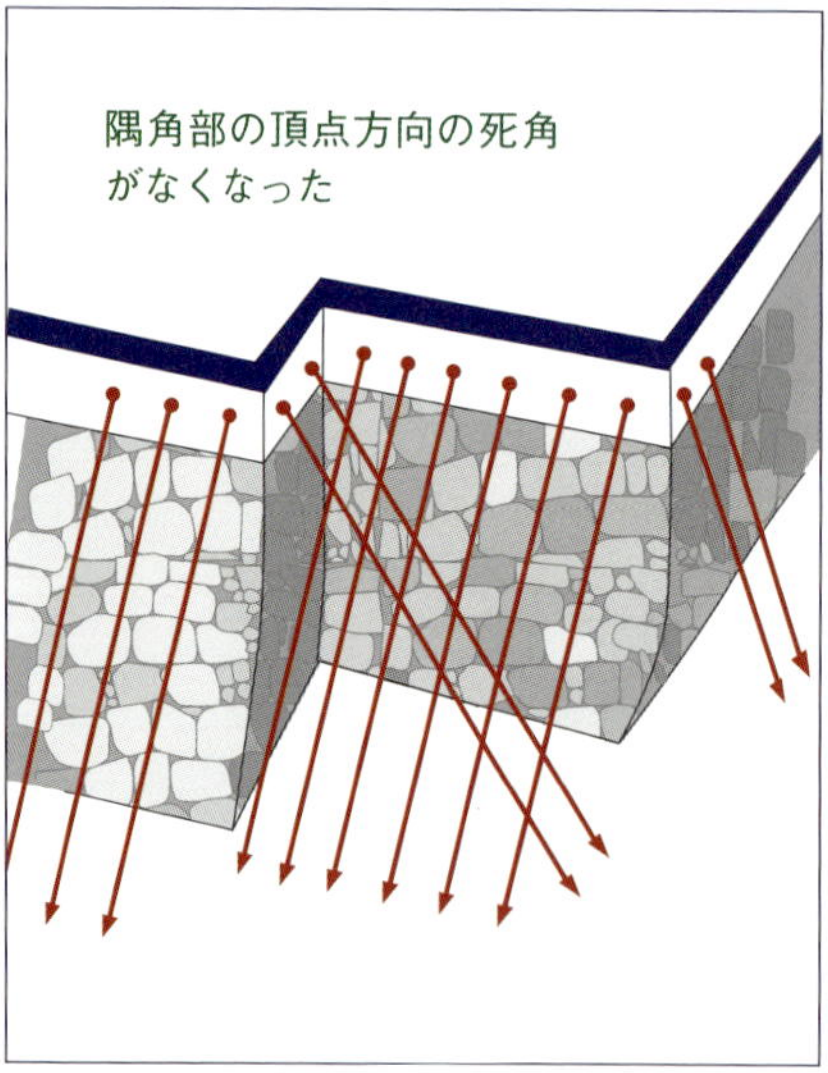
隅角部の頂点方向の死角
がなくなった

出隅と対になるように、隅角部を内側に折り曲げたもの。出隅の欠点が解消される

出隅

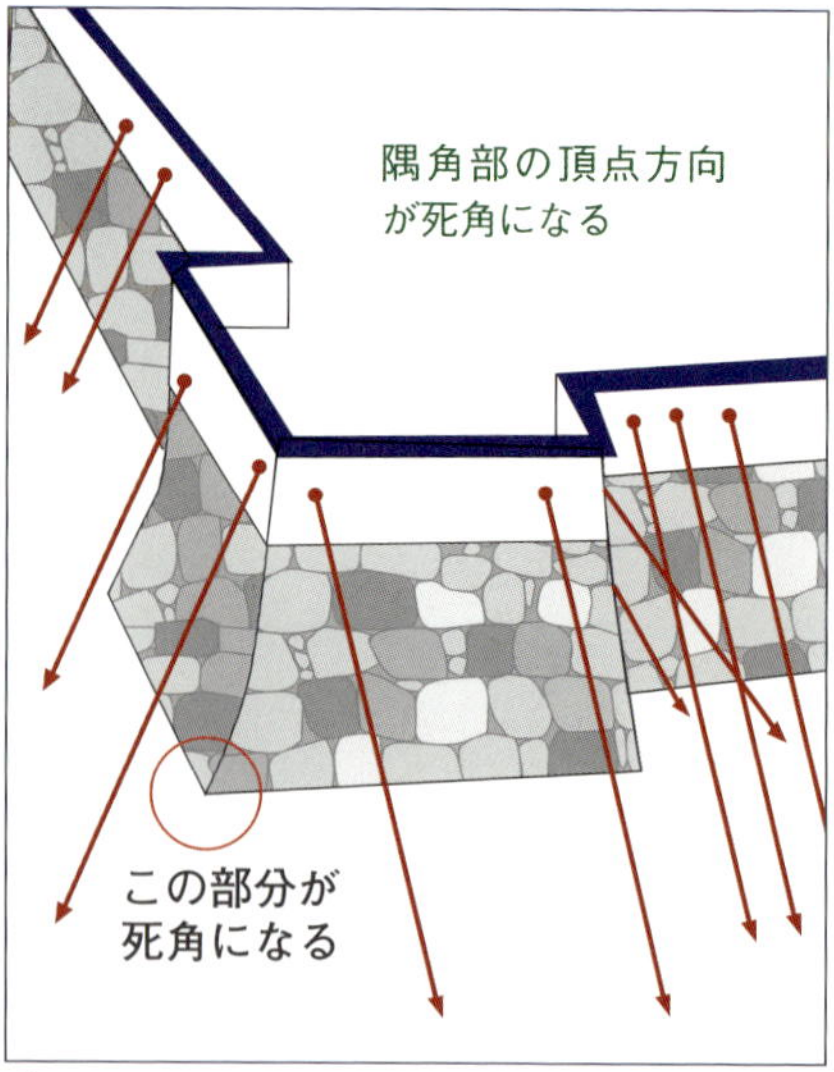
隅角部の頂点方向
が死角になる
この部分が
死角になる

曲輪の隅角部を外側に突出させたもの。頂点方面が死角になり、攻撃できない欠点がある

横矢屏風折

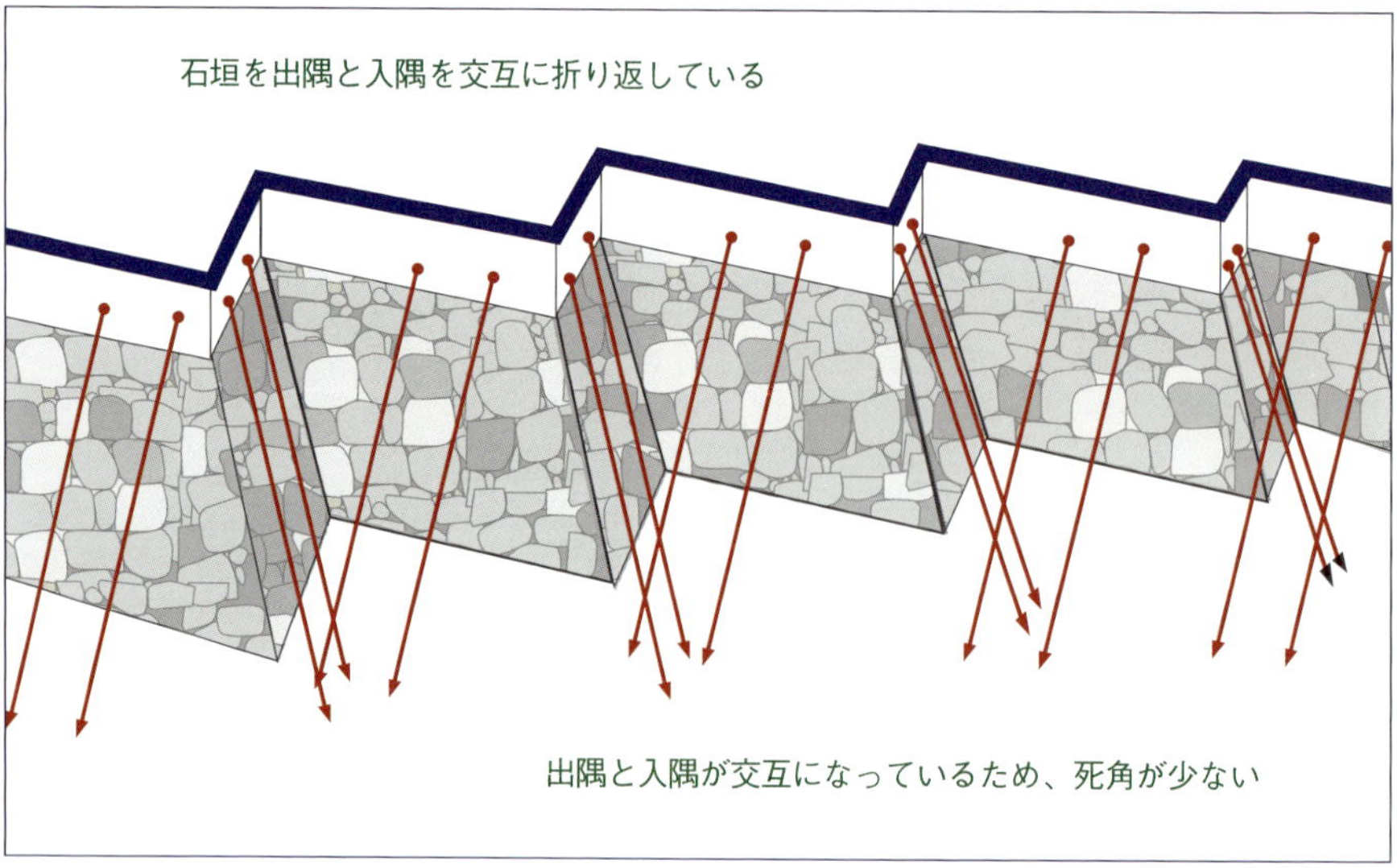
石垣を出隅と入隅を交互に折り返している
出隅と入隅が交互になっているため、死角が少ない

出隅と入隅を交互に折り返し、まるで屏風のように折り曲げたもの。また、塁線上の土塀のみを折り曲げたタイプもある

合横矢

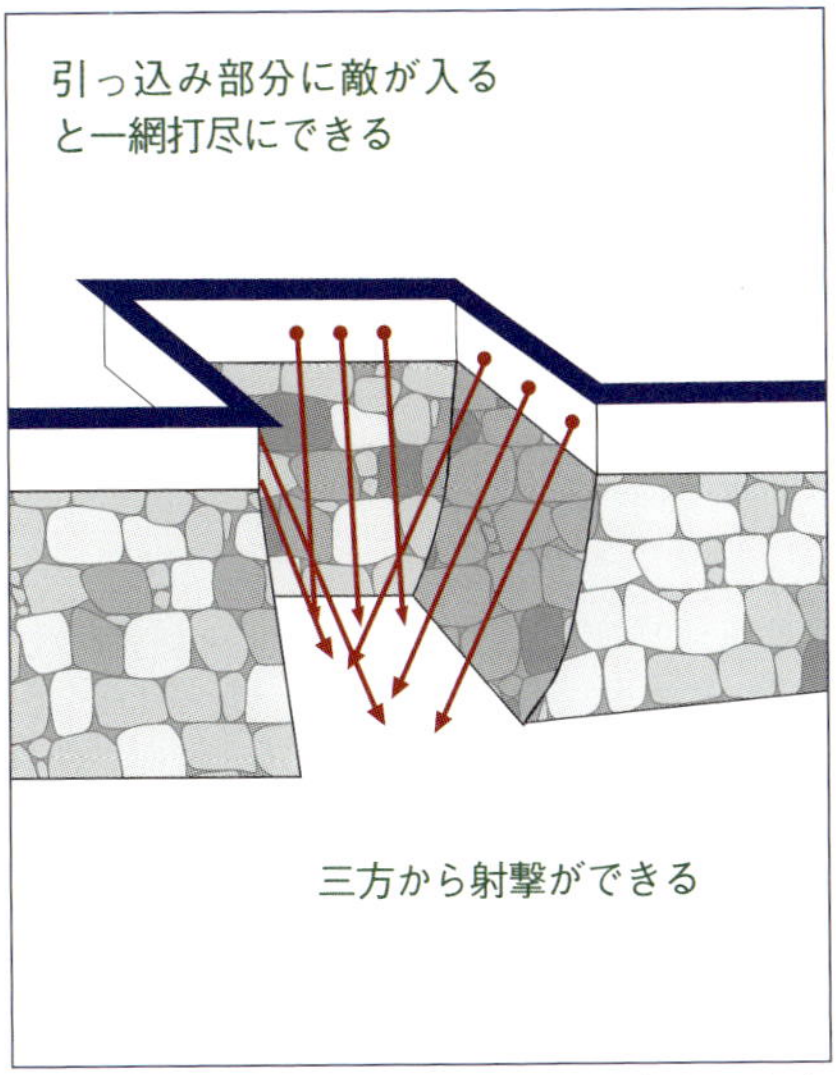
引っ込み部分に敵が入ると一網打尽にできる
三方から射撃ができる

塁線の一方を直角に張り出させ、もう一方を斜めに張り出させ、三方から射撃できる

横矢桝形

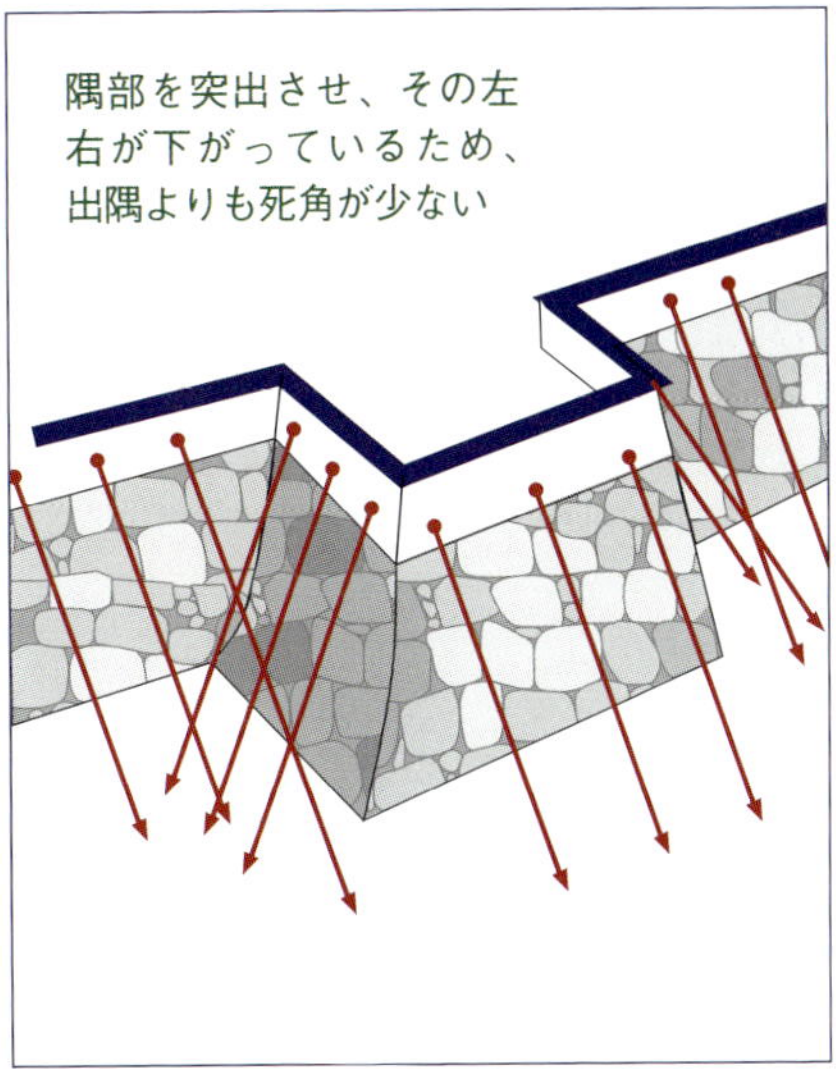
隅部を突出させ、その左右が下がっているため、出隅よりも死角が少ない

曲輪の隅部を長方形や正方形に突出させ、これを横矢の拠点にした

雁行

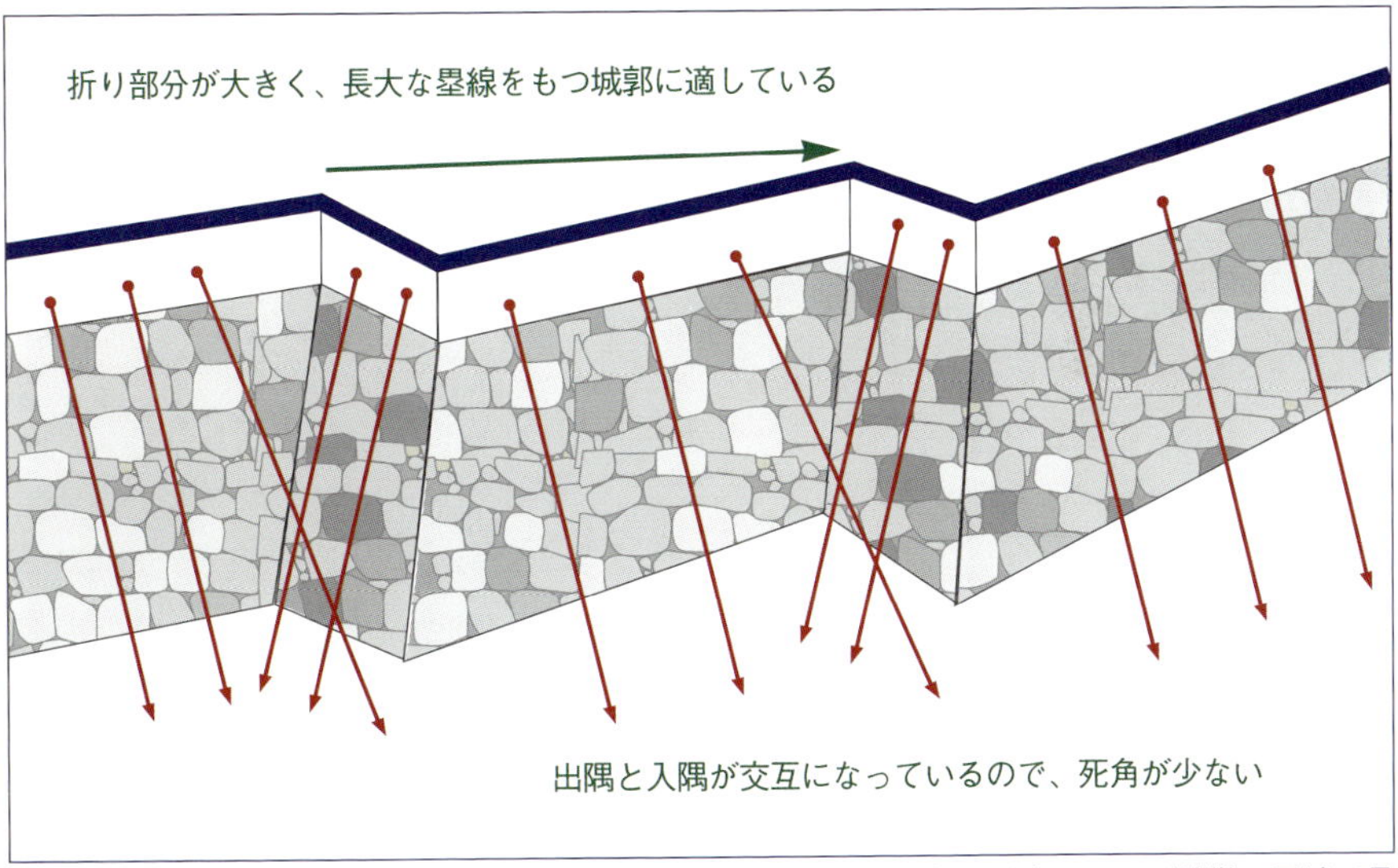
折り部分が大きく、長大な塁線をもつ城郭に適している
出隅と入隅が交互になっているので、死角が少ない

出隅と入隅を交互に繰り返したもの。横矢屏風折に較べると折り部分が大きいのが特徴。巨城で長大な塁線に横矢を施したもの

戦《いくさ》での「狭間《さま》」の役割と使い方

攻めて来た敵に対して城内から攻撃するために、櫓《やぐら》や塀《へい》に小さな穴をあけて、そこから弓や鉄砲で敵の兵を狙い撃ちする狭間。城門を守る虎口周辺に見ることができる。まさに城を守るために考えられた優れた構造である。

使用用途によって形状も様々な「狭間」

「狭間」とは、虎口《こぐち》付近などを中心に、櫓や塀などに設けられている小窓のこと。枠《わく》は内側が広く、外側が狭くなっており、敵からの射撃を防ぐ構造になっている。この小窓は、その形状によって「菱形狭間」「箱狭間」「将棋駒形」「丸狭間」「鎬《しのぎ》狭間」などと呼ばれている。

また、使用する武器の用途によって、形状が異なり、呼び方も異なる。弓矢を使用する場合は、弓を引きやすい縦長（長方形に大きく）になっており、「矢狭間《やざま》」と言われる。鉄砲の場合は筒部分を塀から出して撃てるように小さな穴（三角形など）になっている。これは「鉄砲狭間《てっぽうざま》」と言う。

矢狭間は、別名「弓《ゆみ》狭間」とも言われ、立って弓を引くために狭間の位置が腰より高くなっている。鉄砲狭間は、当時は片膝《かたひざ》をついた姿勢で鉄砲を撃つために、腰より低い位置に造られていた。これらの狭間は、虎口を敵の兵が攻めて来た時に有効な攻撃だった。

名古屋城

名古屋城にある鉄砲狭間（外から見た写真）。この狭い穴から、銃口だけ出して敵兵を銃撃する

弓を引きやすく縦長(長方形)になっており、狭間は腰より高い位置に設けられている。写真は、姫路城にある矢狭間(内から見たもの)。高低をつけて、射撃の死角が少なくなるように工夫している

矢狭間(弓狭間)

腰より高い位置に狭間が設けられている

矢狭間に較べると穴は小さく、当時は片膝をついて撃つために、狭間の位置は腰より低い位置に設けられている。写真(上)は、大坂城の鉄砲狭間(内から見たもの)。塀の内側が階段で、鉄砲狭間が二段構え。横木を渡せるようになっており、屋根越しにも攻撃できる

鉄砲狭間

腰より低い位置に狭間が設けられている

戦《いくさ》での「石《いし》落《おとし》」の使い方

「石落」は、石垣を登ってくる敵の兵に石を落として撃退する役割があるが、実はそれだけではない。石落の部分から弓矢や鉄砲で相手を狙い撃つ使い方もする。石落はまさに城の防御の大切な施設のひとつである。

櫓、天守、門、塀などに設けられた防御施設のひとつ

「石落」は、狭間の一種で、名のごとく石を落とす防御施設のことで、主に櫓、天守、門、塀などに設けられている。

初期の石落は、建物の隅部、壁、塀の中途部に細長い穴が造られ、使用しない場合は蓋《ふた》をして、使用する時に開閉して石を落としていた。

これが少しずつ変化し、外壁の下部を斜めに広げた袴腰《はかまごし》状のものや、出っ張ったものがでてくる。壁や塀に戸袋型に設けられている「戸袋型《とぶくろがた》石落」、天守閣の石垣の隅部に設けられている「袴腰型《はかまごしがた》石落」、櫓の中央部の出窓の下に設けられている「出窓型《でまどがた》石落」や、渡櫓などに設けられている。また、出格子窓を兼用したものもある。

高知城の石落の内側。ここから敵を攻撃する

天守で石落を見られる城は、広島城、白石城、名古屋城（天守入口）、熊本城、萩城、丸亀城などになる。櫓では、松山城、二条城、姫路城（渡櫓）などで見ることができる。

石落は、基本的に石垣を登ってくる敵の兵や真下にいる兵に対して真上から石を投げつけるか、一気に落とし、建物の中に入ってくることを阻止する役割をする。

また、石垣を登ってきた敵の兵に対して石落から弓矢や鉄砲で射撃する使われ方もしていた。このように石落は、城を守る大切な防御施設のひとつだった。

【袴腰型石落】

犬山城天守閣の隅部に造られている袴腰型石落。袴のように裾広のカーブを描いている

【戸袋型石落】

丸亀城天守閣の隅部に造られている戸袋型石落。石垣が続く天守背面を防御するために設置されている

【出窓型石落】

櫓などの建物中央部に造られている出窓型石落。岡山城の出窓型は出格子窓を兼用している

戦《いくさ》での「塀《へい》」の仕掛けと役割

城郭や天守などの建造物を守る塀だが、実は戦や敵兵、忍びに対する仕掛けが施されている。その代表が「釣塀《つりべい》」と「剣塀《つるぎべい》」である。戦はもちろんのこと、ふだんから城を守るために考えられた防御施設のひとつである。

塀にも戦のための仕掛けが施されている

「塀」は、城内や天守に敵の兵を容易に入れない、もしくは寄せつけないための役割をするが、実はこの塀には様々な仕掛けがされており、敵が攻めてきた時に大きな役割をする。

158ページで紹介した石落としもその代表かもしれないが、ここでは「釣塀《つりべい》」と「剣塀《つるぎべい》」を紹介する。釣塀とは、塀の表面を偽装（部分的に塀と同じ色、形状のものを造ったもの）して設置したもの。相手をだますために、その部分を登りやすい塀にしておくことが重要になる。剣塀は、塀の軒や壁面に刀の刃や槍先《やりさき》を埋め込んだもので、〝忍び返し〟として知られている。

釣塀の使い方は、敵の兵や忍びの者が塀に登ろうとして手を掛けた瞬間に塀ごと叩き落とし、相手の体にダメージを与えることができる。もしくは、態勢が崩れた時に上から弓や鉄砲で射撃することも可能になる。

剣塀は軒壁面に刀の刃などが埋め込まれているため、その部分から城に侵入することができない。名古屋城では、天守閣と小天守閣とを連結している橋台の西面と不明門北面の軒桁に、約30㎝の槍の穂先が埋め込まれている。

名古屋城

大天守閣に続く通路の塀の外側の軒に仕掛けられた槍の穂先。写真は名古屋城の橋台西面の「剣塀」

釣塀の役割

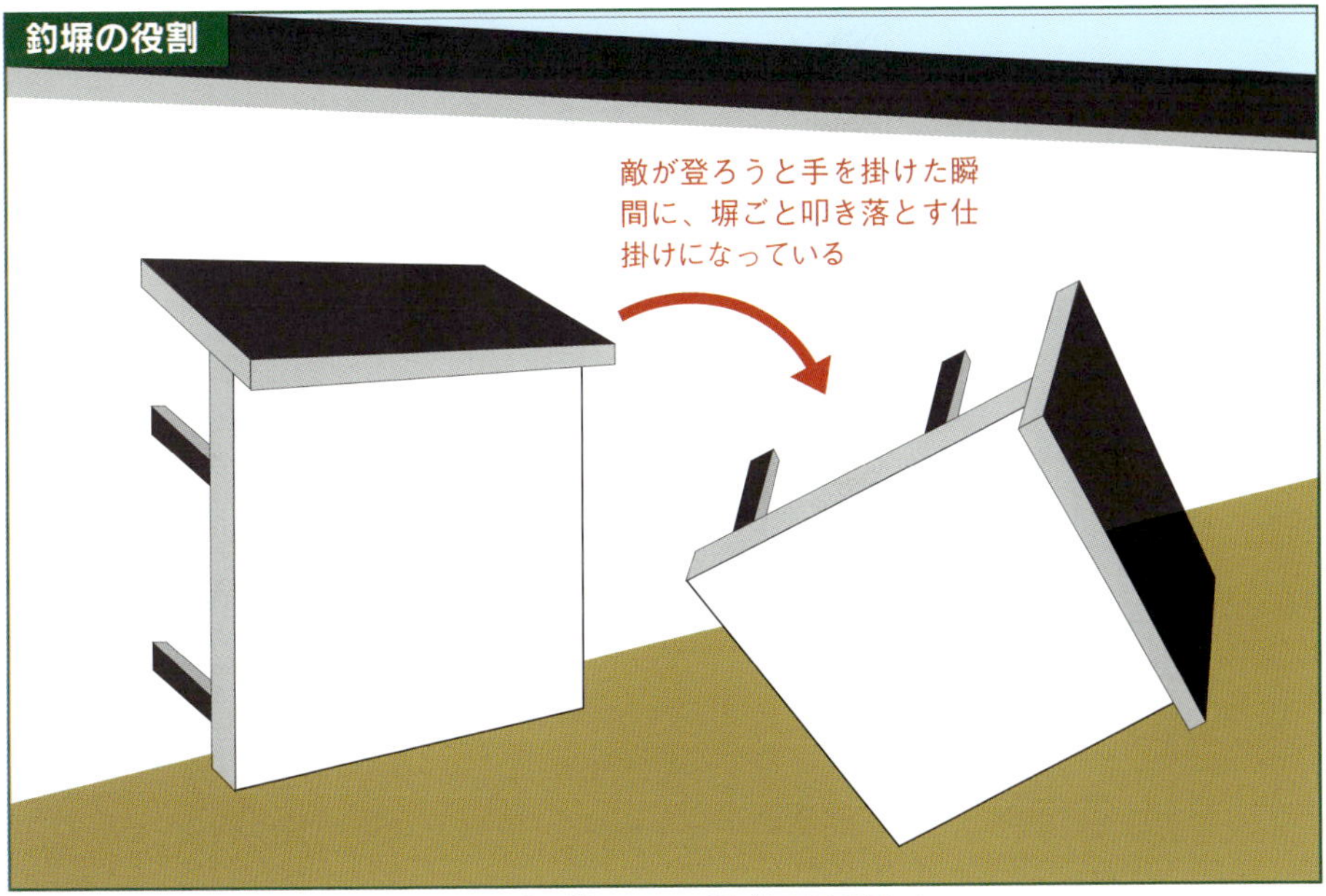
敵が登ろうと手を掛けた瞬間に、塀ごと叩き落とす仕掛けになっている

偽装した釣塀を設置し、敵が登ろうと手を掛けたら、塀ごと叩き落とす

剣塀の役割

天守閣近くの門などの塀に、刀の刃や槍の穂先を埋め込み、そこから登れないようにする。忍び返しとして有効。写真は名古屋城の不明門北面の「剣塀」

城をめぐる戦い方・攻め方

戦国時代に築城されたか、改修された城のほとんどは、戦いのための構造になっていることは、140～161ページでわかったと思う。ここでは、城をめぐる様々な戦術（籠城、後詰、力攻め、水攻め、兵糧攻め、奇襲、火攻めなど）を紹介する。

戦国時代初期は有効だった「籠城《ろうじょう》」

「籠城」とは、城外に出て戦うことをせず、城に立て籠もり、相手の攻撃に耐え勝つ戦術である。籠城するためには、それなりの数の武器や兵糧の確保が重要になってくる。

この籠城戦術で1561（永禄4）年に上杉謙信を、1569（永禄12）年に武田信玄の大軍を退けたのが、小田原城主・後北条氏だった。

なぜ後北条氏は、名将と言われた上杉、武田の大軍を退けることができたのか……。ひとつの要因としては、小田原城は当時の城としては巨城で、大外郭が高い土塁と深い空堀の惣構《そうがまえ》の要害堅固だったことがあげられる。そしてもうひとつ。当時の兵は兵農未分離（ふだんは百姓で、戦《いくさ》になると兵にかり出されるが、農繁期には百姓に戻す半農半士）だったため、城を大軍で長期間包囲することが不可能だったことがあげられる。

しかし、この籠城戦術は、戦国時代中・後期になると、兵農未分離はなくなり、籠城戦は不利な戦術となる。後北条氏も1590（天正18）年の羽柴秀吉（豊臣秀吉）の小田原城攻めで籠城をして敗北を喫している。

小田原城

籠城戦に有利な構造だった小田原城だが、戦国時代後期にはその堅牢さが通用しなくなってしまった

敵を挟み撃ちにして戦う戦術の「後詰《ごづめ》」

「後詰」とは、自分の城が攻められた場合、同盟者に連絡をとり、包囲している敵を城内と外（同盟者）とで挟み撃ちにして撃退させる戦術のこと。しかし、伝達者が途中で捕まって失敗に終わったり、下剋上の戦国時代のこと、戦況が不利だと相手に寝返る裏切りも多かった。

この後詰を使った戦いで有名なのが、「長篠城《ながしのじょう》の戦い」である。甲斐国の武田《たけだ》勝頼《かつより》が、1575（天正3）年4月、約1万5000の兵で徳川家康の領地、三河《みかわ》の長篠城を包囲する。家康は同盟の織田信長軍とともに後詰のために長篠城近くの連吾川に馬防柵《ばぼうさく》（武田軍の騎馬隊対策）を設けて布陣した。武田軍は城包囲と織田・徳川軍へと部隊を2つに分けた。

しかし、家康の重臣・酒井《さかい》忠次《ただつぐ》らの別隊が武田軍を急襲する。背後から攻められることを恐れた武田軍は、織田・徳川軍に決戦を仕掛けるも敗れ敗走。長篠城を包囲していた部隊も敗れてしまった。まさに織田・徳川軍が後詰を仕掛けようと見せかけ、城の包囲が手薄になったところに別部隊が後詰をして勝利をおさめた戦いだった。

圧倒的な数で攻める「力攻め」

「力攻め」とは、名のごとく相手より圧倒的な数の兵によって攻めること。通常、城を守る兵の3倍以上であれば城は落とせると言われている。

1590（天正18）年に羽柴秀吉（豊臣秀吉）が、天下統一のために、後北条氏の居城である小田原城を攻めた戦いでは、後北条氏が籠城。籠城した北条軍の数は5万人余《あまり》と言われている。それに対して羽柴軍は22万人と言われている。籠城した兵の3倍以上であれば落とせると紹介したが、秀吉は北条軍の4倍以上もの兵で攻めたことになる。秀吉の天下統一に対するなみなみならぬ決意が感じられる。

堅固な城も、勢いに乗った力攻めの前になすすべもなかった

籠城した敵に大きなダメージを与える「水攻め」

城は築かれた立地によって、山城、平城、水城などと言う。水城は海や川、湿地などを自然の堀と考え、水や海水を堀に流し込んで敵から守る、攻めにくくする役割をする。

「水攻め」とは、それを逆手にとって、城の周りに土手を造り、そこに水、海水を流し込んで降伏させる戦術である。

埼玉県行田市にある、忍城跡。沼地の真ん中の浮島に建っているような「浮城」だった

この水攻めには、日本三大水攻めというものがある。それは、石田三成が後北条氏方の忍《おし》城を攻めた「忍城の水攻め」、羽柴秀吉（豊臣秀吉）が約17万人を動員して攻めた「太田城の水攻め」、羽柴秀吉が土のう760万俵を使用して攻めた「備中高松城の水攻め」である。ここでこの三大水攻めを簡潔に紹介する。

石田三成が忍城攻略のために築いた堤の一部が現存しており、石田堤と呼ばれている

「忍城」は、現在の埼玉県行田《ぎょうだ》市にあった。城は沼沢地《しょうたくち》にあり、丘陵や自然堤防を巧みに利用しており、当時難攻不落と言われていた。

1590（天正18）年に、石田三成率いる約2万人の大軍が攻めた。三成は住民を駆り集め、堤防を築いて川の水を流し入れて水攻めをしたが、堤防が決壊して失敗に終わった。

領民が忍城主に恩義を感じ、手抜き工事をしたためと言われている。この失敗によって三成は〝戦下手〟と言われるようになった。

「太田城」は、1489～91（延徳年間）年、第64代国造紀俊連が築城したとも、太田源三太夫が、現・和歌山市の来迎寺境内に築いた城とも言われる。羽柴秀吉（豊臣秀吉）が、紀州攻めの仕上げとして1585（天正13）年に6万の兵で攻めた。当初は力攻めで戦ったが落城しないため、住民を集め約17万人を動員して、城の周りに高い堤防約6㎞（言い伝え）を築き、宮井川の水を入れた。4月1日から始まった水攻めは、22日目に開城、23日に武士が退城して終了した。

来迎寺本堂前に建てられている、太田城址碑。来迎寺のあたりに、太田城の本丸があったと伝えられている

1582（天正10）年3月、織田信長の命を受けた羽柴秀吉（豊臣秀吉）が、3万もの大軍を率いて出陣、現・岡山県岡山市の「備中高松城」を攻めた。

当初力攻めで攻め、城主の清水宗治に降伏をせまったが応じなかったため、秀吉は土のうを760万俵（言い伝え）を使用し、高さ7.3m、長さ2.8㎞もの堤防を築き、足守《あしもり》川の水を流し込み水攻めを敢行した。

これで難攻不落と言われた高松城も同年6月に陥落した。

備中高松城の本丸跡。睡蓮の群生が、かつては水城であったことを偲ばせる

秀吉が水攻めの時に築いた堤防の一部、蛙ヶ鼻築堤跡

（備中高松城跡及び蛙ヶ鼻築堤跡　写真提供：岡山市教育委員会）

籠城に有効な戦術のひとつ「兵糧攻め」

「兵糧攻め」とは、籠城した敵に対して、城を包囲して城内に一切の兵と糧(食糧)が入らないようにする戦術。籠城する側はあらかじめ大量の武器や糧を準備しているため、落城させるには時間がかかるが、兵糧攻めはプレッシャーをかけ、相手の士気を下げるには優れた戦術と言える。

代表的な兵糧攻めは、羽柴秀吉《はしばひでよし》(豊臣秀吉)の鳥取城攻めや、小田原城攻めがある。特に鳥取城攻めでは、多くの餓死者がでるほどの壮絶なものだった。

鳥取城

精神も体力も奪う、壮絶な籠城戦が行われた鳥取城。写真は鳥取城址の二ノ丸・三階櫓台あたり

相手が知らない間に攻める「土竜《もぐら》攻め」

「土竜攻め」とは、まさに字のごとく、モグラのように城(山城など)の土塁などを相手に気づかれないように穴を掘り、その穴から兵士を攻め入れたり、堀の水を抜き出して攻めやすくしたり、井戸に毒を投げ入れたりするもの。

戦国初期頃までされていた戦術だが、織田信長が高石垣の安土城築城後、城郭の規模が大きくなり、より巨城で要害堅固になり、平地に城が築かれるようになると戦術にあまり使われなくなった。

敵方の重臣を味方につけて戦を有利に運ぶ「内応工作」

「内応工作」とは、城を攻めながら、相手側の重臣などを寝返らせること。城主の説得や戦術を知ることができる。羽柴秀吉(豊臣秀吉)が、1590(天正18)年に小田原城を攻めた際に、後北条軍の重臣・松田憲秀《まつだのりひで》を寝返らせることに成功しているが、憲秀が秀吉軍と密通していることが後北条側に知られてしまい、城内に幽閉されて失敗に終わっている。

城を焼き尽くす壮絶な「火攻め」

「火攻め」とは名のごとく、火矢などで城に火をつけて攻めること。当時の城は石垣や建物の屋根（瓦）以外のほとんどが木造なため、火がつきやすかった。

この火攻めを巧みに利用したのが、織田信長である。越前の朝倉氏の居城として知られる一乗谷城は、一乗谷川の峡谷を利用した堅固な城だったが、織田信長が1573（天正元）年に火攻めによって落城させている。

相手を油断させて攻撃する「奇襲《きしゅう》」

「奇襲」とは、相手が思いもしない攻撃をしたり、相手を油断させて攻撃することだ。この奇襲で思い浮かべるのが、織田信長と今川義元の「桶狭間《おけはざま》の戦い」だろう。城をめぐる攻防ではないが、有名な奇襲攻撃なので紹介しよう。

今川軍3万に対して、信長軍3000人ほどだった。桶狭間は、両側に山が広がる山間部で、今川軍は桶狭間山に布陣していたため、まさか山側から信長軍が攻めてくるとは思わず、油断をしていた。さらに信長は別働隊を先に前方から攻撃させ、今川軍を分散させる戦術をとっていた。この勝利で信長は、その名を全国に轟かせた。

城攻めの奇襲としては、尼《あま》子《ご》経久《つねひさ》が月山富田《がっさんとだ》城（現・島根県）を攻めた時に、一旦《いったん》城を包囲するも、包囲を解いて兵を引き上げさせたと見せかけて、相手が油断した時に、一気に奇襲をかけて勝利している。

月山富田城

月山富田城の山中御殿跡。急襲で城を攻め取った尼子経久は、ここを本拠地として勢力を拡大していった

相手を挑発して城外で戦うようにしむける「おびき出し」

相手の城下の建造物（菩提寺などの城主ゆかりの建物）を焼いたり、田畑の作物を刈り取ってしまうなどの挑発をして、籠城している相手を城外に「おびき出し」、短期間で決着をつけようとする戦術。戦国時代初期から中期頃に用いられた戦術である。

羽《は》柴《しば》秀《ひで》吉《よし》の備《びっ》中《ちゅう》高《たか》松《まつ》城《じょう》水《みず》攻《ぜ》め

織田信長《おだのぶなが》の命によって毛利家の備中高松城を攻めた羽柴秀吉。軍師・黒田孝高《くろだよしたか》（如水《じょすい》）の水攻めの進言により堤防を造り攻めるも、明智光秀の本能寺の変によって信長が落命。光秀討伐のため〝中国大返し〟を行ったいわくつきの戦い。

軍師・黒田孝高（如水）による戦略で始まった水攻め

1582（天正10）年、天下統一をもくろむ織田信長の命によって羽柴秀吉は、同年4月27日に毛利家の備中高松城（城主・清水宗治）を攻める。

秀吉を総大将とする織田軍は約3万人、それに対して備中松山城は3000～5000人の兵が籠城。織田軍は力攻めをかけるが、ことごとく失敗に終わる。さらに毛利軍（吉川元春と小早川隆景）の約3万の援軍が近づいていた。

そんなおり、軍師・黒田孝高（如水）が秀吉に水攻めを進言。同年5月8日から農民らを動員して堤防造りを開始し、長さ約2.8km、高さ約7m、底幅約24mの堅固で長い堤防を12日間で造り上げた。梅雨の時期でもあったため、足守川が増水。城は水浸しになり、物資の補給路が断たれてしまい、城内は動揺していた。

毛利軍の吉川元春が岩崎山に、小早川隆景が日差山に陣を置いたが、

高松城水攻めを描いたと言われる「赤松水攻之図・水攻防戦之図」
（資料提供：岡山県立図書館・岡山県電子図書館システム【デジタル岡山大百科】）

その間にも水かさが増していった。

さらに信長の援軍が駆けつけてくるとの報を聞いた毛利軍は、安国《あんこく》寺《じ》恵《え》瓊《けい》を黒田孝高のもとに送り込み、「五国割譲と城兵の生命保全」の条件で和議を申し込んだが、これを不服とした秀吉が、「五国割譲と城主・清水宗治の切腹」を要求したため、折り合いがつかず物別れになっている。

その後、同年6月3日夕刻に明智光秀の謀反によって本能寺の変で織田信長が落命したことを秀吉が知る。毛利側にそれを知られないように、安国寺恵瓊を呼び出し、「割地を河辺川と八幡川以東とし、清水宗治自刃」を条件とし、その日の内に和睦を成立させている。

水攻めによってまるで湖になったところに、城主・清水宗治は小舟に乗り漕ぎ、舟の上で自害をした。これで秀吉の備中高松城水攻めは終わった。その後、秀吉は光秀を討ち取るために、有名な〝中国大返し〟を行い、同年6月13日に山崎の戦いで光秀を討ち取っている。

備中高松城の城主・清水宗治のものと伝えられている首塚

水攻め堤防の一部、蛙ヶ鼻築堤跡。堤をつくる人足に相場以上の給金を与えて突貫工事をし、約12日間で完成させた

（写真提供：岡山市教育委員会）

豊臣秀吉《とよとみひでよし》の小田原城《おだわらじょう》攻《ぜ》め

織田信長が亡き後、豊臣秀吉の天下統一が始まる。秀吉は、四国攻めで長宗我部元親《ちょうそかべもとちか》を屈服させ、後北条氏と同盟を結んでいた伊達政宗、徳川家康を味方につけた。残るは小田原城主の北条氏政《ほうじょううじまさ》を倒せば天下統一が果たせる。

22万人の羽柴軍対籠城《ろうじょう》北条軍の戦い

小田原城は、天下を獲ろうとする武将たちにとっては、難攻不落の城として知られていた。甲斐《かい》・信濃《しなの》の武田晴《たけだはる》信《のぶ》(信玄《しんげん》)、越後・越中の上杉謙信《うえすぎけんしん》の攻撃を撃退している。

天下統一を目前にして、明智光秀による本能寺の変で亡くなった織田信長に代わって、天下統一に乗り出した豊臣秀吉は、1585(天正13)年、四国攻めで長宗我部元親を屈服させた。残るは関東八州を治めていた北条氏政だけだった。

1590(天正18)年3月1日、後北条氏討伐のため、秀吉は京を出陣。同年4月6日、箱根湯本の早雲寺に陣を構え小田原城の包囲を始めた。海からは九鬼嘉隆《くきよしたか》、脇《わき》坂安治《ざかやすはる》、加藤嘉明《かとうよしあき》、長宗我部元親の水軍が包囲した。秀吉軍は徳川家康《とくがわいえやす》、黒田長政《くろだながまさ》、宇喜多秀家《うきたひでいえ》、細川忠興《ほそかわただおき》、本多《ほんだ》忠勝《ただかつ》、井伊直政《いいなおまさ》、酒井忠次《さかいただつぐ》など、約22万人にものぼった。後北条氏と同盟を結んでいた伊達政宗《だてまさむね》は、浅野長政《あさのながまさ》や前《まえ》田利家《だとしいえ》らに説得され、出陣することができないでいた。

秀吉軍の力攻めに対して、後北条軍は籠城を決めた。それに対して秀吉軍は同年4~6月に一夜城(実際には90日間かかった)とも言われる石垣山城を築き、力攻めを止め、長期戦に有利な兵糧攻めに切り換えて後北条軍にゆさぶりをかける。

同年6月になると八王子城などが落城する。やがて戦意喪失した後北条氏に黒田孝高(如水)が開城勧告し、同年7月5日に投降、氏政らが自害し落城。4カ月以上にも及ぶ小田原城攻めが幕を閉じた。

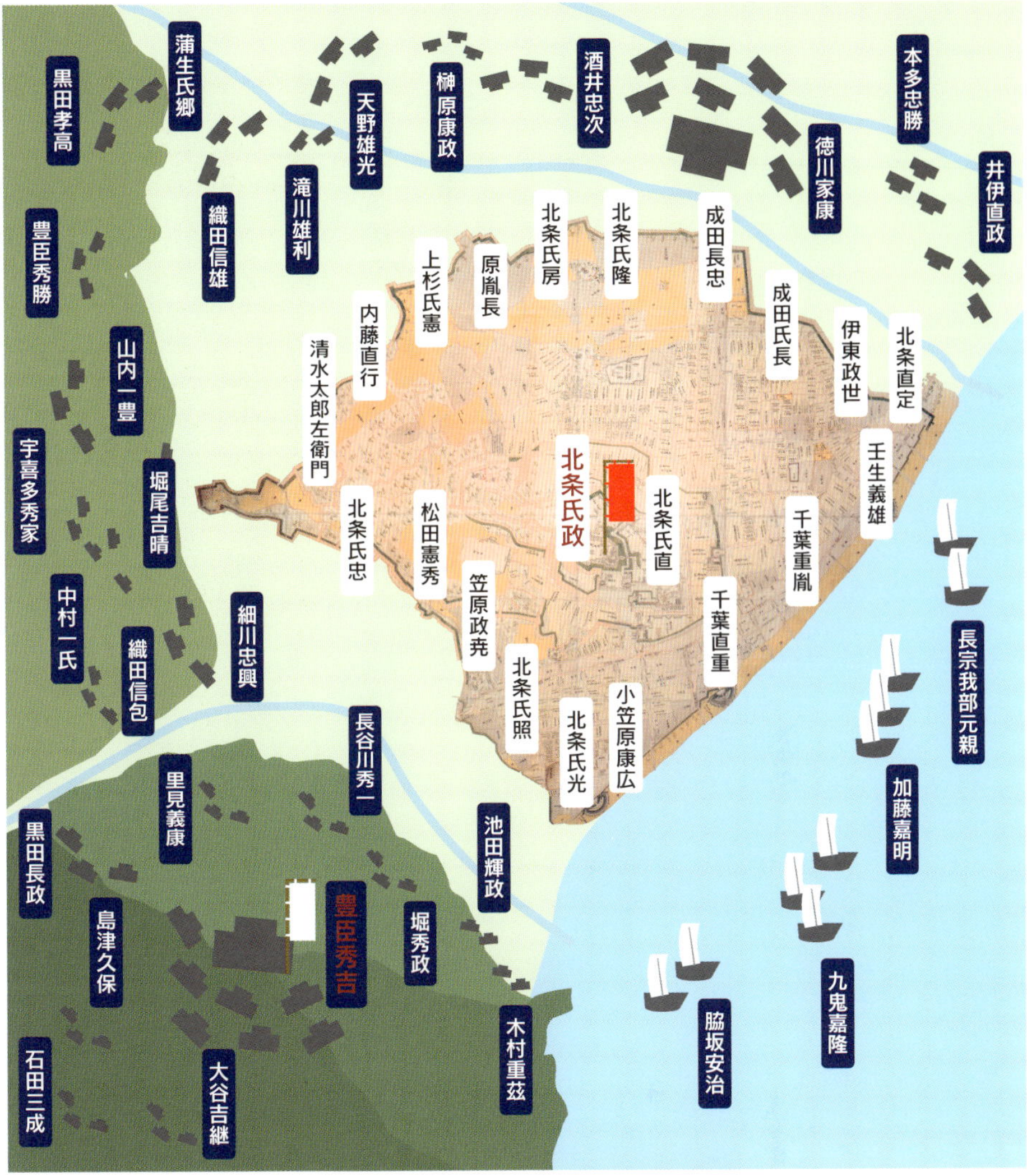

22万人の豊臣秀吉軍の小田原城攻めの様子が描かれた「真柴久吉公箱根山発向大合戦図」
(小田原城天守閣所蔵)

徳川幕府《とくがわばくふ》対 豊臣家《とよとみけ》の大坂《おおさか》の陣《じん》

豊臣秀吉《ひでよし》亡き後、関ヶ原の戦いで勝利した徳川家康《とくがわいえやす》が将軍になり、豊臣家は一大名に転落。しかし、豊臣家が徳川幕府に対決姿勢を強くしたため、幕府が豊臣家滅亡をたくらみ仕掛けた「大坂冬の陣」と「大坂夏の陣」。

豊臣家滅亡に追いやった「大坂冬の陣」と「大坂夏の陣」

１６００（慶長5）年、天下分け目の関ヶ原の戦いで勝利した徳川家康は、１６０３（慶長8）年に征夷大将軍に任ぜられ、江戸幕府を開く。大坂城は、一大名に転落した豊臣秀吉の子・秀頼《ひでより》が居城としていた。

１６１１（慶長16）年3月、後水尾《ごみずのお》天皇即位に際して上洛した家康は、秀頼に上洛を求め二条城で会見をしている。翌4月に在京の大名、１６１２（慶長17）年には東北、関東の大名から、幕府に背かないまでの誓詞《せいし》を提出させているが、秀頼からは提出させていない。

そんな折、秀頼は幕府に無断に朝廷から官位を賜ったり、浪人や兵糧を集めだし、幕府との対決姿勢を見せていた。そして豊臣家の菩提寺方広寺《ぼだいじほうこうじ》が再建された2年後の１６１４（慶長19）年に、巨大な鐘に刻まれた「国家安康《こっかあんこう》」の銘が家康の名前を分断するものだと、両家の対立は決定的なものとなる。

秀頼に対して江戸参勤を命じ、さらに国替えに応じて大坂城退去を要求したが、これを家康の宣戦布告と受け取り、決戦の準備に着手し始めた。

真田信繁《さなだのぶしげ》（幸村《ゆきむら》）、長宗我部盛親《ちょうそかべもりちか》、毛利勝永《もうりかつなが》、後藤基次《ごとうもとつぐ》、大谷吉治《おおたによしはる》などの浪人を合わせ約10万人の兵力が集まった。同年11月、家康は約20万人の兵で大坂城に向かう途中、数カ所の砦

「大坂夏の陣図屏風・右（部分）」（大阪城天守閣所蔵）

をことごとく陥落させ、籠城した大坂城を包囲する。これが「大坂冬の陣」である。豊臣方が奮戦し膠着《こうちゃく》状態となり、大坂城の外堀を埋めることで和睦が成立した。しかし、徳川方の本多正信《ほんだまさのぶ》らによって外堀を埋めた後に、工事が進んでいないので手伝うと言って二の丸、三の丸も埋めてしまった。これに対し豊臣側はもとに

戻そうとしたため、家康は1615（元和元）年4月、15万の大軍を大坂城にさし向けたことによって「大坂夏の陣」が勃発《ぼっぱつ》する。堀を埋められた大坂城は攻めやすく、豊臣方は相次いで討ち死にし、内通者に放たれた火の手によって同年5月7日に陥落してしまう。淀殿、秀頼は自害し、豊臣家が滅亡した。

大坂冬の陣・布陣図

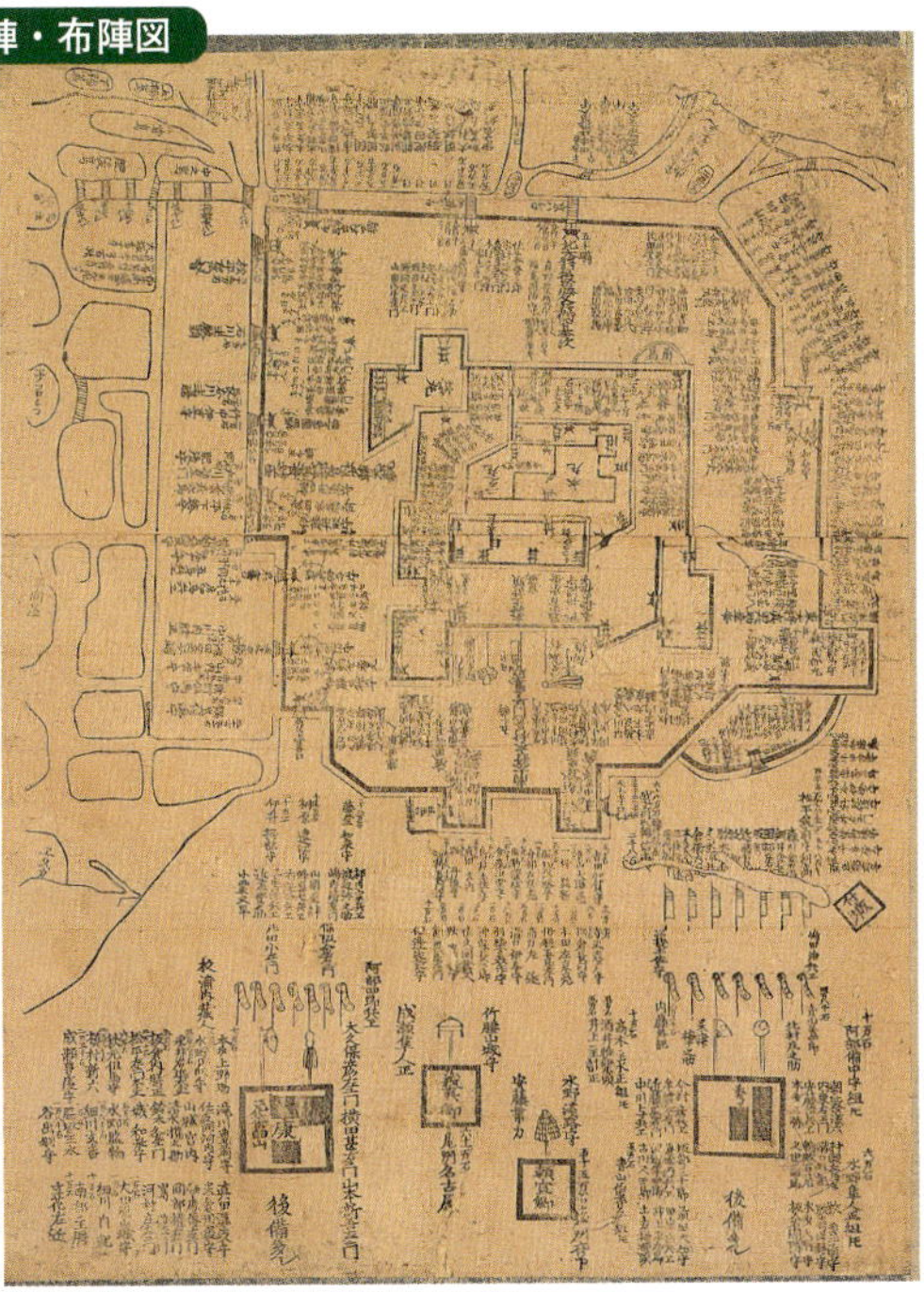

「大坂冬の陣配陣図」。大坂城を取り囲むように、びっしりと徳川軍が包囲している
（大阪城天守閣所蔵）

大坂夏の陣・布陣図

「大坂夏御陣全図」。大坂夏の陣の配陣図である。大坂城を取り囲むだけでなく町全体を包囲する布陣図であった
（大阪城天守閣所蔵）

新政府軍対会津藩《あいづはん》の会津若松城《わかまつじょう》の戦い

1867（慶応3）年、15代将軍・徳川慶喜《とくがわよしのぶ》の大政奉還《たいせいほうかん》によって徳川幕府は終焉。しかし、1868（明治元）年、政権返り咲きを目論んだ慶喜の旧幕府軍と新政府軍の戊辰戦争が勃発。会津藩も旧幕府軍として、新政府軍と1カ月も籠城して戦った。

白虎《びゃっこ》隊の悲劇を生んだ会津

徳川慶喜が大政奉還をするものの、政権返り咲きを目論み、1868（明治元）年1月3日、鳥羽伏見《とばふしみ》で戊《ぼ》辰《しん》戦争が勃発する。

しかし、近代の兵器を携え兵装をした新政府軍に幕府軍は大敗し、江戸城に撤退するも、新政府の西郷隆《さいごうたか》盛《もり》と旧幕府の勝海舟《かつかいしゅう》の会談で江戸城は無血で江戸開城になった。

しかし、会津藩を中心とする東北諸藩は、「奥羽越列《おううえつれっ》藩同盟《ばんどうめい》」を結成、新政府軍との戦いを想定して洋式銃を買い集めていた。さらに会津藩は、玄武《げんぶ》隊（50歳以上）、青龍《せいりゅう》隊（36～49歳）、朱雀《すざく》隊（18～35歳）、白虎《びゃっこ》隊（15～17歳）の諸隊を設けるなど、戦いのための組織づくりをしている。

同年8月20日に新政府軍に会津攻撃の命令が下る。当初新政府軍は、仙台に攻め入るといっていたが、白河口、日光口、越後口、二本松口と会津の国境にせまり、丹羽《にわ》氏の居城の二本松城を攻め落とした。

勢いづく新政府軍は、手薄な磐梯熱海から石筵を通り、母成《ぼなり》峠（安達太良山の裾野で南北12㎞の広い高原）にかかる石筵口を約3000人の兵力で攻め落とし、8月22日に会津領内になだれ込んだ新政府軍によって猪苗代城が陥落。平ノ口原の戦いで白虎隊などの諸部隊を蹴散らし、8月23日に若松城（鶴ヶ城）を囲む。

城主・松平容保《かたもり》は籠城。9月14日に新政府軍の総攻撃を受けるも、約1カ月の戦闘に耐え続けた。しかし、9月22日、容保は降伏を決意。北大手に降参と書いた白旗が掲げられ、会津藩と新政府軍の戦いは終わった。

会津藩は、藩士だけでなく領民も総動員して新政府に軍に戦いを挑んだ。そのすさまじい抵抗戦は、今も語りぐさになり、白虎隊の悲劇などが記憶に残る。会津藩と新政府軍との戦い「会津戦争」を描いた「奥州会津辺大合戦」（萩博物館所蔵）

右の写真は、戊辰戦争終結後、1873（明治6）年に撮影された会津若松城。戊辰戦争での砲弾の傷跡がなまなましい。上は1965（昭和40）年に復興された、現在の会津若松城

（国立公文書館所蔵）

旧幕府軍対新政府軍最期の戦い・箱館《はこだて》戦争

会津藩が降伏したことによって本州での戊辰《ぼしん》戦争が終息するが、戊辰戦争最期の戦いが北海道箱館五稜郭に立て籠もる榎本武揚《えのもとたけあき》、土方歳三《ひじかたとしぞう》たち旧幕府脱走軍と、新政府軍で行われた。新政府軍の圧倒的な兵力によって、榎本武揚らが降伏。箱館戦争は終結した。

戊辰戦争最後の戦いが行われた五稜郭

1868（明治元）年に勃発した戊辰戦争も、会津藩の降伏によって終焉《しゅうえん》をむかえたかに思えたが、同年9月26日に仙台湾に入港した旧幕府脱走軍の艦隊が、陸軍部隊を艦隊に収容し、蝦夷《えぞ》地を目指す。

同年10月20日、旧幕府脱走軍は、大野、七飯、川汲などで箱館府兵と戦い、これをことごとく打ち破り、10月26日に無人になっていた五稜郭を占拠する。五稜郭は江戸幕府が港湾防備のために築いた西洋式星形城郭で、蘭学者の武田斐三郎《たけだあやさぶろう》が1857（安政4）～1864（元治元）年の歳月をかけて築城したものだ。

その後、新政府側の松前藩を攻撃。藩主が青森に脱出したため、旧幕府海軍副総裁であった榎本武揚を総裁とし、暫定《ざんてい》的な行政府を創設する。元新撰組副長の土方歳三も陸軍奉行並の役職に就いていた。

箱館戦争で指揮をとった榎本武揚。幕府崩壊で職を失った幕臣たちの救済策を聞き入れない新政府に対する抵抗戦だった

しかし、1869（明治2）年、新政府軍の反撃が始まる。土方歳三らの善戦むなしく、同年5月11日、圧倒的な兵力による箱館総攻撃により、土方も戦死、五稜郭に対して軍艦・甲鉄による艦砲射撃によって5月15日に弁天岬台場が降伏。16日に千代ヶ岡の陣屋が玉砕。5月18日に榎本武揚らが降伏して、五稜郭が明け渡され、箱館戦争が終わりを告げる。

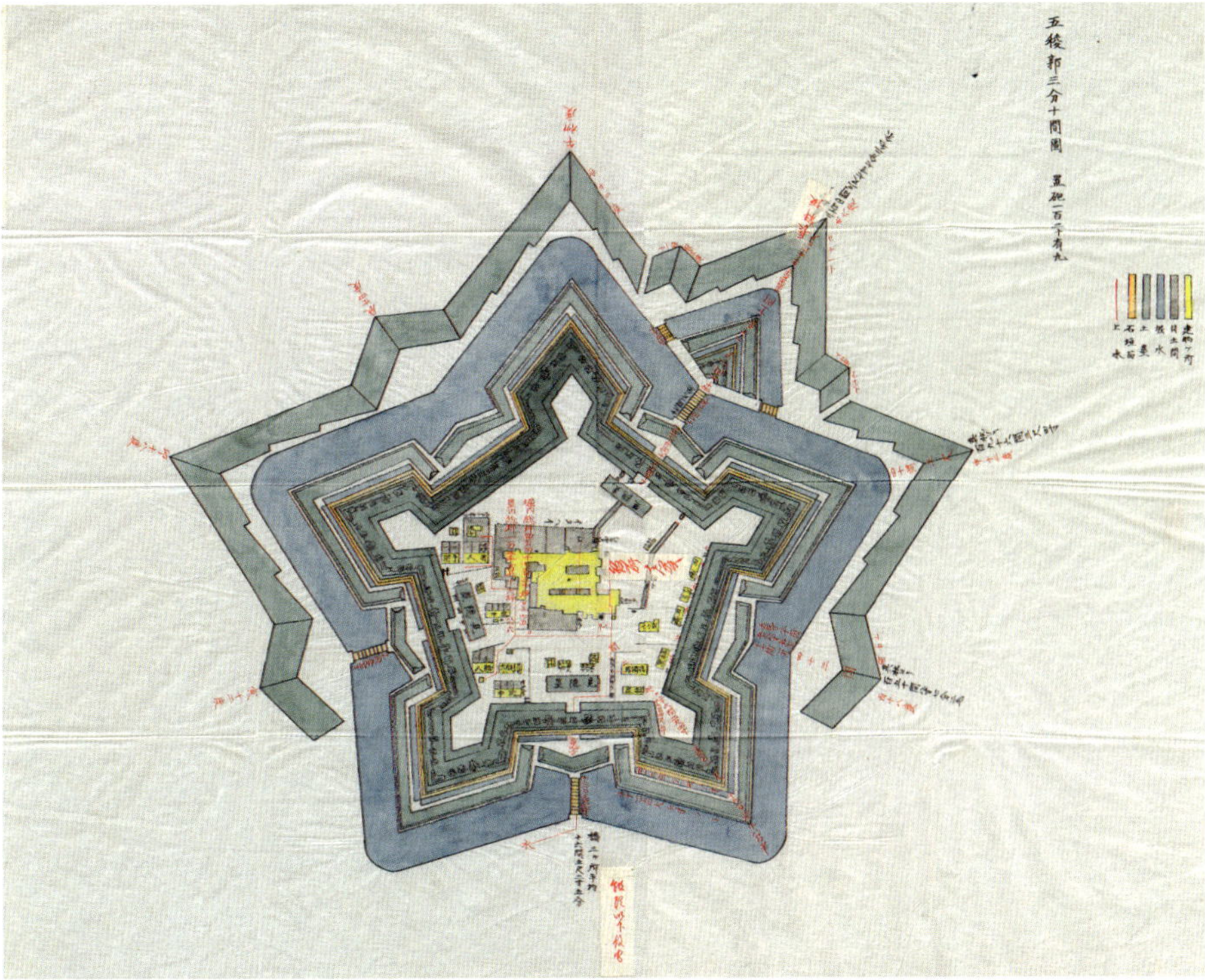

五稜郭の見取り図。図から、橋を落とせば独立した島になることがわかる。門の間口が狭くなっているため敵が大挙して押し寄せられず、なおかつ、守備兵は身を守りながら、門をくぐり抜けてきた敵を銃撃できる塁が設けられていた

左は旧幕府軍将校の集合写真。上は榎本武揚が旧幕府脱走軍を収容し、五稜郭まで到達した艦隊「回天」。新政府軍との戦いにより、大破した

（写真、図版全て提供：函館市中央図書館）

Column

日本三大陣屋で知る 城《しろ》と陣《じん》屋《や》の違い

戦場で軍隊が寝泊まりする所を陣屋と言うが、ここで紹介する陣屋は、江戸時代に城を持たない大名が住んでいた所や、郡代、代官などの役所のことである。

当時城を持つために石高が決められていた。陣屋は、石高の満たない武家が格を誇示するためのものである。城のように重層なものではなく、平屋で簡素な構えだが、日本三大陣屋と言われる規模の大きなものがある。

上総国《かずさのくに》周淮《すす》郡《ぐん》飯野《いいの》村《むら》（現・千葉県富津市下飯野）に造られた「**飯野《いいの》陣屋**」は、譜代《ふだい》大名の保科正貞《ほしなまささだ》が1648（慶安元）年に、徳川家より1万7000石を与えられ造ったもの。築造時は約4万坪もの敷地だったと言われる。

福井県敦賀市の「**敦賀《つるが》陣屋**」は、若狭小浜《わかさおばま》藩主の酒井忠直《さかいただなお》の次男・酒井忠稠《ただしげ》が、兄の忠隆《ただたか》から1万石を分知（分け与えること）され、造営したもの。

当時は奉行所、代官所も置かれているほど広大な敷地で、政治の中心であったらしい。現在は企業の保養施設になっている。

1617（元和3）年、毛利輝元《もうりてるもと》の次男・就隆《なりたか》が、兄の秀就《ひでなり》から3万石を分知されて築いたのが、山口県にある「**徳山《とくやま》陣屋**」である。

1836（天保7）年に徳山毛利家は、城主格となったため、陣屋は城扱いとなり、徳山城と呼ばれるようになった。

日本三大陣屋のひとつ、千葉県富津市の「飯野陣屋」。約4万坪の敷地に当時は本丸、二の丸、三の丸に区別されていた

敷地内には、飯野神社が祀られている

第四章

日本三大で比較する名城

日本三大名城／日本三大山城／
日本三大水城／日本三大連立式平山城

日本三大名城

数多くある名城の中でも、特に巨城で、姿形とも素晴らしく有名な城を日本三大名城と言う。それは、徳川家康《とくがわいえやす》の命によって造られた愛知県の「名古屋城」、天下統一をはたした豊臣秀吉《とよとみひでよし》の居城、大阪府の「大坂城」、兵庫県の「姫路城」、熊本県の「熊本城」である。

※選者によって選び方が違うので、古くから四城を三大としている

大坂城を牽制する目的で築かれた巨城「名古屋城」

現在の**「名古屋城」**の地に、駿河今川氏の那古野城《なごやじょう》があった。織田信秀《おだのぶひで》（信長《のぶなが》の父）が謀略によって奪い、信長の居城となる。その後、1555（弘治元）年、信長が清洲城《きよすじょう》を攻め取り居城にしたため、那古野城は廃城になったと考えられている。

関ヶ原の戦いで勝利を治めた徳川家康が、那古野（名古屋）に新城を造ることを決定し、天下普請《てんかぶしん》によって築城を行った。1610（慶長15）年に、家康の子・義直《よしなお》の居城として完成する。

築城された名古屋城は、天守閣は連立式層塔型の五層五階地下一階で、姫路城天守の約2倍の広さを誇る大坂城に、匹敵するものだった。曲輪《くるわ》を広くとり、堀は空堀《からぼり》と水堀《みずぼり》とがうまく利用されている、まさに天下無双の堅城だった。

しかし、1891（明治24）年の濃尾《のうび》大地震で破損し、修理されるも1945（昭和20）年5月14日の名古屋大空襲で焼失し、1959（昭和34）年に大天守などが復元（外観）された。

【名古屋城DATA】

- **築城年**／1610（慶長15）年
- **藩主**／尾張徳川氏
- **形式**／平城
- **構造形式**／梯郭式
- **天守閣の構造**／連結式層塔型 五層五階地下一階（外観のみ復元）
- **遺構**／西北隅櫓、表二之門など
- **所在地**／愛知県名古屋市

秀吉築城の「大坂城」をより巨城にした徳川幕府

織田信長亡き後、天下統一を成し遂げた豊臣秀吉《とよとみひでよし》が、石山本願寺《いしやまほんがんじ》跡に1583（天正11）年、自らの趣向を反映させて築城したのが「大坂城」である。

築城当時の天守閣は五層九重（内部は八階）で、天守閣の壁は黒く塗られ、屋根には金の鯱鉾《しゃちほこ》が飾られていた。さらに、天守閣最上部には金の虎が描かれ、城内に黄金の茶室があったと言う。その壮麗ゆえに「金城」「錦城」とも呼ばれていた。

その後、1615（元和元）年の徳川幕府対豊臣家の大坂夏の陣によって、大坂城は焼失。松平忠明《まつだいらただあきら》を大坂に封じ、城と城下町の復興を命じた。1619（元和5）年、江戸幕府の天下普請によって1629（寛永6）年に再建をはたす。再建された大坂城は、秀吉が築いた城よりも大きく、広くなっている。これは豊臣のシンボルである大坂城を凌駕《りょうが》し、徳川幕府の力を誇示する目的があったと考えられる。

しかし、1665（寛文5）年の雷火で天守が炎上、1931（昭和6）年に再建され、日本三大名城のひとつに数えられる。

【大坂城DATA】
- **築城年**／1583（天正11）年、1931（昭和6）年に復興
- **藩主**／豊臣氏、徳川氏、奥平氏
- **形式**／平城
- **構造形式**／—
- **天守閣の構造**／望楼型五層八階
- **遺構**／—
- **所在地**／大阪府大阪市

ユネスコの世界文化遺産に登録された「姫路城《ひめじじょう》」

「姫路城」は、世界文化遺産はもちろんのこと、国宝8棟、重要文化財74棟、現存天守14城のひとつに選ばれる日本を代表する名城のひとつである。また、現存する城の中でも一度も火災や戦災に遭《あ》ったことのない城でもある。

築城の歴史は古く、室町時代の1331（元弘元）年に赤松則村《あかまつのりむら》が姫山に砦《とりで》を築き、子の貞範《さだのり》が1346（正平元）年に城を築いたのが始まりと言われている。当時は姫山城と呼ばれていた。その後、羽柴秀吉《はしばひでよし》（豊臣《とよとみ》秀吉）が大改修を行い、名も姫路城と改めた。

現在のような大城郭になったのは、1609（慶長14）年、池田輝政《いけだてるまさ》が大改修を完工させたことによる。天守閣は連立式望楼型で、木造五層六階地下一階の見事なもので、壁が白漆喰で大小の連立天守がまるで白鷺が翼を広げたように見えることから、別名「白鷺城」とも呼ばれている。

現存遺構として、天守はもちろんのこと、櫓、門、本丸、二の丸、三の丸、西の丸、石垣、堀など、多数残っている。

日本を代表する城のひとつ「姫路城」。大小の天守が連なる姿は、誰をも感嘆、魅了する

【姫路城DATA】

- **築城年**／1346年に築城、1601～1609年、現在の姫路城築かれる
- **城主**／赤松氏、池田氏
- **築城者**／赤松貞範、池田輝政
- **形式**／平山城
- **構造形式**／──
- **天守閣の構造**／連立式望楼型木造五層六階、地下一階
- **遺構**／天守、櫓、門、本丸、二の丸、三の丸、西の丸、石垣、堀など
- **所在地**／兵庫県姫路市

質実剛健の風格漂う難攻不落の「熊本城《くまもとじょう》」

戦国時代を代表する名将で、城造りの名人（名古屋城、江戸城の石垣普請《ふしん》を担当した）と言われる加藤清正《かとうきよまさ》が、自らの経験を生かして築きあげたのが「熊本城」である。

大小2つの天守が並び、独特のアーチを描く〝武者返し〟と呼ばれる石垣。この石垣は「清正流」とも呼ばれた。

自然の河川を利用した堀、城壁に黒の下見板が張ってある長堀、数多くの空堀、城内に曲がりくねった道（桝型）を巡らせ、籠城した時に困らないように幾つも掘られた井戸など、まさに考え抜かれた難攻不落の城と言われた。

歴史は古く、室町時代の武将・出田秀信《いでたひでのぶ》が茶臼山《ちゃうすやま》に千葉城を築き、その後、鹿子木親員《かのこぎちかかず》が南西麓に隈本城《くまもとじょう》を築城。この隈本城を清正が1601～1607（慶長6～12）年に大改修したのが熊本城である。

現存遺構として、宇土櫓、北十八間櫓、東十八間櫓、不開門、石垣、長塀、堀などが残っており、多くの観光客が訪れる日本三大名城のひとつである。

質実剛健の言葉がぴったりの「熊本城」。武者返しの石垣と天守が見事である

【熊本城DATA】

- **築城年**／1601～1607（慶長6～12）年
- **藩主**／加藤氏、細川氏
- **築城者**／加藤清正
- **形式**／平山城
- **構造形式**／梯郭式
- **天守閣の構造**／連結式望楼型 三重六階地下一階（大天守）、三重四階地下一階（小天守）
- **遺構**／宇土櫓、北十八間櫓、東十八間櫓、不開門、石垣、長塀、堀など
- **所在地**／熊本県熊本市

日本三大山城《やまじろ》

山城とは名のごとく、山の上に築いた城のこと。織田信長《おだのぶなが》が安土城を築いた以降の城は、領地のシンボルとして見せるための役割もしていたため、山の上に築かれた。数多くの難攻不落の山城があるが、ここでは歴史ある山城の三大を紹介する。

最も高所にある「岩村城《いわむらじょう》」

「岩村城」は、江戸諸藩の城の中でも最も高いところに築かれた城で、日本三大山城のひとつである。築城は源頼朝《みなもとのよりとも》の重臣であった加藤景廉《かとうかげかど》が、1185(文治元)年に行ったのが始まりと言われている。

標高717mに築かれ、高低差180mの天嶮《てんけん》の地形を利用した難攻不落の城で、周囲を原生林に囲まれ、朝夕に立ちこめる濃霧によって包まれるため、別名「霧ヶ城」とも呼ばれる。

その後、戦国時代に織田信長の叔母が城主として城を守ったが信長の反感を買い、殺されてしまう。しかし、戦国時代100年、江戸時代300年もの間城主が続き、明治の廃城令で廃城になるまでの約700年もの歴史がある、日本を代表する城である。

【岩村城DATA】

- **築城年**/1185(文治元)年
- **城主**/加藤景廉、織田氏など
- **標高**/721m(海抜)
- **比高**/150m
- **城囲い**/1,255m(一の門内)
- **山周り**/3,700m
- **縄張り(当時)**/本丸、二の丸、出丸、東曲輪、八幡曲輪、帯曲輪、藩主邸など
- **所在地**/岐阜県恵那市岩村町

建物は明治時代に取り壊され、残された石垣が往時の勇壮さを思い起こさせる

日本最大規模を誇る奈良県の「高取城《たかとりじょう》」

「高取城」は標高583・9mの高取山山頂に築かれた山城で、比高（盛土や崖などの高さを近くの平らな所との差のこと）が390mもある。

築城は南北朝時代の1332（元弘2）年、南朝方の高取の豪族・越智《おち》八郎《はちろう》邦澄《くにずみ》によるもの。当時は天嶮を利用し、橋梁を設け本棚を廻らした〝カキ上げ城〟だった。

1585（天正13）年に本多氏が入城し、石塁や土塀を築き、本丸に大小の天守閣、門、櫓楼を配した近世城郭に整備した。その後、植村《うえむら》家政《いえまさ》が入城。14代続いたが、1873（明治6）年に廃城になった。

現在は、現存している石垣、石塁などが残っているだけだが、城内約1万㎡、城周り約3km、周囲約30kmの広さは、山城としては最大を誇る。

明治時代に取り壊される前の高取城

戦国時代には織田信長の「大和国一国一城令」により、廃城の憂き目にあっている。その後、筒井順慶が復興をし、豊臣秀長によって近世城郭へと生まれ変わった。雪に例えられるほどの白壁が美しい城であったが、明治政府の政策によって明治6～7年の間に建物はすべて取り壊されてしまった

【高取城DATA】

- **築城年**／1332（元弘2）年
- **城主**／越智八郎邦澄、本多氏、植村氏
- **標高**／583m（海抜）
- **比高**／390m
- **城内**／約1万㎡
- **城周り**／約3km
- **周囲**／約30km
- **縄張り（当時）**／天守（三層）、小天守、櫓（27）、門（33）、土塀（2,900m）、石垣（3,600m）、橋梁（9）、堀切（5）など
- **所在地**／奈良県高市郡高取町

現存天守の中で最も高い「備中松山城《びっちゅうまつやまじょう》」

戦国時代の最盛期に、標高４３０ｍの臥牛山《がぎゅうさん》の４つの峰に、またがるように城や砦《とりで》が築かれていたのが、**「備中松山城」**である。

当時は山全体がまるで巨大な要塞《ようさい》のようだったらしい。現存天守を持つ山城としては、最も高い所（海抜４８０ｍ）にあることで知られている。

築城の歴史はとても古く、鎌倉時代１２４０（仁治元）年に有漢郷《うかんごう》（現・岡山県高梁市有漢町）の地頭の秋庭重信《あきばしげのぶ》が、大松山に砦を築く。その後、秋庭氏、三村氏が入城。１６０５（慶長10）年に小堀政一《こぼりまさかず》（遠州《えんしゅう》）が代官として赴任《ふにん》し、大改修をしている。

その後、１６８３（天和３）年に水谷勝宗《みずのやかつむね》によって、現在の天守の姿に改築されている。

最も標高の高い場所に建つ現存天守「備中高松城」。雲海に包まれた姿は幻想的である

【備中松山城DATA】

- **築城年**／1240（仁治元）年、1605（慶長10）年大改修、1683（天和3）年大改修
- **藩主**／池田氏、秋庭氏、三村氏、水谷氏、安藤氏、石川氏、板倉氏など
- **標高**／480m（海抜）
- **比高**／340m
- **広さ**／9,309㎡（本丸周辺）
- **縄張り（当時）**／本丸、二の丸、三の丸、三重櫓（二重天守）、平櫓（10）、櫓門（2）、冠木門（7）、番所（4）、山麓に御根小屋（居館）など
- **所在地**／岡山県高梁市

日本三大水城《みずしろ》

水城とは、海や湖、川などに隣接し、港湾部分を城の一部として、城の濠に海水や水を引き込み、いつでも水量を変えることができるようになっている。これは、敵に攻め込まれにくいという利点がある。そんな日本三大水城は、次のようになる。

瀬戸内海の海水を引き入れた「高松城《たかまつじょう》」

香川県の高松市は瀬戸内海に面しており、万葉集で柿《かきの》本人麻呂《もとのひとまろ》が讃岐《さぬき》国の枕詞《まくらことば》に「玉《たま》藻《も》よし」と詠んだことから、この一帯の海を〝玉藻の浦〟と呼んでいた。

1587（天正15）年、生駒親正《いこまちかまさ》が「高松城」を築き、瀬戸内海の海水を外堀、中堀、内堀に引き込んで日本を代表する水城のひとつに数えられるようになった。別名「玉藻城」とも言われる。その後、生駒騒動（御家騒動）によって、四代目城主の生駒高俊が出羽国（現・秋田県）由利郡矢島1万石の地に移され、水《み》戸《と》光圀《みつくに》の兄・松平頼《まつだいらより》重《しげ》が藩主となり、その子孫が11代228年間在城した。

現在は、艮櫓《うしとらやぐら》、月見櫓、渡櫓、水手御門《みずのてごもん》などが残る、玉藻公園として一般に公開されている。堀には満潮になるとボラなどの魚が入ってきて泳いでいるらしい。

「紙本著色高松城下図 八曲屏風（部分）」
（香川県立ミュージアム所蔵）

【高松城DATA】

- **築城年**／1587（天正15）年
- **藩主**／生駒氏、松平氏
- **形式**／平城・海城
- **構造形式**／連郭・梯郭式
- **天守閣の構造**／三重四階、南蛮造り
- **所在地**／香川県高松市

現在残っている城郭公園のそばには港がある。かつては高松城が海城であったことを想像させる風景だ

（写真提供：玉藻公園管理事務所）

城造りの名人・藤堂高虎《とうどうたかとら》が築城した「今治城《いまばりじょう》」

1602（慶長7）年、城造りの名人と言われた伊予《いよ》半国20万3000石の大守であった藤堂高虎によって築城されたのが**「今治城」**である。

この今治城は、「今より治める」という意味を込められて、今張から今治と名づけられたと言われる。

三重の堀には瀬戸内海の海水を導入した海岸平城である。現在、今治城の舟入跡に今治港が築かれている。今なお本丸、二の丸、内堀、石垣などが現存している。かつては、日本初の層塔型五重天守だったが、亀山城（京都府）に移築されてしまった。

現在の天守閣は1980（昭和55）年10月に再建されたもので、今治市のシンボルになっている。

海岸沿いに造られた今治城は、豊かな水源を利用して造られた広大な水堀を巡らせている。その水面に映る城郭も美しい

橋の長さから、堀の広大さがうかがえる。まさに日本三大水城のひとつと言える

【今治城DATA】

●**築城年**／1602（慶長7）年	●**構造形式**／梯郭式
●**藩主**／藤堂高虎	●**天守閣の構造**／層塔型五重
●**形式**／平城・海城	●**所在地**／愛媛県今治市

日本三大水城の中で最も古い歴史を持つ「中津城《なかつじょう》」

「中津城」は、現在の大分県中津市の山国川（現、中津川）河口の三角州に、豊臣秀吉《とよとみひでよし》より豊前6郡12万5000石を拝領した黒田孝高《くろだよしたか》（如水《じょすい》）が、1587（天正15）年に築城したのが始まり。

その後、細川忠興《ほそかわただおき》、小笠原《おがさわら》氏によって改築され、1650（慶安年間）年頃に完成している。1717（享保2）年以降、奥平《おくだいら》氏在城となる。

城郭《じょうかく》の形が扇《おうぎ》の形に似ていることから、「扇城」とも呼ばれている。

日本三大水城の中で最も歴史が古く、その歴史は築城開始から423年（2010年現在）にもなる。今なお当時の石垣や堀（薬研堀、内堀、中堀）の一部などが残っており、潮の満干によって堀に引き入れられた海水が増減している。

城跡の上段には、奥平神社、城井神社、中津大神宮、中津神社が、下段に児童公園が設けられている。

現在の天守閣（模擬）や二重櫓は、1964（昭和39）年に復興されたものである。

河口沿いに建てられた中津城は、堀に海水を引き入れている。今も、潮の干満によって堀の水量が変化する

【中津城DATA】

- **築城年**／1587（天正15）年築城開始、1650（慶安年間）年頃完成
- **藩主**／黒田孝高（如水）、細川忠興、小笠原氏、奥平氏
- **形式**／平城・海城
- **構造形式**／梯郭式
- **天守閣の構造**／天守閣は存在しなかった（模擬天守を復興）
- **所在地**／大分県中津市

日本三大連立式平山城《れんりつしきひらやまじろ》

連立式とは大天守（天守閣）と小天守（二基以上）を四方に配置し、渡や橋台で連結していること。平山城とは、丘陵に築いた城で、周囲に平地を取り入れた城のことである。その三大は、和歌山県の「和歌山城」、兵庫県の「姫路城」、愛媛県の「松山城」になる。

徳川御三家のひとつ、紀州徳川家の居城「和歌山城」

「和歌山城」は、重要文化財に指定されている名城のひとつで、徳川御三家のひとつ、紀州《きしゅう》徳川家の居城として知られている。

1585（天正13）年に、豊臣秀吉《とよとみひでよし》が弟の秀長《ひでなが》のために、藤堂高虎《とうどうたかとら》らの有力大名を普請奉行《ふしんぶぎょう》として、築城を命じたもの。その後、1619（元和5）年に徳川家康《とくがわいえやす》の第10子・頼宣《よりのぶ》が入城。やがて紀州55万5000石となった。

和歌山城は、名城を代表する日本三大連立式平山城のひとつで、天守閣は三重三階になっており、東西南北の見る方向によって形が違って見えると言われている。

【和歌山城DATA】

●築城年	1585（天正13）年
●藩主	豊臣氏、浅野氏、徳川氏
●形式	平山城
●構造形式	連郭・梯郭式
●天守閣の構造	連立式層塔型 三重三階
●所在地	和歌山県和歌山市

見事なまでの連立式天守閣「姫路城」

国宝はもちろんのこと、重要文化財、ユネスコの世界文化遺産に指定されている「姫路城」。連立天守閣と白漆喰の壁が、白鷺《しらさぎ》が翼を広げた姿に似ていることから、別名「白鷺城」とも言われる。

1331（元弘元）年に、播磨《はりま》国の守護職・赤松則村《あかまつのりむら》が姫山に砦を築き、その子の貞範《さだのり》が1346（正平元）年に築城したのが始まりと言われている。1601〜1609（慶長6〜14）年に現在の姫路城が築かれている。

現存天守14城のひとつに数えられる天守は、木造五層六階、地下一階で直径1mもの柱で支えられている。総重量約5700トンもある大天守と3つの小天守で構成された、見事なまでの連立天守閣である。

心柱と呼ばれる、天守閣を支える大柱

【姫路城DATA】

- **築城年**／1346（正平元）年築城開始、1601〜1609（慶長6〜14）年に現在の姫路城が築かれる
- **藩主**／赤松氏、池田氏
- **形式**／平山城
- **構造形式**／—
- **天守閣の構造**／連立式望楼型木造五層六階、地下一階。白漆喰塗籠造
- **所在地**／兵庫県姫路市

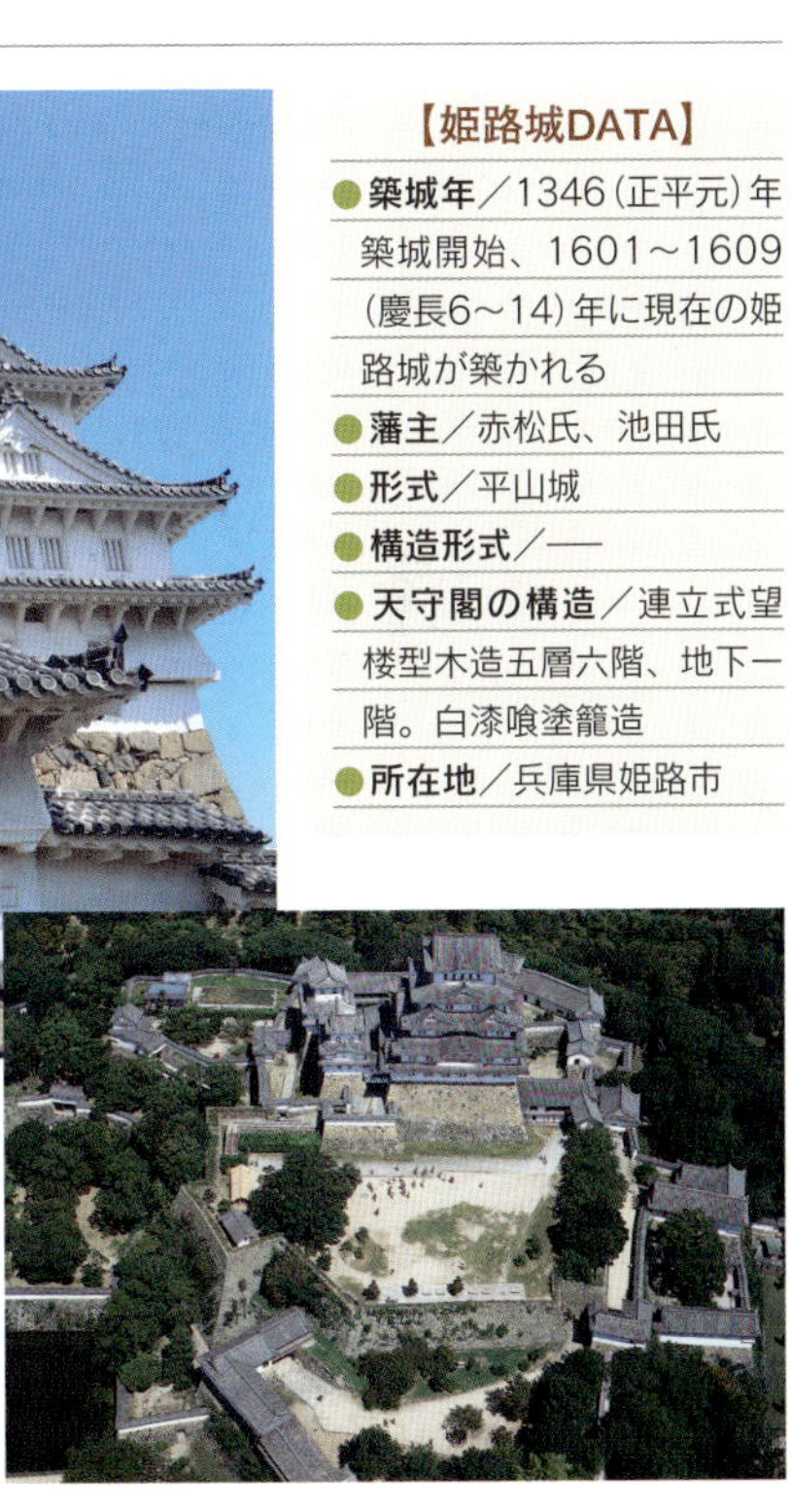

連なる櫓や小天守、大天守が一体となった景観は、溜め息が出るほど美しい。破風の緩やかなカーブが、優雅にひるがえる羽根のようだ

（写真提供：姫路市）

25年もの歳月をかけて完成した「松山城《まつやまじょう》」

日本三大連立式平山城のひとつに数えられる愛媛県の「松山城」（伊予松山城）。築城者は賤ケ岳《しずがたけ》七本槍の一人として知られる、加藤嘉明《かとうよしあき》。

嘉明が伊予《いよ》半国を賜ったことにより、１６０２（慶長７）年に標高１３２ｍの勝山山頂に築城を開始し、25年もの歳月をかけて完成したと言われている。

山頂に本丸（大天守）を置き、中腹に二の丸、山麓に三の丸を置いた連立式、大天守層塔型三層三階地下一階の典型的な連立式平山城である。

この松山城は、現存する天守14のひとつであり、櫓、門、石垣、堀が現存遺構として重要文化財に指定されている。

加藤嘉明が築城した頃の天守は五層だったらしい。その後、松平氏によって三層に改築されている。しかし、1784（天明4）年に落雷で焼失。その後、1848（嘉永元）年、幕府が再建を認可。現存する大天守は、この時のものである

【松山城DATA】

- **築城年**／1602（慶長7）年（着工）
- **藩主**／加藤嘉明、蒲生忠知、松平氏
- **築城者**／加藤嘉明
- **形式**／平山城
- **構造形式**／梯郭式
- **天守閣の構造**／連立式層塔型 三重三階、地下一階
- **所在地**／愛媛県松山市

第五章

名城ガイド

日本全国の108城の特徴・築城年・築城者・城主（藩主）・形式・構造形式・天守閣の構造・有名な戦い・所在地を紹介

名城（108城）ガイド

本書の2～38ページで、北海道から沖縄までの名城30を紹介しているが、この名城ガイドでは、財団法人日本城郭《じょうかく》協会が、日本全国の城の中から建築、土木、考古、歴史などの各分野の専門家が検討し、保存復元情報などをふまえて選定した「日本100名城」を中心に、2～37ページで紹介している城以外の日本全国の108の城を抜粋して北から紹介する。

※●は日本百名城に選定された城である

1 根室半島チャシ跡群
2 福山（松前）城
3 根城
4 盛岡城
5 久保田城
6 多賀城
7 米沢城
8 会津若松城
9 白河小峰城
10 二本松城
11 足利氏館（鑁阿寺）
12 水戸城
13 佐倉城
14 大多喜城
15 鉢形城
16 川越城
17 八王子城
18 箕輪城
19 金山城
20 高崎城
21 武田氏館（武田神社）
22 甲府城
23 松代城
24 上田城
25 小諸城
26 高遠城
27 龍岡城
28 新発田城
29 村上城
30 高田城
31 春日山城
32 高岡城
33 富山城
34 七尾城
35 一乗谷城
36 岐阜城
37 岩村城
38 加納城
39 苗木城
40 山中城
41 駿府城
42 掛川城
43 浜松城
44 横須賀城
45 長篠城
46 吉田城
47 伊賀上野城
48 津城
49 松坂城
50 亀山城
51 田丸城
52 新宮城
53 大和郡山城
54 高取城

55 岸和田城
56 千早城
57 小谷城
58 観音寺城
59 淀城
60 園部城
61 明石城
62 赤穂城
63 篠山城
64 津山城
65 鬼ノ城
66 広島城
67 福山城
68 三原城
69 郡山城
70 鳥取城
71 米子城
72 津和野城
73 月山富田城
74 岩国城
75 萩城
76 勝山御殿
77 徳島城
78 今治城
79 湯築城
80 小倉城
81 福岡城
82 大野城
83 久留米城
84 府内城
85 岡城
86 臼杵城
87 佐伯城
88 角牟礼城
89 日出城
90 佐賀城
91 名護屋城
92 吉野ヶ里
93 唐津城
94 島原城
95 平戸城
96 金石城
97 清水山城
98 石田（福江）城
99 八代城
100 人吉城
101 飫肥城
102 佐土原城
103 延岡城
104 鹿児島城

❶ 根室《ねむろ》半島チャシ跡群・北海道

アイヌ民族の代表的な城で、祭事や集会に使われたと言われている。根室半島の海抜5～50mの海岸に沿った断崖の上の台地に半円形、もしくは四角形の堀を巡らせた砦であった。

●築城年／16～18世紀 **●築城者**／―― **●藩主**／―― **●形式**／山城 **●構造形式**／―― **●天守閣の構造**／―― **●有名な戦い**／寛政アイヌ蜂起 **●所在地**／北海道根室市

❷ 松前《まつまえ》城・北海道

幕末、開国の機運が高まる中、外国船に対する警戒を強めた幕府が、津軽海峡付近の海防の目的で築城した。海に向けて砲台を配置する、当時では最新式の城だった。しかし、旧幕府軍によって落城させられる。

●築城年／1850（嘉永3）年着工、1854（安政元）年完成 **●築城者**／松前崇弘 **●藩主**／松前崇弘 **●形式**／平山城 **●構造形式**／梯郭式 **●天守閣の構造**／―― **●有名な戦い**／戊辰戦争 **●所在地**／北海道松前郡松前町

❸ 根《ね》城・青森県

南北朝時代に築かれた城郭で、主殿と呼ばれる儀式をとり行う建物を中心に、武具の制作や修繕をおこなう工房や馬屋などを配置した要塞のような構造だった。現在は公園として、安土桃山時代の城郭の様子が復原整備されている。

●築城年／1334（建武元）年 **●築城者**／南部師行 **●藩主**／南部氏 **●形式**／平城 **●構造形式**／連郭式 **●天守閣の構造**／―― **●有名な戦い**／―― **●所在地**／青森県八戸市

❹ 盛岡《もりおか》城・岩手県

東北の有力豪族から大名となった、南部氏の居城。別名「不来方城《こずかたじょう》」としても知られる東北最大の石造りの城だったが、1874（明治7）年に建物は解体され、現在は壮大な石垣と水堀だけが残っている。

●築城年／1597（慶長2）年、1673（延宝元）年改修 **●築城者**／南部氏 **●藩主**／南部氏 **●形式**／平山城 **●構造形式**／連郭・梯郭式 **●天守閣の構造**／三重櫓 **●有名な戦い**／―― **●所在地**／岩手県盛岡市

盛岡城本丸
（写真提供：盛岡市教育委員会）

5 久《く》保《ぼ》田《た》城・秋田県

関ヶ原の戦いで西軍に味方し、常陸水戸藩から出羽秋田藩へ減封された佐竹義宣《さたけよしのぶ》が築いた居城。天守や石垣を持たない、関東の伝統的な土塁構造の城であった。明治時代に火災で城内の建物はほぼ焼失し、御物頭番所《おものがしらばんしょ》のみ災禍を免《まぬが》れた。

●築城年／1603（慶長8）年 **●築城者**／佐竹義宣 **●藩主**／佐竹氏 **●形式**／平山城 **●構造形式**／梯郭式 **●天守閣の構造**／―― **●有名な戦い**／―― **●所在地**／秋田県秋田市

6 多《た》賀《が》城・宮城県

別名「多賀柵《さく》」とも言う、大和朝廷の東北征討の拠点となった城塞。大和朝廷の東北地方の政治的軍事的な中枢機関で「遠《とお》の朝廷《みかど》」とも呼ばれ、重要な儀式が執り行われていた。

●築城年／724（神亀元）年 **●築城者**／大野東人 **●城主**／―― **●形式**／平山城 **●構造形式**／―― **●天守閣の構造**／―― **●有名な戦い**／伊治呰麻呂の乱、阿弖流為の戦い、前九年の役 **●所在地**／宮城県多賀城市

7 米《よね》沢《ざわ》城・山形県

上杉景勝が石田三成とともに抵抗した責任を問われ、関ヶ原の戦い後、徳川家康に越後から会津に移封された時に入城した城。天守はなく、かわりに三階櫓（三重櫓）が二基という、小規模な居城であった。

●築城年／1238（暦仁元）年、1548（天文17）年改築、1608（慶長13）年改修 **●築城者**／長井時広、伊達晴宗 **●城主**／長井氏、伊達氏、蒲生氏、上杉氏 **●形式**／平城 **●構造形式**／輪郭式 **●天守閣の構造**／三階櫓（三重櫓） **●有名な戦い**／―― **●所在地**／山形県米沢市

8 会《あい》津《づ》若《わか》松《まつ》城・福島県

白虎隊の悲話が残るほど、壮絶な籠城戦が繰り広げたことで有名な若松城は、別名「鶴ケ城」とも呼ばれる。蒲生氏郷が城郭の大改修をおこない、七重の天守を築いたといわれる。

●築城年／1384（至徳元）年、1592（文禄元）年大改修 **●築城者**／葦名直盛、蒲生氏郷 **●城主**／葦名氏、伊達政宗、蒲生氏、上杉景勝、加藤嘉明、保科正之、松平氏 **●形式**／平山城 **●構造形式**／梯郭式 **●天守閣の構造**／五重（伝説では七重） **●有名な戦い**／戊辰戦争 **●所在地**／福島県会津若松市

⑨ 白河小峰《しらかわこみね》城・福島県

織田信長の重臣であった丹羽長秀の長男・長重が1627（寛永4）年が入封し、近世城郭の構造に改修。軍略的に凝った石垣、城壁に、築城の名手・丹羽氏の手腕が偲ばれる。

●築城年／1340～1346（興国年間）年、1629（寛永6）年 **●築城者**／結城親朝、丹羽長重 **●藩主**／丹羽氏、徳川譜代大名 **●形式**／平山城 **●構造形式**／梯郭式 **●天守閣の構造**／独立式層塔型三重三階 **●有名な戦い**／戊辰戦争 **●所在地**／福島県白河市

⑩ 二本松《にほんまつ》城・福島県

霞ヶ城、霧ヶ城とも呼ばれた中世を代表する山城。丘陵と切り通しを巧妙に取り入れた馬蹄形の縄張りで、防御に秀でた構造であった。山頂に本丸があり、山麓に居館と城下町があった。

●築城年／1441～1444（嘉吉年間）年、1590（天正18）年、1627（寛永4）年、1643（寛永20）年 **●築城者**／畠山満泰、蒲生郷成、加藤嘉明、丹羽光重 **●城主**／畠山氏、伊達氏、蒲生氏、上杉氏、加藤氏、丹羽氏 **●形式**／山城（山麓に居館） **●構造形式**／梯郭式 **●天守閣の構造**／―― **●有名な戦い**／戊辰戦争 **●所在地**／福島県二本松市

⑪ 足利氏館（鑁阿寺《ばんなじ》）・栃木県

足利氏の居館として築かれた、鎌倉時代の武家屋敷の遺構。足利義兼が邸内に持仏堂をつくって大日如来を祀ったことから、義兼没後は氏寺「鑁阿寺」として改修された。

●築城年／平安時代末期～鎌倉時代初期 **●築城者**／源義国、足利義兼 **●城主**／足利氏 **●形式**／平城 **●構造形式**／―― **●天守閣の構造**／―― **●有名な戦い**／―― **●所在地**／栃木県足利市

足利氏館（鑁阿寺）

⑫ 水戸《みと》城・茨城県

御三家のひとつ、水戸徳川家の居城であった。天守は三重五階の珍しい御三階櫓であったが、第二次世界大戦時に焼失してしまった。現在では薬医門、藩校の弘道館、空堀や土塁が当時の姿を残している。

●築城年／1214（建保2）年、1593（文禄2）年、1625（寛永2）年 **●築城者**／馬場資幹、佐竹義宣、徳川頼房 **●藩主**／水戸徳川氏 **●形式**／平山城 **●構造形式**／連郭式 **●天守閣の構造**／三重五階の御三階櫓 **●有名な戦い**／―― **●所在地**／茨城県水戸市

13 佐倉《さくら》城・千葉県

関東地方の城郭としては珍しく天守が築かれていたが、1813（文化10）年に焼失する。石垣を一切用いずに土塁と堀で城郭を構築し、鹿島川、高崎川を外堀に利用している。

●**築城年**／1611（慶長16）年 ●**築城者**／土井利勝 ●**藩主**／土井利勝、堀田氏 ●**形式**／平山城 ●**構造形式**／梯郭式 ●**天守閣の構造**／独立式層塔型三重四階 ●**有名な戦い**／―― ●**所在地**／千葉県佐倉市

佐倉城本丸跡

14 大多喜《おおたき》城・千葉県

1590（天正18）年、徳川家康の関東移封に伴って、夷隅郡大多喜を与えられた本多忠勝が築城した大多喜城。明治時代に破壊されたが、古地図にもとづいて天守が復興されている。

●**築城年**／1590（天正18）年 ●**築城者**／本多忠勝 ●**藩主**／本多氏、阿部氏、青山氏、稲垣氏、松平氏 ●**形式**／平山城 ●**構造形式**／連郭式 ●**天守閣の構造**／三重 ●**有名な戦い**／―― ●**所在地**／千葉県夷隅郡大多喜町

15 鉢形《はちがた》城・埼玉県

城の前後を川に守られた天然の要塞であり、戦国時代を代表する平山城である。関東の覇権を狙う武田信玄、上杉謙信などの戦国武将が、戦略の重要拠点として攻防を繰り広げた。

●**築城年**／1476（文明8）年、1558～1570（永禄年間）年 ●**築城者**／長尾景春、北条氏邦 ●**城主**／長尾氏、北条氏 ●**形式**／平山城 ●**構造形式**／連郭式 ●**天守閣の構造**／―― ●**有名な戦い**／扇谷上杉と山内上杉の覇権争い、扇谷上杉・後北条氏・武田氏の領地争い、後北条・武田・上杉の領地争い、豊臣秀吉の小田原攻め（鉢形城の戦い） ●**所在地**／埼玉県大里郡寄居町

16 川越《かわごえ》城・埼玉県

戦国時代は「河越城」と言われた。江戸幕府守護の北の拠点とされ、江戸中期まで老中が藩主を務めた「老中の居城」であった。1848（嘉永元）年に建てられた本丸御殿が現存する。

●**築城年**／1457（長禄元）年、1651（慶安4）年改修 ●**築城者**／太田道真・道灌親子、松平信綱 ●**城主**／扇谷上杉氏、後北条氏、酒井氏、堀田氏、松平氏 ●**形式**／平城 ●**構造形式**／連郭式 ●**天守閣の構造**／―― ●**有名な戦い**／―― ●**所在地**／埼玉県川越市

17 八王子《はちおうじ》城・東京都

近世城郭構造の山城で、後北条氏の重要な軍事拠点。豊臣秀吉の小田原攻めで、前田利家・上杉景勝の軍に八王子城が攻め落とされたことがきっかけで、後北条氏は降伏した。

●築城年／1584（天正12）年以降といわれる **●築城者**／北条氏照 **●城主**／北条氏照 **●形式**／山城 **●構造形式**／―― **●天守閣の構造**／―― **●有名な戦い**／豊臣秀吉の小田原攻め（八王子城の戦い） **●所在地**／東京都八王子市

八王子城・虎口

（写真提供：八王子市教育委員会）

18 箕輪《みのわ》城・群馬県

榛名山を利用して築かれた箕輪城は、いくつもの曲輪を低い尾根に配備した広大な城であった。西は川に沿った断崖、南は春名沼、北東は水堀と自然の地の利を活かしていた。

●築城年／1500（明応9）年頃、1582（天正10）年、1590（天正18）年 **●築城者**／長野業尚、北条氏邦、井伊直政 **●城主**／長野氏、内藤氏、後北条氏、滝川一益、井伊直政 **●形式**／平山城 **●構造形式**／梯郭式 **●天守閣の構造**／―― **●有名な戦い**／―― **●所在地**／群馬県高崎市

19 金山《かなやま》城・群馬県

山頂に築かれた実城《みじょう》を中心に、放射状に伸びる尾根に曲輪を配備して、山全体を縄張りとしていた。垂直で高さ2m前後の石垣が、雛段《ひなだん》のように積み上がっているのが特徴。

●築城年／1469（文明元）年 **●築城者**／岩松家純 **●城主**／岩松氏、横瀬氏、由良氏、後北条氏、清水氏 **●形式**／山城 **●構造形式**／梯郭式 **●天守閣の構造**／―― **●有名な戦い**／明応の乱、享禄の乱、北条軍 **●所在地**／群馬県太田市

金山城
二の丸

20 高崎《たかさき》城・群馬県

平安末期の豪族・和田氏の城跡に、井伊直政が近世城郭を築いた。中山道と三国街道の分岐点にあり、交通の要衝を監視する役割があったため、江戸幕府の重臣が代々藩主を務めた。

●築城年／1598（慶長3）年 **●築城者**／井伊直政 **●藩主**／井伊氏、諏訪氏、酒井氏、戸田氏、安藤氏、松平氏、間部氏など **●形式**／平城 **●構造形式**／梯郭式 **●天守閣の構造**／御三階櫓（独立式層塔型三重三階） **●有名な戦い**／―― **●所在地**／群馬県高崎市

21 武田《たけだ》氏《し》館《やかた》（武田神社）・山梨県

別名「躑躅《つつじ》ヶ崎館《がさきやかた》」と呼ばれた甲斐の虎・武田信玄の本拠地。領主の居館と家臣団の屋敷、城下町が一体となっていた。当時の堀や土塁、古井戸などが、武田神社に残っている。

●築城年／1519（永正16）年 **●築城者**／武田信虎 **●城主**／武田信虎、武田信玄、武田勝頼 **●形式**／平城 **●構造形式**／連郭式 **●天守閣の構造**／―― **●有名な戦い**／―― **●所在地**／山梨県甲府市

甲府城

22 甲府《こうふ》城・山梨県

江戸時代には、ほぼ幕府直轄の城であった。築城当初あった天守閣は早くに失われ、再建されなかったため形状は不明である。壮大な天守台と野面積の石垣が、当時の姿を残している。

●築城年／1593～1600（文禄2～慶長5）年 **●築城者**／浅野長政、幸長 **●城主**／浅野氏、柳沢吉保、徳川氏 **●形式**／平山城 **●構造形式**／梯郭式 **●天守閣の構造**／―― **●有名な戦い**／―― **●所在地**／山梨県甲府市

23 松代《まつしろ》城・長野県

海津城（貝津城）とも言う。武田信玄が北信濃攻略の拠点として築いた城で、越後の上杉氏との攻防の最前線の城であった。武田氏築城の特徴である丸馬出《まるうまだし》と三日月堀がある。山本勘助による縄張りとして有名。

●築城年／1560（永禄3）年 **●築城者**／武田信玄 **●城主**／武田氏、森氏、真田氏 **●形式**／平城 **●構造形式**／輪郭式 **●天守閣の構造**／―― **●有名な戦い**／―― **●所在地**／長野県長野市

松代城

24 上田《うえだ》城・長野県

軍略家・真田昌幸が、二度にわたって徳川軍の攻撃を退けた城。二度目の戦いで関ヶ原に向かう徳川秀忠の大軍を足止めし遅参させたために、合戦後に上田城は破壊された。

●築城年／1583（天正11）年頃、1626（寛永3）年 **●築城者**／真田昌幸、仙石忠正 **●城主**／真田氏、仙石氏、松平氏 **●形式**／平城 **●構造形式**／梯郭式 **●天守閣の構造**／―― **●有名な戦い**／第一次上田合戦（1585〈天正13〉年）、第二次上田合戦（1600〈慶長5〉年） **●所在地**／長野県上田市

25 小諸《こもろ》城・長野県

別名「白鶴城」「酔月城」とも呼ばれる。城下町よりも低い位置に城郭があり、穴城の構造になっている。武田信玄の軍師・山本勘助が縄張りを考え、城郭を整備したという。

●築城年／1554（天文23）年、1590（天正18）年 **●築城者**／武田信玄、仙石秀久 **●城主**／武田氏、織田氏、仙石氏、徳川氏、牧野氏 **●形式**／平山城 **●構造形式**／連郭・梯郭式 **●天守閣の構造**／三重天守 **●有名な戦い**／―― **●所在地**／長野県小諸市

26 高遠《たかとお》城・長野県

桜の名所として有名な城址。壮大な空堀と土塁で築かれた、武田氏築城の特色を残している。縄張は山本勘助が考えたと言われ、本丸脇に勘助曲輪と呼ばれる曲輪があるが、後世のものとの説もある。

●築城年／1547（天文16）年（改修） **●築城者**／武田信玄（改修） **●城主**／高遠氏、武田氏、仁科氏、毛利氏、木曾氏、徳川氏、京極氏、保科氏、鳥居氏、内藤氏 **●形式**／平山城 **●構造形式**／梯郭式 **●天守閣の構造**／―― **●有名な戦い**／高遠城攻め **●所在地**／長野県伊那市高遠町

27 龍岡《たつおか》城・長野県

城というより砦のような構造で、田野口陣屋と称されていた。五稜郭と同じ星形をした西洋式の縄張で、明治維新の争乱に備えたものだった。別名「龍岡五稜郭」「桔梗城」とも言われた。

●築城年／1864（元治元）年 **●築城者**／松平（大給）乗謨 **●城主**／松平（大給）氏 **●形式**／平城 **●構造形式**／稜堡式 **●天守閣の構造**／―― **●有名な戦い**／―― **●所在地**／長野県佐久市臼田町

28 新《し》発《ば》田《た》城・新潟県

1602（慶長7）年頃に築城されたが、一度建物が全焼し、1688（元禄元）年に再建されている。現存建物である本丸表門と旧二ノ丸隅櫓は、雪国らしく建物が風雪に耐えられるよう海鼠壁（小窓や壁面に瓦を張った壁）になっている。

●築城年／1602（慶長7）年、1688（元禄元）年、2004（平成16）年（三階櫓と辰巳櫓・復元） **●築城者**／溝口秀勝 **●藩主**／溝口氏 **●形式**／平城 **●構造形式**／梯郭式 **●天守閣の構造**／三階櫓 **●有名な戦い**／―― **●所在地**／新潟県新発田市

29 村上城《むらかみ》・新潟県

村上市の東にある標高135mの臥牛山山頂に建てられている山城と、その麓に建てられた居館でひとつの城郭となっている。幕末の動乱で藩内が二分して争った時に、建物のほとんどが焼失してしまった。

●築城年／16世紀初頭、1598（慶長3）年、1649（慶長2）年（近世城郭に改修） **●築城者**／本庄時長、村上義明（頼勝）、松平直矩 **●城主**／本庄氏、村上氏、堀氏、内藤氏 **●形式**／平城（山城＋山麓に居館） **●天守閣の構造**／望楼型三重（落雷により焼失） **●有名な戦い**／戊辰戦争（北越動乱） **●所在地**／新潟県村上市

30 高田城《たかだ》・新潟県

大阪冬の陣をひかえて築かれた高田城は、約4カ月という短期間で竣工された。付近に石材となる石場がなかったことも災いして、石垣が築かれていない珍しい近世城郭である。

●築城年／1614（慶長19）年 **●築城者**／松平忠輝 **●藩主**／松平氏、酒井氏、稲葉氏、戸田氏、榊原氏 **●形式**／平城 **●構造形式**／輪郭式 **●天守閣の構造**／三重櫓 **●有名な戦い**／―― **●所在地**／新潟県上越市

31 春日山城《かすがやま》・新潟県

南北朝時代に越後国守護を勤めた上杉氏が春日山山頂に築いた、自然の地形を利用した難攻不落の城。現在も空堀や土塁、直江屋敷（直江兼続《なおえかねつぐ》の屋敷）跡などが残っている。

●築城年／1510（永正7）年、1573～1592（天正年間）年 **●築城者**／長尾為景、上杉謙信 **●城主**／長尾氏、上杉氏、堀氏 **●形式**／山城 **●構造形式**／連郭式 **●天守閣の構造**／―― **●有名な戦い**／―― **●所在地**／新潟県上越市

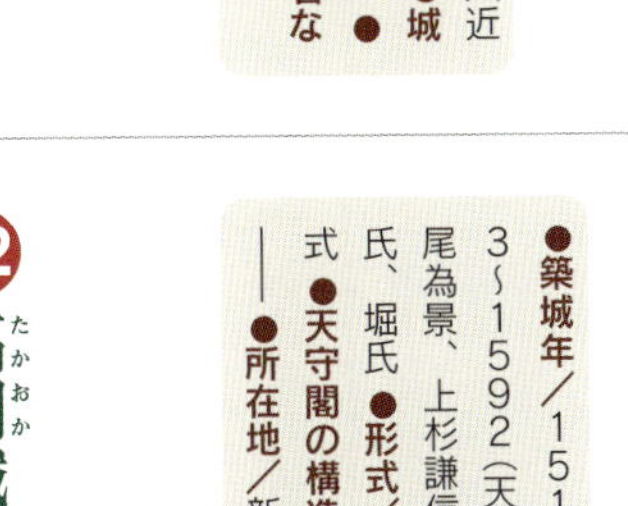
春日山城

32 高岡城《たかおか》・富山県

加賀藩主・前田利長の隠居城として、築城の名手・高山右近が設計した、沼や水濠に守られた堅城。「一国一城令」により廃されたが、軍事拠点として密かに維持された。

●築城年／1609（慶長14）年 **●築城者**／前田利長 **●城主**／前田利長 **●形式**／平城 **●構造形式**／聚楽第型城郭式 **●天守閣の構造**／―― **●有名な戦い**／―― **●所在地**／富山県高岡市

33 富山《とやま》城・富山県

北陸の交通の要衝であったため、戦国時代には覇権攻防の舞台となった。織田信長の重臣・佐々成政《さっさなりまさ》が、神通川を城の防御として取り込む改修をしたことで、「浮城」とも呼ばれた。

●築城年／1543（天文12）年頃、1605（慶長10）年、1661（寛文元）年 **●築城者**／神保長職、佐々成政、前田利次 **●城主**／神保氏、佐々氏、前田氏 **●形式**／平城 **●構造形式**／連郭・梯郭式 **●天守閣の構造**／なし。戦後に模擬天守として複合連結式望楼型三重四階、二重二階（小天守） **●有名な戦い**／越後上杉氏との争い、一向一揆など **●所在地**／富山県富山市

34 七尾《ななお》城・石川県

能登の守護大名であった畠山氏の居城。七尾湾が一望できる険しい山岳地を利用した堅固な山城で、その姿は「天宮」と称された。上杉謙信と一年にわたる攻防の末、落城した。

●築城年／1428〜1429（正長年間）年、1582（天正10）年 **●築城者**／畠山満慶、前田利家 **●藩主**／畠山氏、上杉氏、前田氏 **●形式**／山城 **●構造形式**／連郭式 **●天守閣の構造**／――― **●有名な戦い**／七尾城の戦い **●所在地**／石川県七尾市

35 一乗谷《いちじょうだに》城・福井県

南北朝時代から織田信長に滅ぼされるまで、越前を支配した戦国大名・朝倉氏の居城。一乗谷川に沿った細長い谷間に城下町が、山峰には城塞や見張り台が築かれていた。

●築城年／1471（文明3）年頃 **●築城者**／朝倉孝景 **●城主**／朝倉氏、桂田長俊 **●形式**／山城 **●構造形式**／連郭式 **●天守閣の構造**／――― **●有名な戦い**／一乗谷の戦い（刀禰坂の戦い） **●所在地**／福井県福井市

一乗谷城、朝倉屋敷跡

36 岐阜《ぎふ》城・岐阜県

金華山（稲葉山）の山頂に築かれた山城で、通称「稲葉山城」。美濃を支配していた斎藤氏の居城であったが、織田信長が攻め落とした。その後、信長の天下布武の拠点となった。

●築城年／1201〜1204（建仁年間）年、1532〜1555（天文年間）年、1558〜1570（永禄年間）年、1956（昭和31）年復興 **●築城者**／二階堂行政、斎藤道三、織田信長 **●城主**／二階堂氏、斎藤氏、織田氏 **●形式**／山城 **●構造形式**／――― **●天守閣の構造**／原型は不明。独立式望楼型三重四階（復興） **●有名な戦い**／稲葉山城の戦い、岐阜城の戦い **●所在地**／岐阜県岐阜市

37 岩村《いわむら》城・岐阜県

標高717mと最も高い場所に、本丸が築かれていた日本三大山城のひとつ。女性の城主が存在したことでも知られている。甲斐の武田氏、尾張の織田氏、三河の徳川氏と、それぞれが戦略の重要拠点として攻め取ろうとした。

●築城年／1185（文治元）年、安土桃山時代（近世城郭に改修） **●築城者**／加藤景廉、森氏（改修） **●城主**／加藤氏、遠山氏、秋山氏、森氏、松平氏 **●形式**／山城 **●構造形式**／梯郭式 **●天守閣の構造**／―― **●有名な戦い**／織田信長との攻防 **●所在地**／岐阜県恵那市

38 加納《かのう》城・岐阜県

1600（慶長5）年に落城した岐阜城下に築き、豊臣家の居城・大坂城に対する備えとした。天守は織田信長が建築した岐阜城天守を移築したと言われていたが、1728（享保13）年に焼失。

●築城年／1601（慶長6）年 **●築城者**／徳川家康 **●藩主**／奥平氏、大久保氏、戸田氏、安藤氏、永井氏 **●形式**／平城 **●構造形式**／梯郭式 **●天守閣の構造**／御三階櫓（独立式層塔型三重四階） **●有名な戦い**／―― **●所在地**／岐阜県岐阜市

39 苗木《なえぎ》城・岐阜県

木曽川に面した山城で、天然の岩盤を利用してつくられた石垣構造が珍しい。「赤壁城」という別名があり、化粧漆喰《しっくい》を塗らない赤土壁であったことが由来だと言われている。

●築城年／中世 **●築城者**／遠山直廉 **●藩主**／遠山氏 **●形式**／山城 **●構造形式**／―― **●天守閣の構造**／―― **●有名な戦い**／森長可の苗木城攻め **●所在地**／岐阜県中津川市

40 山中《やまなか》城・静岡県

小田原を拠点とした後北条氏の、領土の西の国境線を防備する最前線の城。城内に箱根道を取り込んでいたため、関所の役割もあった。豊臣秀吉の小田原攻めで落城し、そのまま廃城となった。

●築城年／1558〜1570（永禄年間）年 **●築城者**／北条氏康 **●城主**／松田氏◆ **●形式**／山城 **●構造形式**／―― **●天守閣の構造**／―― **●有名な戦い**／豊臣秀吉の小田原攻め（山中城の戦い） **●所在地**／静岡県三島市

41 駿《すん》府《ぷ》城・静岡県

天下普請で築城された、徳川家康の隠居城。江戸の秀忠とともに大御所政治という二元統治がおこなわれた。1635（寛永12）年に火災で天守が焼失してからは、城郭の規模は縮小された。

●**築城年**／1607（慶長12）年 ●**築城者**／徳川家康 ●**藩主**／徳川氏、中村氏、内藤氏 ●**形式**／平城 ●**構造形式**／輪郭式 ●**天守閣の構造**／五層七階（焼失） ●**有名な戦い**／―― ●**所在地**／静岡県静岡市

駿府城（静岡市所蔵）

42 掛《かけ》川《がわ》城・静岡県

駿河国の大名・今川氏の重臣・朝比奈氏の居城であったが、徳川氏の領有となり、家康の関東移封後は山内一豊の居城となった。現在残る遺構は、山内氏が整えた近世城郭である。

●**築城年**／1469～1487（文明年間）年、1994（平成6）年（天守復元） ●**築城者**／朝比奈泰熙、山内一豊（改修） ●**城主**／朝比奈氏、山内氏、太田氏など ●**形式**／平山城 ●**構造形式**／梯郭式 ●**天守閣の構造**／複合式望楼型三重四階（木造復元） ●**有名な戦い**／今川・武田・徳川による争奪戦 ●**所在地**／静岡県掛川市

43 浜《はま》松《まつ》城・静岡県

三方原の戦いで、武田信玄に敗北を喫した徳川家康が逃げ込んだ城。三河遠江時代の拠点となっていた。江戸時代には、幕府の老中などの重職に就任する城主が多かったため、「出世城」と呼ばれた。

●**築城年**／1570（元亀元）年 ●**築城者**／徳川家康 ●**藩主**／徳川氏、堀尾氏、松平氏、井上氏など ●**形式**／平山城 ●**構造形式**／梯郭式 ●**天守閣の構造**／―― ●**有名な戦い**／三方原の戦い ●**所在地**／静岡県浜松市

44 横《よこ》須《す》賀《か》城・静岡県

土塁と石垣を混用しており、石垣には天竜川の河原石を用いている。甲斐・武田氏の高天神城に対抗するために築かれた城で、関ヶ原の戦い以後は譜代大名が城主を務めた。

●**築城年**／1578（天正6）年 ●**築城者**／大須賀康高 ●**城主**／大須賀氏、渡瀬氏、西尾氏など ●**形式**／平山城 ●**構造形式**／梯郭式 ●**天守閣の構造**／三重四階 ●**有名な戦い**／―― ●**所在地**／静岡県掛川市

45 長篠《ながしの》城・愛知県

寒狭川と宇連川の合流点に築かれ、川を堀代わりにした戦国時代末期の城。この城の争奪戦で、織田信長・徳川家康の連合軍が、武田勝頼の騎馬隊に対して鉄砲を用いたのは有名。

●築城年／1508（永正5）年 **●築城者**／菅沼元成 **●藩主**／菅沼氏、奥平氏など **●形式**／平城 **●構造形式**／―― **●天守閣の構造**／―― **●有名な戦い**／長篠・設楽原の戦い **●所在地**／愛知県新城市

46 吉田《よしだ》城・愛知県

三河支配の重要拠点とされ、松平氏や戸田氏、今川氏が争奪戦を繰り広げた。現在残る城郭は池田輝政が整備した近世城郭で、本丸などの要衝にしか石垣がない古風な構造。

●築城年／1505（永正2）年、1590（天正18）年 **●築城者**／牧野古白、池田輝政（改修） **●藩主**／牧野氏、戸田氏、酒井氏、池田氏、松平氏など **●形式**／平城 **●構造形式**／半円郭式 **●天守閣の構造**／―― **●有名な戦い**／牧野氏・戸田氏の争奪戦、松平家康の攻略 **●所在地**／愛知県豊橋市

47 伊賀上野《いがうえの》城・三重県

築城の名手・藤堂高虎が大改修をし、徳川氏の豊臣討伐に備えた深い堀と高い石垣が構築された。大坂夏の陣で豊臣氏が滅亡したため、城は未完成のままで工事は中止された。

●築城年／1585（天正13）年頃、1611（慶長16）年、1935（昭和10）年（模擬天守） **●築城者**／筒井定次、藤堂高虎（改修） **●城主**／筒井氏、藤堂氏など **●形式**／平山城 **●構造形式**／梯郭式 **●天守閣の構造**／五重天守（建設中に倒壊・中止）、三重模擬天守（木造） **●有名な戦い**／―― **●所在地**／三重県伊賀市

伊賀上野城

48 津《つ》城・三重県

津市の古称「安濃津《あのつ》」から、別名「安濃津城」ともいう。関ヶ原の戦いで城内の大半が焼失し、藤堂高虎の手で大改修がおこなわれた。以降明治維新まで、藤堂氏の居城となる。

●築城年／1580（天正8）年、1611（慶長16）年 **●築城者**／織田信包、藤堂高虎（改修） **●藩主**／織田氏、富田氏、藤堂氏 **●形式**／平城 **●構造形式**／連郭・輪郭式 **●天守閣の構造**／五重（織田時代） **●有名な戦い**／―― **●所在地**／三重県津市

49 松坂《まつさか》城・三重県

安土桃山時代に、蒲生氏が商業都市を目指して構築した。江戸時代には、紀州徳川家の支城（城主がおらず、駐屯基地などの役目の城）として機能していた。1644（正保元）年に天守が倒壊したが、再建されることはなかった。

●築城年／1588（天正16）年、1595（文禄4）～1606（慶長11）年 **●築城者**／蒲生氏郷、古田重勝（改修） **●藩主**／蒲生氏、服部氏、古田氏、紀州徳川氏 **●形式**／平山城 **●構造形式**／梯郭式 **●天守閣の構造**／連結式三重五階 **●有名な戦い**／―― **●所在地**／三重県松阪市

50 亀山《かめやま》城・三重県

小田原攻めの功労で豊臣秀吉から亀山城を賜《たまわ》った岡本宗憲《おかもとそうけん》が、中世城郭であった亀山城を近世城郭へと造り替えた。これが、亀山城の基礎城郭となっている。江戸時代には、徳川将軍家が本丸を宿泊所として利用した。

●築城年／1265年（文永2）年、1590（天正18）年、1636（寛永13）年 **●築城者**／関実忠、岡本宗憲（改修）、本多俊次（改修） **●城主**／関氏、岡本氏、本多氏、石川氏など **●形式**／平山城 **●構造形式**／梯郭式 **●天守閣の構造**／―― **●有名な戦い**／―― **●所在地**／三重県亀山市

51 田丸《たまる》城・三重県

南北朝時代に南朝方の北畠氏の居城として築かれた中世城郭を、北畠《きたばたけ》（織田《おだ》）信雄《のぶかつ》が改修し、三重天守を築いたといわれる。いびつな曲輪をいくつも連ねた古式な縄張である。

●築城年／南北朝時代、1575（天正3）年 **●築城者**／北畠氏、北畠（織田）信雄（改修） **●城主**／北畠氏、織田氏、稲葉氏、久野氏など **●形式**／平山城 **●構造形式**／連郭・梯郭式 **●天守閣の構造**／三層天守（焼失） **●有名な戦い**／天領と田丸領の争い **●所在地**／三重県度会郡玉城町

52 新宮《しんぐう》城・和歌山県

熊野川に面した丹鶴山の山頂に城があり、麓には居館が設けられていた新宮城は、別名「丹鶴城」と言われる。城の東側からは太平洋が一望できるため、「沖見城」とも称された。

●築城年／1618（元和4）年 **●築城者**／浅野忠吉 **●城主**／浅野氏、水野氏 **●形式**／山城＋山麓の居館 **●構造形式**／―― **●天守閣の構造**／三重五階 **●有名な戦い**／―― **●所在地**／和歌山県新宮市

53 大和郡山城《やまとこおりやま》・奈良県

豊臣時代に豊臣秀長が急いで城郭の拡張をおこなったため、天守台の石垣に墓石や石仏などが用いられた。現存する石垣の石組みの間から、逆さまになって埋もれている「逆さ地蔵」が見られる。

●築城年／1581（天正9）年 **●築城者**／筒井順慶 **●城主**／筒井氏、豊臣氏、本多氏、柳沢氏など **●形式**／平城 **●構造形式**／梯郭式 **●天守閣の構造**／五層六階（伝説） **●有名な戦い**／郡山城の戦い **●所在地**／奈良県大和郡山市

54 高取城《たかとり》・奈良県

城の防御の要所に堀などを設けただけで、自然の地形を活かした「掻《か》き揚げ城」という構造になっている。険しい山に幾重にも連なった曲輪と多数の櫓が建つ城であったが、1890（明治23）年に建物はすべて解体されてしまった。

●築城年／南北朝時代、1585（天正13）年（近世城郭に改修） **●築城者**／越智氏、本多太郎左衛門（改修） **●城主**／越智氏、本多氏、植村氏 **●形式**／山城 **●構造形式**／―― **●天守閣の構造**／三重 **●有名な戦い**／―― **●所在地**／奈良県高市郡高取町

高取城

55 岸和田城《きしわだ》・大阪府

本丸と二の丸をあわせた形が、機織り機の縦糸を巻く器具「ちきり」に似ていたことから、「千亀利城」と呼ばれた。1827（文政10）年に、落雷で五重天守が焼失した。

●築城年／1587〜1598（天正15〜慶長3）年、1619（元和5）年（改修）、1640（寛永17）年（改修） **●築城者**／小出秀政、松平氏（改修）、岡部氏（改修） **●藩主**／小出氏、松平氏、岡部氏など **●形式**／平城 **●構造形式**／連郭・梯郭式 **●天守閣の構造**／複合式層塔型五重五階（焼失）、三重天守（復興模擬天守） **●有名な戦い**／―― **●所在地**／大阪府岸和田市

56 千早城《ちはや》・大阪府

鎌倉末期から南北朝に活躍した南朝側の猛将・楠木正成が築いた城。四方を絶壁に囲まれたこの千早城で、正成は鎌倉幕府軍と対峙して籠城戦を繰り広げ、城を守り抜いた。

●築城年／1332（元弘2・正慶元）年 **●築城者**／楠木正成 **●城主**／楠木氏 **●形式**／山城 **●構造形式**／連郭式 **●天守閣の構造**／―― **●有名な戦い**／千早城の戦い **●所在地**／大阪府南河内郡千早赤阪村

57 小谷城《おだにじょう》・滋賀県

小谷山の南の尾根筋に城郭が築かれていた、戦国大名の浅井氏が居城としていた。長年の同盟者であった朝倉氏に義理だてて、信長との同盟を破棄した浅井長政と妻のお市の方（信長の妹）の悲劇の舞台として有名。

●築城年／1523（大永3）年頃 **●築城者**／浅井亮政 **●城主**／浅井氏、羽柴（豊臣）秀吉 **●形式**／山城 **●構造形式**／梯郭式 **●天守閣の構造**／―― **●有名な戦い**／小谷城の戦い **●所在地**／滋賀県長浜市

58 観音寺城《かんのんじじょう》・滋賀県

室町末期に起こった応仁の乱により、近江守護の六角氏と京極氏などが、この城で壮絶な攻防戦が繰り広げた。織田信長が上洛した時に支城の箕作城を落とすと、六角氏は無血開城し、廃城となった。

●築城年／1335（建武2）年頃、1471（文明3）年頃 **●築城者**／佐々木氏頼と言われる **●藩主**／佐々木六角氏 **●形式**／山城 **●構造形式**／―― **●天守閣の構造**／―― **●有名な戦い**／第一次・第二次・第三次観音寺城の戦い **●所在地**／滋賀県近江八幡市

59 淀城《よどじょう》・京都府

山城国（現・京都府南部）や大和国（現・奈良県）、摂津国（現・大阪府摂津市周辺）などから京・洛中に入る要衝に築かれた。海産物の陸揚げ地でもあったため、繁華な商業都市を管理する城であった。当時の天守台や石垣などが残っている。

●築城年／1623（元和9）年 **●築城者**／松平定綱 **●城主**／松平氏、石川氏、稲葉氏など **●形式**／平城 **●構造形式**／連郭・梯郭式 **●天守閣の構造**／連立式望楼型五重五階地下一階 **●有名な戦い**／―― **●所在地**／京都府京都市

60 園部城《そのべじょう》・京都府

戊辰戦争時に明治天皇の避難所として、1868（明治元）年から2年かけて、陣屋から城郭へと改修した日本で最後に築城された城。改修時に建てられた巽櫓や櫓門が現在も残っている。

●築城年／1619（元和5）年、1868（明治元）年（改修） **●築城者**／小出吉親 **●藩主**／小出氏 **●形式**／平城 **●構造形式**／梯郭式 **●天守閣の構造**／―― **●有名な戦い**／―― **●所在地**／京都府南丹市

61 明石《あかし》城・兵庫県

西国に配置された外様大名を抑えるための城として、徳川幕府二代将軍・徳川秀忠が小笠原忠真に命じて築城させた。天守台が築かれたのみで天守閣はなく、代わりに本丸の四隅に三重櫓が配置されていた。

●築城年／1619（元和5）年 **●築城者**／小笠原忠真 **●藩主**／小笠原氏、松平氏、大久保氏、本多氏 **●形式**／平山城 **●構造形式**／連郭・梯郭式 **●天守閣の構造**／天守台のみ。坤櫓が天守閣代わりとなっていた **●有名な戦い**／―― **●所在地**／兵庫県明石市

62 赤穂《あこう》城・兵庫県

石垣などの塁線が折れたり、斜めになっていたりと、甲州流軍学に基づいた複雑な縄張りとなっている。「忠臣蔵」で有名な浅野氏の居城で、討ち入り後は森氏が赤穂藩主となった。

●築城年／1648～1661（慶安元～寛文元）年 **●築城者**／浅野長直 **●藩主**／浅野氏、永井氏、森氏 **●形式**／平城 **●構造形式**／輪郭・梯郭式 **●天守閣の構造**／台座のみ建設 **●有名な戦い**／―― **●所在地**／兵庫県赤穂市

63 篠山《ささやま》城・兵庫県

山陰道の監視と大阪の豊臣氏をはじめとする西国大名を抑える目的で、丹波篠山盆地に築城された。藤堂高虎が縄張を設計し、虎口には築城名人の高虎ならではの創意工夫が見られる。

●築城年／1609（慶長14）年 **●築城者**／徳川家康 **●藩主**／松平氏、青山氏 **●形式**／平城 **●構造形式**／輪郭・梯郭式 **●天守閣の構造**／―― **●有名な戦い**／―― **●所在地**／兵庫県篠山市

篠山城・大書院

64 津山《つやま》城・岡山県

鶴山山頂に築かれた津山城は、別名「鶴山城」と言われる。天守の屋根は、破風《はふ》を持たない構造であったが、明治時代に破壊された。2005（平成17）年、本丸備中櫓《ほんまるびっちゅうやぐら》が復元された。

●築城年／1604～1616（慶長9～元和2）年 **●築城者**／森忠政 **●藩主**／森氏、松平氏 **●形式**／平山城 **●構造形式**／梯郭式 **●天守閣の構造**／独立式層塔型四重五階 **●有名な戦い**／―― **●所在地**／岡山県津山市

65 鬼ノ城《きのじょう》・岡山県

日本書紀には、新羅侵攻に備えて天智天皇が築城したと記載されるが、公式の歴史書には登場しない謎に包まれた城。すり鉢を伏せたような山の上に築かれた、朝鮮式建築の山城である。

●築城年／7世紀頃 **●築城者**／大和朝廷といわれる **●藩主**／―― **●形式**／山城 **●構造形式**／神籠石式 **●天守閣の構造**／―― **●有名な戦い**／―― **●所在地**／岡山県総社市

66 広島《ひろしま》城・広島県

別名「鯉城《りじょう》」は、かつて「鯉」という地名だったとか、堀にたくさんの鯉がいたからなど、様々な言い伝えがある。第二次世界大戦の広島原爆投下の爆風により天守は倒壊し、戦後に復元された。

広島城

●築城年／1589～1599（天正17～慶長4）年、1600（慶長5）年（改修）、1958（昭和33）年（天守復元） **●築城者**／毛利輝元、福島正則（改修） **●城主**／毛利氏、福島氏、浅野氏 **●形式**／平城 **●構造形式**／連郭・梯郭式 **●天守閣の構造**／複合連結式望楼型五重五階 **●有名な戦い**／―― **●所在地**／広島県広島市

67 福山《ふくやま》城・広島県

徳川幕府が、西国の外様大名を監視する目的で築城された福山城は、壮大な石垣と多数の櫓を持つ大城郭だった。江戸時代の城郭建築の中で、もっとも完成された名城といわれていた。

●築城年／1622（元和8）年、1966（昭和41）年（天守復元） **●築城者**／水野勝成 **●藩主**／水野氏、松平氏、阿部氏 **●形式**／平山城 **●構造形式**／梯郭式 **●天守閣の構造**／複合式層塔型五重六階 **●有名な戦い**／―― **●所在地**／広島県福山市

68 三原《みはら》城・広島県

毛利元就の三男・小早川隆景《こばやかわたかかげ》によって、沼田川の河口に築城された海城である。瀬戸内海に面した箇所に突出した舟入櫓《ふないりやぐら》を建てるなど、軍港の機能を備えた城郭であった。

●築城年／1596（慶長元）年頃 **●築城者**／小早川隆景 **●城主**／小早川氏、副島氏、浅野氏 **●形式**／平城・海城 **●構造形式**／梯郭式 **●天守閣の構造**／―― **●有名な戦い**／―― **●所在地**／広島県三原市

69 郡山《こおりやま》城・広島県

毛利一族が戦国大名へのし上がる拠点となった城。毛利氏の勢力拡大とともに城郭も拡張され、輝元の時代には石垣を廃した近代城郭に変貌を遂げた。関ヶ原の戦いによる毛利氏移封とともに、廃城となった。

●**築城年**／1336（建武3）年、1551（天文20）年頃、1573～1592（天正年間）年 ●**築城者**／毛利時親、毛利元就、毛利輝元 ●**城主**／毛利氏 ●**形式**／山城 ●**構造形式**／梯郭式 ●**天守閣の構造**／―― ●**有名な戦い**／吉田郡山城の戦い ●**所在地**／広島県安芸高田市

70 鳥取《とっとり》城・鳥取県

羽柴（豊臣）秀吉による、壮絶な兵糧攻めがおこなわれた城として有名。残された城郭遺構から、戦国時代、近世、幕末と各時代の建築技術がうかがい知ることができる。

●**築城年**／1545（天文14）年 ●**築城者**／山名誠通、池田長吉（近世城郭に改修） ●**城主**／山名氏、吉川氏、池田氏など ●**形式**／山城 ●**構造形式**／梯郭式 ●**天守閣の構造**／独立式望楼型三重（1573〈天正元〉年頃）、複合式層塔型二層二階地下一階（1605〈慶長10〉年改築） ●**有名な戦い**／鳥取城の兵糧攻め ●**所在地**／鳥取県鳥取市

71 米子《よなご》城・鳥取県

城郭の周囲に海水を引き入れ、軍港設備も備えた海城であったといわれる。今も残る城郭遺跡からは、麓に広がる城下町から中海《なかうみ》、日本海、島根半島、中国山地などが一望できる。

●**築城年**／1467～1487（応仁～文明年間）年、1591（天正19）年頃 ●**築城者**／山名宗之、吉川広家 ●**城主**／吉川氏、中村氏、加藤氏、池田氏、荒尾氏 ●**形式**／平山城 ●**構造形式**／梯郭式 ●**天守閣の構造**／独立式望楼型四重五階 ●**有名な戦い**／―― ●**所在地**／鳥取県米子市

72 津和野《つわの》城・島根県

鎌倉時代、元寇に備えた沿岸防備の砦として築かれた城郭を、坂崎氏が近世城郭に改修した。しかし、山頂に天守があり、山麓に居館を設ける中世式の構造は踏襲されている。

●**築城年**／1295（永仁3）年、1600（慶長5）年から改修 ●**築城者**／吉見頼行、坂崎成政（改修） ●**城主**／吉見氏、坂崎氏、亀井氏 ●**形式**／山城 ●**構造形式**／連郭式 ●**天守閣の構造**／三重天守 ●**有名な戦い**／津和野城の戦い ●**所在地**／島根県鹿足郡津和野町

73 月山富田城《がっさんとだ》・島根県

標高197mに築かれた山城。歴代の出雲守護が居城とし、戦国時代には守護大名であった尼子氏が拠点を置いていた。中国地方の覇権を争って、尼子氏と毛利氏が争奪戦を繰り広げた城でもある。

●築城年／1185（文治元）年頃、1600（慶長5）年（改修） **●築城者**／佐々木義清といわれる、堀尾吉晴（改修） **●城主**／尼子氏、吉川氏、堀尾氏 **●形式**／山城 **●構造形式**／複郭式 **●天守閣の構造**／―― **●有名な戦い**／月山富田城の戦い **●所在地**／島根県安来市

74 岩国城《いわくに》・山口県

桃山風南蛮造りの天守であったが、一国一城制によって1615（元和元）年に取り壊された。完成から7年後の出来事である。現在復興された天守閣からは、錦帯橋が望める。

●築城年／1601（慶長6）年、1962（昭和37）年（復興） **●築城者**／吉川広家 **●城主**／吉川広家 **●形式**／山城 **●構造形式**／連郭式 **●天守閣の構造**／独立式望楼型四重六階 **●有名な戦い**／―― **●所在地**／山口県岩国市

75 萩城《はぎ》・山口県

海に張り出した指月山に本丸と二の丸、山麓に本丸、二の丸、三の丸と堀を巡らした城郭がある。別名「指月城」と呼ばれ、関ヶ原の合戦以降の毛利氏の居城となる。

●築城年／1604～1608（慶長9～13）年 **●築城者**／毛利輝元 **●城主**／毛利氏 **●形式**／山城、平城 **●構造形式**／梯郭式 **●天守閣の構造**／複合式望楼型五層五階 **●有名な戦い**／―― **●所在地**／山口県萩市

76 勝山御殿《かつやまごてん》・山口県

幕末、関門海峡付近にやってくる外国船を砲撃するために設営された、城郭形式の陣屋。フランス船艦に砲撃した報復戦争の経験から、砲撃が届かない内陸部に築かれた。

●築城年／1863（文久3）年 **●築城者**／毛利元周 **●城主**／毛利氏 **●形式**／山城 **●構造形式**／連郭・梯郭式 **●天守閣の構造**／―― **●有名な戦い**／下関戦争 **●所在地**／山口県下関市

77 徳島《とくしま》城・徳島県

羽柴（豊臣）秀吉の重臣であった蜂須賀《はちすか》家政《いえまさ》が、四国攻めの功績で阿波一国を賜った際に築いた城。助任川と寺島川に挟まれた丘陵に築かれた城で、麓の西側と北側に御殿を構えていた。

●**築城年**／1586（天正14）年 ●**築城者**／蜂須賀家政 ●**城主**／蜂須賀氏 ●**形式**／平山城 ●**構造形式**／連郭・梯郭式 ●**天守閣の構造**／御三階櫓 ●**有名な戦い**／―― ●**所在地**／徳島県徳島市

徳島城

78 今治《いまばり》城・愛媛県

吹上城《ふきあげじょう》とも呼ばれる今治城は海に面した土地に造られ、堀から海へ出られる港の備えを持っていた海城である。藤堂高虎が、海運を利用した都市作りを目指していたことが伺える。

●**築城年**／1602（慶長7）年 ●**築城者**／藤堂高虎 ●**藩主**／藤堂氏、松平（久松）氏 ●**形式**／平城（海城） ●**構造形式**／梯郭式 ●**天守閣の構造**／層塔型五重（完成後、丹波亀山城に移築）、望楼型五重六階（現在の模擬天守） ●**有名な戦い**／―― ●**所在地**／愛媛県今治市

79 湯築《ゆづき》城・愛媛県

1180～1185（治承4～文治元）年の源平合戦で功績をあげ、伊予国を賜った有力御家人・河野一族の居城。湯築城を拠点に伊予一帯を納める水軍の長であったが、豊臣秀吉にはかなわなかった。

●**築城年**／南北朝期・1535（天文4）年 ●**築城者**／河野通盛、河野通直（改修） ●**城主**／河野氏、小早川氏、福島氏 ●**形式**／平山城 ●**構造形式**／―― ●**天守閣の構造**／―― ●**有名な戦い**／豊臣秀吉の四国攻め ●**所在地**／愛媛県松山市

湯築城

80 小倉《こくら》城・福岡県

戦国時代、中国地方の覇者であった毛利氏が築いた城。関ヶ原の戦い以降に入城した細川忠興《ほそかわただおき》が、大改修をして近世城郭にし、南蛮造りの天守を築いた。建物のほとんどは、幕末の長州藩との争いで焼失。

●**築城年**／13世紀（中世城郭）、1602（慶長7）年（改修） ●**築城者**／毛利氏、細川忠興 ●**城主**／毛利氏、高橋氏、細川氏、小笠原氏 ●**形式**／平城（海城） ●**構造形式**／梯郭式 ●**天守閣の構造**／連結式層塔型四重五階（焼失・昭和30年代に復興） ●**有名な戦い**／第二次長州征討 ●**所在地**／福岡県北九州市

81 福岡《ふくおか》城・福岡県

福岡城・祈念櫓

豊臣秀吉の軍師として有名な黒田孝高(如水)・長政親子が、関ヶ原の戦いの功績で筑前を拝領した際に築いた。巨大な天守台を築いたものの、家康に対する配慮か天守は建てられなかった。

●**築城年**／1601(慶長6)年 ●**築城者**／黒田長政 ●**藩主**／黒田氏 ●**形式**／平山城 ●**構造形式**／梯郭式 ●**天守閣の構造**／―― ●**有名な戦い**／―― ●**所在地**／福岡県福岡市

82 大野《おおの》城・福岡県

天智天皇の時代に築かれたと言われる山城。天智天皇の百済《くだら》出兵の敗戦時に、新羅の追撃の抑えとして築かれた。百済からの亡命者が築城の指揮をとった、朝鮮式山城の構造である。

●**築城年**／665(天智4)年 ●**築城者**／大和朝廷(天智天皇) ●**城主**／大和朝廷 ●**形式**／山城 ●**構造形式**／―― ●**天守閣の構造**／―― ●**有名な戦い**／―― ●**所在地**／福岡県糟屋郡宇美町

83 久留米《くるめ》城・福岡県

室町時代に築かれた「篠原城」と呼ばれる砦が始まり。戦国時代には、中国から九州の小倉までを支配した毛利氏、豊後国の大友氏と肥前国の龍造寺氏の勢力が衝突する城であった。

●**築城年**／1504~1521(永正年間)年、1532~1555(天文年間)年、1587(天正15)年(近世城郭へ改築)、1621(元和7)年 ●**築城者**／毛利秀包(近世城郭改築)、有馬豊氏 ●**城主**／毛利氏、田中氏、有馬氏 ●**形式**／平城 ●**構造形式**／連郭式 ●**天守閣の構造**／―― ●**有名な戦い**／毛利・大友・龍造寺の勢力争い ●**所在地**／福岡県久留米市

84 府内《ふない》城・大分県

戦国時代、備後一帯を治めていた大友宗麟が、一時期本拠地としていた城。豊臣秀吉の九州征圧後に、秀吉の家臣・福原直高が改修し、城郭を移動。海運の益を求めて船の荷役場に城を築いたため、別名「荷揚城《にあげじょう》」ともいう。

●**築城年**／1598(慶長3)年、1601(慶長6)年改修 ●**築城者**／福原直高、竹中重利 ●**城主**／福原氏、竹中氏、松平氏 ●**形式**／平城(海城) ●**構造形式**／梯郭式 ●**天守閣の構造**／四重(層塔型といわれるが、諸説あり) ●**有名な戦い**／―― ●**所在地**／大分県大分市

85 岡城《おか》・大分県

鎌倉時代に築かれた城郭を、1596（慶長元）年に近世城郭へ改築。山上にそびえる壮大な石垣にインスピレーションを受けた作曲家の滝廉太郎が、「荒城の月」をつくったと言われている。

●築城年／1185（文治元）年、1596（慶長元）年（改築） **●築城者**／緒方惟義、中川秀成 **●城主**／緒方氏、志賀氏、中川氏 **●形式**／山城 **●構造形式**／梯郭式 **●天守閣の構造**／複合連結式層塔型（御三階櫓） **●有名な戦い**／岡城の戦い **●所在地**／大分県竹田市

86 臼杵城《うすき》・大分県

臼杵湾に浮かぶ丹生島に築かれた海城。大友宗麟が築城し、南蛮貿易の基地として利用した。城内には南蛮貿易で得た「国崩」という大砲を備え付けてあり、島津氏との争いに使用されたことは有名である。

●築城年／1563（永禄6）年、1601（慶長6）年 **●築城者**／大友宗麟、稲葉貞通 **●城主**／大友氏、福原氏、太田氏、稲葉氏 **●形式**／平山城（海城） **●構造形式**／連郭式 **●天守閣の構造**／複合式望楼型三層（1601年築城）、梯立式層塔型三層四階（1700年代に改築） **●有名な戦い**／臼杵城の戦い、西南戦争（臼杵城の戦い） **●所在地**／大分県臼杵市

87 佐伯城《さいき》・大分県

関ヶ原の戦いにより移封された毛利氏が、八幡山に築城した。三重の天守があったが、焼失してから再建されなかった。総石垣造りの城郭で、珍しく堀切も石垣でつくられている。

●築城年／1606（慶長11）年 **●築城者**／毛利高政 **●藩主**／毛利氏 **●形式**／平城（山城＋山麓の居館） **●構造形式**／―― **●天守閣の構造**／独立式望楼型三重（焼失） **●有名な戦い**／―― **●所在地**／大分県佐伯市

佐伯城・三の丸櫓門

88 角牟礼城《つのむれ》・大分県

豊後国と豊前国の境界・角埋山に築かれた城。交通の要衝にあり、豊前国の大内氏と豊後国の大友氏が奪い合った。薩摩国の島津氏が侵攻した折に籠城戦が展開されたが、落城しなかった。

●築城年／1278～1288年（弘安年間）、1594（文禄3）年（改修） **●築城者**／森朝通、毛利高政（改修） **●城主**／森氏、毛利氏 **●形式**／山城 **●構造形式**／―― **●天守閣の構造**／―― **●有名な戦い**／島津義弘の豊後侵攻 **●所在地**／大分県玖珠郡玖珠町

89 日《ひ》出《じ》城・大分県

別府湾に面した台地に築かれた海城の代表。藩主の木下延俊は、秀吉の妻ねねの甥《おい》にあたる。城下の海底からわき出る清水の周辺にマコガレイが生息し、「城下カレイ」と名付けられて珍重され、将軍にも献上されるほどであった。

●**築城年**／1602（慶長7）年 ●**築城者**／木下延俊 ●**藩主**／木下氏 ●**形式**／平山城（海城） ●**構造形式**／梯郭式 ●**天守閣の構造**／複合型層塔式三重三階 ●**有名な戦い**／—— ●**所在地**／大分県速見郡日出町

90 佐《さ》賀《が》城・佐賀県

水郷に立てられた城郭は土塁や水堀の他に縦横に水路を設け、敵の侵入を防ぐために本丸などの主要部以外が水没できる仕組みになっていた。そのため「沈み城」という異名を持っている。

●**築城年**／1602（慶長7）年 ●**築城者**／鍋島直茂・勝茂 ●**藩主**／鍋島氏 ●**形式**／平城 ●**構造形式**／梯郭式 ●**天守閣の構造**／五重 ●**有名な戦い**／佐賀の乱（1874〈明治7〉）年 ●**所在地**／佐賀県佐賀市

91 名《な》護《ご》屋《や》城・佐賀県

豊臣秀吉が朝鮮出兵の際、軍や支援物資補給の前線基地として築いた。九州随一の巨城であったが、朝鮮出兵の終結と秀吉の死により廃城。建物だけでなく石垣まで取り壊された。

●**築城年**／1591（天正19）年 ●**築城者**／豊臣秀吉 ●**城主**／豊臣秀吉 ●**形式**／平山城 ●**構造形式**／梯郭式 ●**天守閣の構造**／五重七階 ●**有名な戦い**／文禄・慶長の役（前線基地として利用） ●**所在地**／佐賀県唐津市

92 吉《よし》野《の》ヶ《が》里《り》・佐賀県

吉野ヶ里丘陵に築かれた、弥生時代の集落遺跡。争いに備えて濠や土塁が築かれており、集落の周囲を柵で囲っていた。物見櫓も備えた砦のような構造で、日本最初の城郭と言っても過言ではない。

●**築城年**／紀元前3〜紀元3世紀 ●**築城者**／—— ●**城主**／—— ●**形式**／平城（環濠集落） ●**構造形式**／—— ●**天守閣の構造**／—— ●**有名な戦い**／—— ●**所在地**／佐賀県神埼郡吉野ヶ里町

（国営吉野ヶ里歴史公園事務所所有）

93 唐津《からつ》城・佐賀県

唐津湾に突き出た満島山の山上に築かれた城で、城郭の北面の石垣は唐津湾からそびえ立っている。城そばに流れる松浦川の右岸には、防風林として松原を配した。これが、名勝「虹の松原」である。

●築城年／1608（慶長13）年、1966（昭和41）年（模擬天守） **●築城者**／寺沢広高 **●藩主**／寺沢氏、大久保氏、松平氏、土井氏、水野氏、小笠原氏 **●形式**／平山城（海城） **●構造形式**／連郭式 **●天守閣の構造**／なし。複合式望楼型五層五階地下一階（模擬天守） **●有名な戦い**／―― **●所在地**／佐賀県唐津市

94 島原《しまばら》城・長崎県

島原城の本丸は、周囲を水堀で囲い二の丸との行き来は廊下橋のみで、防備の際に独立できる構造であった。高石垣には、いくつも折れ曲がる横矢掛の工夫を凝らしている。

●築城年／1618（元和4）年～1625（寛永2）年、1964（昭和39）年（天守復興） **●築城者**／松倉重政 **●藩主**／松倉氏、高力氏など **●形式**／平城 **●構造形式**／連郭・輪郭式 **●天守閣の構造**／独立式層塔型四重五階（明治時代に撤去）、独立式層塔型五重五階（復興） **●有名な戦い**／島原の乱 **●所在地**／長崎県島原市

95 平戸《ひらど》城・長崎県

城の南側以外の三方を海に囲まれた海城。いったん廃城となるも、江戸中期に山鹿流軍学者・山鹿素行による設計で再築城される。石垣に直接狭間が切ってあるのが珍しい。

●築城年／1599（慶長4）年、1703（元禄16）年（再築） **●築城者**／松浦鎮信、松浦棟（再築） **●城主**／松浦氏 **●形式**／平山城・海城 **●構造形式**／梯郭式 **●天守閣の構造**／三重三階乾櫓 **●有名な戦い**／―― **●所在地**／長崎県平戸市

96 金石《かねいし》城・長崎県

対馬を治めていた宗氏の居城で、金石屋形とも呼ばれる。中世城郭であったが、江戸時代に朝鮮通信使の歓待のために、石垣や櫓門を備えた近世城郭に改築したと言われる。

●築城年／1528（享禄元）年、1665（寛文5）年（櫓門創建） **●築城者**／宗将盛 **●城主**／宗氏 **●形式**／平城 **●構造形式**／―― **●天守閣の構造**／なし。櫓門（望楼型二重二階の二重櫓の門） **●有名な戦い**／―― **●所在地**／長崎県対馬市

97 清水山《しみずやま》城・長崎県

豊臣秀吉の朝鮮侵攻である文禄・慶長の役の時、名護屋城から進発した軍の中継城として築かれた。金石城の背後にある山の上に築かれた石垣造りの陣城で、細長い曲輪が特徴である。

●**築城年**／1592～1598（文禄元～慶長3）年 ●**築城者**／毛利高政 ●**城主**／宗氏 ●**形式**／山城 ●**構造形式**／連郭式 ●**天守閣の構造**／―― ●**有名な戦い**／―― ●**所在地**／長崎県対馬市

98 石田《いしだ》（福江《ふくえ》）城・長崎県

長崎県の五島列島の福江に、幕末期に築かれた城。それまでは領主・五島氏の陣屋であった。外国船の来航に対する防衛を目的に、砲台をそなえた近世城郭へと改築された。

●**築城年**／1849（嘉永2）～1863（文久3）年 ●**築城者**／五島氏 ●**藩主**／五島氏 ●**形式**／平城（海城） ●**構造形式**／梯郭式 ●**天守閣の構造**／―― ●**有名な戦い**／―― ●**所在地**／長崎県五島市

99 八代《やつしろ》城・熊本県

江戸幕府が発布した「一国一城令」の例外で築城を許された、熊本藩の支城。地震で倒壊した麦島城の代わりとして球磨《くま》川河口に築城され、石垣には石灰岩が利用されている。

●**築城年**／1619（元和5）～1622（元和8）年 ●**築城者**／加藤正方 ●**城主**／松井氏 ●**形式**／平城 ●**構造形式**／梯郭式 ●**天守閣の構造**／四重四階 ●**有名な戦い**／―― ●**所在地**／熊本県八代市

八代城・天守台

（写真提供：八代市教育委員会）

100 人吉《ひとよし》城・熊本県

球磨地方の大名・相良氏が30年の歳月をかけて、中世城郭の山城を飲み込むように、山麓に近世城郭を築いた。幕末に築かれた石垣の最上部は、ネズミ返しのように石が張り出している。

●**築城年**／1204～1206年（元久年間）、1607（慶長12）～1639（寛永16）年（改修） ●**築城者**／相良長頼、相良義陽、相良頼寛 ●**城主**／相良氏 ●**形式**／平山城 ●**構造形式**／梯郭式 ●**天守閣の構造**／―― ●**有名な戦い**／北原氏主導の一向一揆、豊後・大友氏の侵攻、薩摩・島津氏の侵攻、豊臣秀吉の九州攻め、西南戦争 ●**所在地**／熊本県人吉市

101 飫《お》肥《び》城・宮崎県

日向の中北部を治めていた伊東氏と薩摩国を治めていた島津氏が、84年にも渡って奪い合いを繰り広げた城。豊臣秀吉から九州攻めの功績を認められ、飫肥は伊東氏の居城となった。

飫肥城・大手門前

●築城年／南北朝期、1587（天正15）年（改修）**●築城者**／土持氏、伊東祐兵 **●城主**／土持氏、新納氏、伊東氏 **●形式**／平山城 **●構造形式**／群郭式 **●天守閣の構造**／―― **●有名な戦い**／伊東氏と島津氏による飫肥城争奪戦 **●所在地**／宮崎県日南市

102 佐《さ》土《ど》原《わら》城・宮崎県

室町後時代後期に日向の豪族・伊東氏の一族であった田島氏が創建した山城を、戦国時代に近世城郭に伊東氏が改築した。島津義久との戦いにより落城、以降は島津氏の城となった。

●築城年／14世紀半ば、1542～1543（天文11～12）年（近世城郭に改修）**●築城者**／田島氏、伊東氏 **●城主**／田島氏、佐土原氏、伊東氏、島津氏 **●形式**／山城＋山麓の居館 **●構造形式**／―― **●天守閣の構造**／―― **●有名な戦い**／高城の合戦 **●所在地**／宮崎県宮崎市佐土原町

103 延《のべ》岡《おか》城・宮崎県

築城当時は、藩名をとって「縣《あがた》城」と呼ばれた。二の丸の石垣は「千人殺し」と呼ばれる20ｍを超す高石垣で、下の方のどこかの石を一箇所外すと一斉に崩れて敵を倒す仕組みになっているという。

●築城年／1601（慶長6）年 **●築城者**／高橋元種、有馬康純 **●城主**／高橋氏、有馬氏、三浦氏、牧野氏、内藤氏 **●形式**／平山城 **●構造形式**／梯郭式 **●天守閣の構造**／―― **●有名な戦い**／―― **●所在地**／宮崎県延岡市

延岡城・千人殺しの石垣

104 鹿《か》児《ご》島《しま》城・鹿児島県

島津家の家紋「鶴丸」から、「鶴丸城」と呼ばれる。山城を後詰めの城とし、山麓の平城には徳川家への配慮からか、天守や高石垣が築かれていない。現存の石垣には、西南戦争時の弾痕が残る。

●築城年／1591（天正19）年（山城築城）、1602（慶長7）年（山麓の平城築城）**●築城者**／島津家久 **●藩主**／島津氏 **●形式**／山城＋平城 **●構造形式**／連郭式 **●天守閣の構造**／―― **●有名な戦い**／薩英戦争、西南戦争 **●所在地**／鹿児島県鹿児島市

105 今《な》帰《き》仁《じん》城《ぐすく》・沖縄県

琉球王国三山時代に、北山王の居城であったため「北山城」とも呼ばれる。沖縄の城らしく急勾配でそりのない石垣が、複雑に折れ曲がっている。カンヒザクラの名所として有名。

●**築城年**／15世紀前半までに完成と言われる ●**築城者**／不明 ●**城主**／北山王、第一尚氏 ●**形式**／山城 ●**構造形式**／梯郭式 ●**天守閣の構造**／―― ●**有名な戦い**／今帰仁城の戦い、島津氏の琉球侵攻 ●**所在地**／沖縄県国頭郡今帰仁村

106 勝《かつ》連《れん》城《ぐすく》・沖縄県

山の中に沖縄の城独特の曲線状の石垣が残る勝連城は、按司という地方領主の居城であった。勝連城の最後の城主・阿摩和利は琉球統一の野望を抱き、中城城主・護佐丸を滅ぼしている。

勝連城

●**築城年**／15世紀 ●**築城者**／茂知附按司と言われる ●**城主**／茂知附按司、阿摩和利 ●**形式**／山城 ●**構造形式**／連郭式 ●**天守閣の構造**／―― ●**有名な戦い**／阿摩和利の反乱、尚氏の琉球統一 ●**所在地**／沖縄県うるま市

107 座《ざ》喜《き》味《み》城《ぐすく》・沖縄県

築城家として名高い読谷山按司護佐丸によって築城されたといわれる。一の曲輪、二の曲輪の2つの曲輪から形成され、それぞれの曲輪にはアーチ型の石門がつくられている。

●**築城年**／15世紀初頭 ●**築城者**／読谷山按司護佐丸と言われる ●**城主**／読谷山按司護佐丸 ●**形式**／山城 ●**構造形式**／連郭式 ●**天守閣の構造**／―― ●**有名な戦い**／―― ●**所在地**／沖縄県中頭郡読谷村

108 中城《なかぐすく》城・沖縄県

城壁の角は丸く築かれており、琉球石灰岩の石垣には野面積、布積、相方積の三種類の積み方が見られる。標高167mの高台に築かれた城郭からは、太平洋と東シナ海を見渡せる。

中城城

●**築城年**／15世紀前半 ●**築城者**／読谷山按司護佐丸 ●**城主**／読谷山按司護佐丸 ●**形式**／山城 ●**構造形式**／連郭式 ●**天守閣の構造**／―― ●**有名な戦い**／阿摩和利の中城攻め、島津氏の琉球侵攻 ●**所在地**／沖縄県中頭郡中城村

※沖縄の城は「ぐすく」と発音する。ただし、中城は城がついている

【参考文献】
図説「城造り」のすべて（三浦正幸監修）・（株）学習研究社／戦国の堅城・（株）学習研究社／図説江戸三百藩「城と陣屋」総覧（三浦正幸監修）・（株）学習研究社／城を歩く その調べ方・楽しみ方・（株）新人物往来社／透視＆断面イラスト 日本の城（西ヶ谷恭弘監修・文）・世界文化社／日本文化総合年表・岩波書店／図説日本城郭大事典1・2・3（平井聖監修）・日本図書センター

【写真協力・順不同】
函館市教育委員会、函館市中央図書館、弘前市公園緑地課、盛岡市教育委員会、山形市観光協会、仙台市観光交流課、仙台市教育局文化財課、宮城県図書館、水戸市立博物館、行田市広報広聴課、八王子市教育委員会、千代田区観光協会、宮内庁、小田原市観光課、小田原城天守閣、石川県、霞ヶ城公園管理事務所、松本市教育委員会松本城管理事務所、静岡市文化財課、豊橋市商業観光課、岡崎市文化国際課、岡崎市美術博物館、犬山市観光協会、名古屋城総合事務所、伊勢・安土桃山文化村、姫路市、大阪城天守閣、国立国会図書館、国立公文書館、大垣市教育委員会、大垣市立図書館、恵那市観光協会岩村支部事務局、和歌山市観光課、和歌山城管理事務所、彦根市教育委員会、高取町事業課、高取町観光協会「夢創舘」、元離宮二条城事務所、姫路市、岡山市教育委員会、岡山県立図書館、岡山城、高梁市商工観光課、和田山町観光協会、松江市観光振興部、松江市教育委員会、松江郷土館、萩博物館、玉藻公園管理事務所、香川県立ミュージアム、今治城、高知城管理事務所、大洲史談会施設管理会、松山城総合事務所、宇和島市観光協会、丸亀市商工観光課、国営吉野ヶ里歴史公園事務所、中津城、熊本城総合事務所、八代市教育委員会、日南市観光協会、延岡市商業観光課、佐伯市観光課、竹田市商工観光課、首里城公園

監修：小和田哲男（おわだてつお）

早稲田大学大学院文学研究科博士課程修了。静岡大学教育学部教授を経て、現在、静岡大学名誉教授。文学博士。戦国史研究の第一人者的存在で、NHK大河ドラマ「功名が辻」(2006)、「天地人」(2009)、「江～姫たちの戦国」(2011)の時代考証に携わる。著書に「日本の歴史がわかる本」（三笠書房）、「悪人がつくった日本の歴史」（中経出版）、「戦国の群像」(学習研究社) などがある。（財）日本城郭協会の理事を務める。

STAFF

企画・制作　（株）ナヴィ インターナショナル
編集　菊池友彦
デザイン　（株）ナヴィ インターナショナル
　羽田眞由美、北村香織
イラスト　ボードブリッジ工房
カバー　CYCLE DESIGN

イラスト図解　城

2010年11月25日 初版第1刷発行

監　修●小和田哲男
発行者●穂谷竹俊
発行所●株式会社 **日東書院**本社
〒160-0022　東京都新宿区新宿2丁目15番14号　辰巳ビル
TEL●03-5360-7522（代表） FAX●03-5360-8951（販売部）
振替●00180-0-705733 URL●http://www.TG-NET.co.jp

印刷所●三共グラフィック株式会社　製本所●株式会社セイコーバインダリー

ISBN978-4-528-01931-7　C0021